Teoria da literatura

Teoria da literatura

Textos dos formalistas russos

Reunidos, apresentados e traduzidos para o francês
por Tzvetan Todorov

Prefácio

Roman Jakobson

Tradução

Roberto Leal Ferreira

Título original:
Théorie de la littérature: Textes des Formalistes russes

Direitos de publicação reservados à:
Fundação Editora da Unesp (FEU)
Praça da Sé, 108
01001-900 – São Paulo – SP
Tel.: (0xx11) 3242-7171
Fax: (0xx11) 3242-7172
www.editoraunesp.com.br
www.livrariaunesp.com.br
atendimento.editora@unesp.br

CIP – Brasil. Catalogação na publicação
Sindicato Nacional dos Editores de Livros, RJ

T572t

Todorov, Tzvetan, 1939-
Teoria da literatura: textos dos formalistas russos / Tzvetan Todorov; tradução Roberto Leal Ferreira. – 1.ed. – São Paulo: Editora Unesp, 2013.

Tradução de: *Théorie de la littérature:* Textes des Formalistes russes

ISBN 978-85-393-0496-7

1. Formalismo (Literatura russa). 2. Literatura. 3 Linguística. I. Título.

13-05217 CDD: 891.71
CDU: 821.161.1-1.09

Editora afiliada:

Sumário

2

Prefácio
Rumo a uma ciência da arte poética

Era a época dos jovens experimentadores nas artes e nas ciências. Durante o inverno de 1914-1915, alguns estudantes fundaram, sob os auspícios da Academia de Ciências, o Círculo Linguístico de Moscou, destinado a promover a linguística e a poética, como dizia o programa submetido pelos organizadores do Círculo ao secretário da Academia, o célebre linguista Chakhmatov. É à iniciativa de O. Brik, apoiado por um grupo de jovens pesquisadores, que devemos a publicação da primeira coletânea coletiva de estudos sobre a estrutura da linguagem poética (Petrogrado, 1916) e, em seguida, no início de 1917, a formação da nova Sociedade para o Estudo da Linguagem Poética, que mais tarde será designada pela abreviação Opojaz e cooperará estreitamente com o Círculo de Moscou.

O aspecto linguístico da poesia foi deliberadamente ressaltado em todos esses empreendimentos. Na época, começavam a ser abertos novos caminhos na investigação da língua, e era a linguagem da poesia que melhor se prestava a isso, porque essa área, desdenhada pela linguística tradicional, permitia abandonar a trilha dos neogramáticos e, além disso, porque as relações entre fins e meios, bem como entre o todo e as partes, em suma, as leis estruturais e o aspecto criador da linguagem, se encontravam, no discurso poético, mais ao alcance do observador do que na fala cotidiana. Por outro lado, o denominador comum das belas-letras, ou seja, a marca da função poética em sua estrutura verbal, fornecia uma dominante nítida nos valores literários como um todo: a história da literatura dispunha de um fio condutor e prometia unir-se às ciências nomotéticas.

A significação primordial do termo *poesia* em grego antigo é "criação", e, na antiga tradição chinesa *shih*, "poesia, arte verbal", e *chih*, "finalidade, desígnio, meta", são dois nomes e conceitos intimamente ligados. É esse caráter claramente criador e finalista da linguagem poética que os jovens russos procuraram explorar.

O "formalismo", etiqueta vaga e desconcertante que os difamadores lançaram para estigmatizar toda análise da função poética da linguagem, criou a miragem de um dogma uniforme e consumado. No entanto, e B. Eichenbaum não se cansou de repeti-lo, todo movimento literário ou científico deve ser julgado antes de tudo com base na obra produzida, e não segundo a retórica dos seus manifestos. Ora, infelizmente, ao analisarmos o balanço da escola "formalista", tendemos a confundir os *slogans* pretensiosos e ingênuos de seus arautos com a análise e a metodologia inovadoras dos seus trabalhos científicos.

A busca progressiva das leis internas da arte poética não excluía do programa a investigação dos complexos problemas da relação entre essa arte e os outros setores da cultura e da realidade social. Nem é preciso dizer que, entre os investigadores dessas leis imanentes, ninguém levara a sério os folhetins que deploravam as desavenças na Opojaz e anunciavam, para desconcertar o leitor, que "na arte, desde sempre livre em relação à vida, a cor da bandeira que coroa a cidadela não pode ser de modo algum refletida". Mas é exatamente a essas tiradas que faziam questão de se apegar os que polemizavam contra o "método formal". Seria igualmente errôneo identificar a descoberta, ou mesmo a essência do pensamento "formalista", com as platitudes atabalhoadas acerca do segredo profissional da arte, que seria o de mostrar as coisas desautomatizando-as e tornando-as surpreendentes (*ostranenie*), quando, na realidade, se trata, na linguagem poética, de uma mudança essencial da relação entre significante e significado, bem como entre o signo e o conceito.

Evidentemente, o desenvolvimento internacional da análise estrutural na linguística e nas outras ciências sociais durante o período seguinte trouxe muitas correções às hipóteses preliminares, muitas respostas novas às perguntas anteriores e colocou muitos problemas imprevistos. Contudo, cumpre reconhecer a contribuição substancial dos pioneiros russos das décadas de 1910 e 1920, no campo da poética, para o progresso do pensamento científico relativo à língua na diversidade das suas funções. Foi sobretudo por intermédio do grupo russo-tcheco, formado em Praga, em 1926, à imagem do Círculo moscovita, que essas estimulantes ideias passaram a circular mundialmente.

Gosto de citar um dos mais finos e firmes representantes do grupo, B. Tomachevski, que, em nosso último encontro em Moscou, em 1956, afirmou-me que as ideias mais ousadas e talvez mais estimulante, do movimento em questão ainda permaneciam na sombra. Poderíamos citar as penetrantes ideias sobre as correlações entre as funções referencial e poética ou sobre a interdependência entre a sincronia e a diacronia e, acima de tudo, sobre a mutabilidade, normalmente ignorada, na hierarquia dos valores. Os trabalhos, que abrangiam dos princípios sintáticos à análise dos enunciados completos e de sua troca dialógica, levaram a uma das maiores descobertas da poética russa, a saber, a das leis que regem a composição dos temas folclóricos (Propp, Skaftymov) ou das obras literárias (Bakhtin).

Já no começo, as questões teóricas mereceram a atenção dos pesquisadores, como mostra o título de suas primeiras publicações, mas, embora não faltem tentativas de fazer o balanço da doutrina (como o ponderado livro de Engelhardt), o que permanece de mais significativo nos "formalistas" é a discussão, tanto a oral como a refletida em seus escritos. Nela encontramos a necessária complementaridade das diversas perspectivas, tal como se desenvolveu nos diálogos de Platão e foi elevada à condição de princípio na concepção fundamental de Niels Bohr. É justamente o encontro dos analistas da arte poética e de seus mestres que põe à prova a pesquisa e a enriquece, e não é por acaso que o Círculo Linguístico de Moscou contava entre seus membros poetas como Maiakóvski, Pasternak, Mandelstam e Asseiev. Na crônica dos debates no Círculo de Moscou e na Opojaz, talvez os mais renhidos e sugestivos sejam os que dizem respeito à relação entre as propriedades puramente linguísticas da poesia e suas características que transcendem os limites da língua e entram na esfera da semiologia geral da arte.

A década de 1920 conferiu aos estudos russos da poética uma poderosa envergadura. A pesquisa, o ensino, a lista dos autores, das publicações, dos institutos dedicados ao estudo da poesia e das outras artes, dos cursos e das conferências crescem cada vez mais. A crise de crescimento parece iminente. O desenvolvimento contínuo da poética exigia um novo desabrochar da linguística geral, que era apenas embrionária. Ora, essa inibição temporária transformou-se em letargia de longa duração.

"A interrupção prolongada no estudo da linguagem das belas-letras enquanto fenômeno estético", como constata uma publicação recente da Academia de Ciências da URSS, "deve-se menos à lógica interna do processo de conhecimento que a limitações extrínsecas ao pensamento científico". A característica dessas barreiras foi revelada claramente pelo eminente poeta S. Kirsanov, no I Congresso de Escritores Soviéticos (Moscou, 1934):

> Não podemos tocar nos problemas da forma poética, nas metáforas, na rima ou no epíteto, sem provocarmos a réplica imediata: detenham os formalistas! Cada qual é ameaçado de ser acusado do crime formalista. Esse termo tornou-se um saco de pancada, para exercitar os bíceps da crítica. Toda menção das "figuras fônicas" ou da "semântica" é automaticamente seguida de uma expressão de repulsa: morte ao formalista! Alguns críticos canibais transformaram essa palavra de ordem em grito de guerra, para defenderem sua própria ignorância, na prática e na teoria, da arte poética e para escalpelarem todo aquele que perturbar a maloca de seu obscurantismo.

Apesar das incômodas sobrevivências dessas atitudes de ódio, observamos atualmente "uma tendência a recordar, a reinterpretar, a desenvolver num novo ímpeto criador as verdadeiras conquistas da linguística e da estética soviéticas da década de 1920", confrontando-as com as correntes atuais do pensamento linguístico e semiológico e integrando-as ao sistema conceitual de hoje. Essa saudável tendência manifesta-se vivamente nos debates e nos atraentes trabalhos dos jovens pesquisadores de Moscou, Leningrado e Tartu.

Roman Jakobson, 1965

Apresentação

Formalismo foi a palavra que designou, na acepção pejorativa dada a ela pelos adversários, a corrente de crítica literária que se afirmou na Rússia entre os anos de 1915 e 1930. A doutrina formalista está na origem da linguística estrutural, pelo menos da corrente representada pelo Círculo Linguístico de Praga. Hoje, numerosas áreas são afetadas pelas consequências metodológicas do estruturalismo. Assim, as ideias dos formalistas estão presentes no pensamento científico atual; seus textos, em contrapartida, não conseguiram atravessar as diversas fronteiras surgidas desde então.

Curiosamente, o movimento, em seus primórdios, estava ligado à vanguarda artística: o futurismo. Este fornecia os *slogans* de seus poetas (Khlébnikov, Maiakóvski, Kruchenykh), para receber generosamente em troca explicação e justificação. Tal parentesco estabelece uma relação direta entre o formalismo e a arte atual: através das épocas e sob a variedade de denominações, a ideologia das vanguardas permanece, ao que parece, relativamente estável.

Devemos aos formalistas uma elaborada teoria da literatura (título de um livro lançado na época, retomado pelo nosso), que devia juntar-se, num encaixe perfeito, a uma estética, parte, por sua vez, de uma antropologia. Ambição difícil, que desvela o que toda a literatura sobre a literatura não consegue dissimular sob sua abundante tagarelice: o pouco ensinamento que dela se depreende sobre as qualidades intrínsecas da arte literária. Assim, quando se trata de estabelecer o balanço do passado, a que se dedicam eruditos e congressos científicos, destacam-se na primeira fila as teorias formalistas.

Não apresentaremos neste prefácio uma exposição sistemática da doutrina formalista: os textos que se seguem são suficientemente explícitos. Além disso, o primeiro deles oferece-nos um esboço histórico dos dez primeiros anos da atividade formalista. Traduzir a doutrina em termos de linguística moderna seria uma tentativa que ultrapassaria o âmbito de uma introdução; dedicamo-nos alhures a essa tarefa. Limitar-nos-emos aqui a algumas indicações históricas e a algumas observações de ordem mais geral.

Hoje nos parece que as ideias ao redor das quais se constituiu a doutrina do formalismo se encontram à margem do sistema. São ideias sobre o automatismo da percepção e sobre o papel renovador da arte. O hábito impede-nos de ver, de sentir os objetos; é preciso deformá-los para que o nosso olhar neles se detenha: é este o objetivo das convenções artísticas. O mesmo processo explica as mudanças de estilo na arte: uma vez aceitas, as convenções facilitam o automatismo, em vez de destruí-lo. Trinta anos depois, a teoria da informação ressuscita as teses de Chklóvski, explicando que a informação que uma mensagem carrega vai diminuindo à medida que a sua probabilidade aumenta. E, como bom formalista, afirma Norbert Wiener: "Mesmo nos grandes clássicos da arte e da literatura já não encontramos muita coisa de seu valor informativo, porque o público se familiarizou com o conteúdo deles. Os estudantes não gostam de Shakespeare porque não veem nele senão um amontoado de citações conhecidas." Mas é, por certo, uma simplificação identificar o valor de uma obra com sua novidade, como às vezes os formalistas tendiam a fazer.

Outro princípio adotado desde o começo pelos formalistas foi o de situar a obra no centro de suas preocupações; recusam a abordagem psicológica, filosófica ou sociológica que regia, então, a crítica literária russa. É principalmente neste ponto que os formalistas se distinguem de seus antecessores: para eles, não podemos explicar a obra a partir da biografia do escritor, nem a partir de uma análise da vida social contemporânea. Nesta primeira fase, a concepção dos formalistas conhece uma ampla extensão; em quase toda a Europa se produz um movimento análogo na mesma época. A evidência mesma dessas afirmações torna-as hoje menos interessantes; além disso, como toda teoria edificada a partir da negação de um dogma existente, a partir de uma inversão dos valores, esta não sai do quadro da concepção criticada. Uma vez rejeitadas as opiniões tradicionais, não nos resta nenhuma aquisição positiva. Estas mesmas ideias revestirão, todavia, outra forma ao longo do desenvolvimento ulterior do formalismo e darão origem a uma teoria que ainda permanece atual.

Outra ideia importante para a primeira fase do formalismo é a que V. Chklóvski resume no título de um dos seus artigos: "A arte como procedimento". Rejeitando toda mística que não pode senão ocultar o ato de criação e a obra mesma, os formalistas tentam descrever a sua fabricação em termos técnicos. Sem dúvida, a tendência artística mais próxima dos formalistas é aquela mais consciente de seus próprios meios. Vê-se ainda fortalecida a concepção de "fabricação" quando, depois da revolução de 1917, esse espírito se espalha por toda a cultura soviética. Um início completamente novo faz crer no poder da técnica: dotados de uma nova terminologia, os pesquisadores querem explicar tudo o que seus antecessores declararam inexplicável. Mas só mais tarde os formalistas tirarão as conclusões teóricas desses princípios positivistas.

Os anos que se seguem são anos de trabalho intenso. O grupo esteia-se nos princípios elaborados e aborda grande número de problemas da teoria literária, bem como da história da literatura russa e até ocidental, problemas até então despercebidos. Lembremos os principais temas teóricos: a relação entre a linguagem emotiva e a linguagem poética, a constituição fônica do verso (R. Jakobson, *A nova poesia russa* e *Sobre o verso tcheco*), a entonação como princípio constitutivo do verso (B. Eichenbaum, *A melodia do verso lírico russo*), o metro, a norma métrica, o ritmo em verso e prosa (B. Tomachevski, *Sobre o verso*), a relação entre ritmo e semântica na poesia, a metodologia dos estudos literários (I. Tynianov, *O problema da linguagem poética*), a interferência das exigências impostas à obra pela realidade com as impostas por sua própria estrutura (A. Skaftymov, *Poética e gênese das bilinas*), a estrutura do conto maravilhoso (V. Propp, *Morfologia do conto*), a tipologia das formas narrativas (V. Chklóvski, *Sobre a teoria da prosa*) e assim por diante.

Surge imperceptivelmente uma modificação ao longo desses anos. Como foi notado, o formalismo estava, em seus primórdios, estreitamente ligado à vanguarda artística da época. A ligação não se manifesta apenas no nível teórico, mas também no do estilo, como mostram os primeiros textos formalistas. A busca do paradoxo, as digressões líricas substituem muitas vezes a argumentação fundamentada, própria do raciocínio científico. Assim, esses textos aparecem em sua maioria em revistas artísticas e se tornam matéria de discussões animadas, onde estão ausentes os escrúpulos da erudição. Esta característica desaparece nos livros publicados nos anos seguintes: o paradoxo e a frase de efeito cedem lugar a um pensamento rigoroso e lógico. Esta transformação deve-se em parte a uma evolução pessoal (em Roman Jakobson, por exemplo), mas também à importância assumida pelos trabalhos de alguns jovens participantes do grupo, como I. Tynianov, B. Tomachevski e V. Vinogradov. Persiste o espírito de vanguarda, só que a atitude, antes artística, agora se pretende científica.

Se todos os livros enumerados fossem apenas uma ilustração dos princípios antes elaborados, não teriam contribuído para a evolução da doutrina. Um desses princípios, porém, abriu caminho para o aperfeiçoamento ulterior: aquele que afirma que o método deve ser imanente ao estudo. Vemos, assim, que o seu valor se encontra num nível superior, já que esse princípio não exclui as diferentes abordagens do mesmo objeto. Um método imanente trabalha com a possibilidade de receber sugestões dos fatos analisados. Com efeito, os formalistas modificam e aperfeiçoam seu método a cada vez que se deparam com fenômenos irredutíveis às leis já formuladas. Foi essa liberdade que permitiu, dez anos após os manifestos do começo, uma nova síntese, muito diferente da primeira.

Essa atitude reforçou o positivismo ingênuo dos formalistas: muitas vezes, eles declaram logo de início em seus livros que a ciência é independente de toda teoria. A crer neles, não existe em seu trabalho nenhuma premissa filosófica ou metodológica. Da mesma forma, não procuram extrair as consequências que decorrem de seus trabalhos e, menos ainda, generalizá-las numa metodologia das ciências humanas. Tal declaração só pode surpreender da parte desses estudiosos que, recusando todo valor autônomo a seu método, na realidade elaboraram uma das doutrinas metodológicas mais bem acabadas; e hoje seriam antes censurados por só terem pensado na metodologia. O que mostra mais uma vez que, na ciência, o positivismo ingênuo é sempre ilusório; é, antes, a marca de um fenômeno comum nos empiristas: a falta de consciência de seus próprios recursos, ou até da essência de seu procedimento.

Foi I. Tynianov que, em seus últimos artigos, esboçou a nova síntese. Ali encontramos várias ideias importantes, cujo alcance será confirmado nos anos seguintes. É, em primeiro lugar, a distinção estabelecida entre forma e função do elemento (signo) literário. Este par pode ser comparado à dicotomia saussuriana do significante e do significado; mas, como aqui se trata de literatura, isto é, de um sistema significativo de segundo grau, as duas noções se veem não só inseparáveis, mas também confundidas. Com isso se vê autorizada, já que a forma é constituída de signos linguísticos, a interpretação por ela provocada no nível da linguagem comum. Com isso também apresenta-se essa capacidade de uma mesma substância participar do verso e reverso do signo em épocas ou em autores diferentes: assim se introduz a confusão que consiste em classificar erradamente elementos formais na categoria do sentido e vice-versa. Tomemos um exemplo. A "viagem em busca de um meio de existência" não é um elemento formal para o romance picaresco do século XVI. Mais tarde, porém, ela se torna um mero procedimento, que pode ter funções diversas; assim, permite ao autor ligar diferentes situações, embora conservando o mesmo herói (primeira função), exprimir suas impressões sobre diversos lugares visitados (segunda função), ou apresentar retratos de personagens que sem isso não seriam compatíveis na mesma narrativa (terceira função). Estes dois aspectos do discurso literário encontram-se numa interdependência complexa. A noção de significação funcional revela-se particularmente útil em literatura, em que estamos na presença de um material heterogêneo: ela nos permite situar no mesmo plano elementos tão diferentes como o ritmo, a construção fônica e fonológica, os procedimentos de composição, as figuras retóricas etc.

Tynianov introduz uma distinção importante na noção de função: esta última pode ser definida quer em relação às outras funções semelhantes que poderiam substituí-la, quer em relação às funções vizinhas, com as quais entra em combinação. Além disso, ela se manifesta em diversos níveis. Assim, no caso da "função sínoma" (de combinação), o primeiro nível é o da "função construtiva", isto é, a possibilidade de incluir os signos numa obra; no nível seguinte, temos a "função literária", isto é, a inclusão das obras na literatura; por fim, toda a literatura é integrada no conjunto dos fatos sociais, graças à "função verbal". Por conseguinte, a ordem de descrição, o procedimento, assume uma importância especial, a confusão dos níveis equivale à falsa interpretação do sentido. Assim, aparece o conceito de hierarquia, presente tanto no fenômeno estudado como no desenrolar-se de nossa análise.

No interior de cada classe hierárquica, as formas e as funções constituem sistemas (e não simples conjuntos de fatos justapostos). Cada sistema reflete um aspecto homogêneo da realidade, chamado de "série" por Tynianov. Assim, numa época, encontramos ao lado da série literária uma série musical, teatral etc., mas também uma série de fatos econômicos, políticos e outros. Mais uma vez, a ordem lógica das relações desempenha aqui um papel primordial; só pelo conhecimento dela chegaremos a abarcar a totalidade dos fatos. Tal ponto de partida permite integrar a dimensão histórica ao estudo estrutural da literatura (ou de toda atividade social). Certamente, é nesse esboço de antropologia social que os atuais partidários do estruturalismo encontrarão certa correspondência entre as suas ideias e as dos formalistas.

Logo se percebe que a maioria dessas ideias não pode pretender-se muito original. Situar a obra literária no centro da atenção, examinar sem preconceitos a sua matéria e a sua construção, é um procedimento que levou pensadores de todas as épocas, de todos os países, a conclusões próximas às dos formalistas. São, com mais frequência, criadores do que críticos: mais ou menos na mesma época, na França, Mallarmé, André Gide e Marcel Proust fizeram muitas vezes as mesmas reflexões sobre a arte literária; a correspondência é especialmente impressionante quando se trata de Valéry, que, por suas perspectivas teóricas, se revela um "formalista" por excelência. Mas, então, as teorias do formalismo têm algum valor particular e, se sim, de onde vem? Por que foi o formalismo que deu origem à metodologia atual das ciências humanas, e não outra doutrina? Pois não é por certo o estilo que garante a perenidade aos escritos dos formalistas...

Para poder dar uma resposta correta a este problema de valor, sem dúvida é preciso primeiro entender o critério que o funda. Vemos que o trabalho científico não pode ser reduzido ao seu resultado final: a sua verdadeira fecundidade reside na atividade pela qual esse trabalho se atualiza, em suas contradições inerentes, seus impasses meritórios, seus sucessivos graus de elaboração. Só o pedagogo exige um tratado que descreva um sistema completo de fórmulas perfeitas; não o pesquisador, que encontra nas aproximações de seu antecessor um ponto de partida para o seu trabalho. O teor da obra científica, como o da obra de arte, não se confunde com a sua mensagem lógica, em que se resume em um pequeno número de proposições. É o mesmo que afirmar o caráter finito do conhecimento, almejar à possibilidade de exauri-lo, sem considerar aquele que, ao observá-lo, formula o sentido da realidade. Situam-se as ideias abstratas aquém da obra científica, que, para se constituir, exige ser retomada numa experiência pessoal. Assim, a concepção só desabrocha muito depois de sua primeira formulação, quando é sustentada por um conjunto de formas e de relações vividas. Não se trata, pois, no trabalho científico, de comunicar um conhecimento que já assumiu forma definitiva, mas de criar uma obra, escrever um livro. Os formalistas conseguiram deixar em seus escritos a marca de seu esforço; neles descobrimos não só um resultado, mas também um ato; é uma obra que traz em si mesma a imagem do seu vir a ser.

Vemos, assim, paradoxalmente, ser ilusório o duplo perigo apresentado pela verificação das teorias ou pelo melhor conhecimento dos fatos: nem a confirmação das hipóteses, que as torna evidentes e as retira, assim, do pensamento ativo, nem sua refutação, que as obriga a se contentarem com um lugar na história das ideias, podem alterar o valor da obra científica. A passagem operada pela teoria do formalismo, da vanguarda artística à vanguarda científica, não se revela nem ocasional, nem inexplicável: nesse nível, os dois processos caminham juntos e se unem. E é assim que poderia justificar-se todo conhecimento da literatura, conhecimento que, sem isso, jamais alcançaria uma qualidade comparável à da obra de arte analisada.

Podemos agora interrogar-nos acerca da significação do formalismo para nós. Em que medida corresponde ele à nossa imagem do conhecimento da literatura? Esta pergunta obriga-nos a situarmos no primeiro plano o par constituído pelo método e o objeto do estudo. A acusação de "formalismo" dirigida aos formalistas parece injustificada e, dado o grau de nossos conhecimentos atuais, o recorte nocional do fato literário por eles operado permanece, a nosso ver, válido. Se não reduzirmos o método a uma série de procedimentos técnicos de decomposição e montagem, percebemos que o programa anunciado ainda está longe de ser realizado. Pode-se objetar que a imagem da literatura que se depreende de suas análises é relativamente pobre e não vai além da complexidade da narrativa mítica. Mas essa expressão de simplismo nos resultados deve-se à complexidade estrutural da obra literária, forma superior de expressão própria de nossa civilização. Os formalistas distinguiram corretamente a presença no interior da obra de vários planos superpostos, que, embora possuam uma substância diferente, não deixam de ter funções correlativas: é o caso dos fonemas, da prosódia, do ritmo, da entonação etc. Mas a análise literária não pode deter-se aí: tal estratificação não corresponde à verdadeira multiplicidade de significações inerentes à obra. Na realidade, o nível da narrativa constituído pelos elementos linguísticos serve, ele mesmo, de significante para o mundo virtual, para os caracteres dos personagens e para os valores metafísicos. O criador também é capturado nesta malha (não em sua personalidade concreta, mas por uma imagem indissoluvelmente integrada à obra), sua sensibilidade é um significado suplementar. O método escolhido não limita o nosso objeto: assim, podemos integrar à análise todo nível de significação que considerarmos útil isolar, e é a característica do código que nos indicará os recursos e as técnicas a utilizar. O que prova, de novo, a riqueza do caminho proposto pelo formalismo.

Em seus quinze anos de atividade, os formalistas produziram uma massa considerável de obras. Uma antologia supõe, portanto, uma escolha que, embora permaneça inevitavelmente subjetiva, não deve deformar a imagem da doutrina. Diversas exigências impuseram-nos restrições. Em primeiro lugar, o título da coletânea: embora seja o tema principal do trabalho deles, a literatura não é o único, e deixamos de lado textos preciosos que tratam de outras artes ou de linguística. Por outro lado, esta coletânea destina-se essencialmente aos leitores que não possuam necessariamente um conhecimento profundo da língua e da literatura russas. Daí decorrem duas consequências importantes para o conteúdo deste livro: em primeiro lugar, nele ocupa um lugar de destaque a teoria da prosa, e não a do verso, que teria sido mais prejudicada com a tradução, quando não levasse à incompreensão. O sistema fonológico e prosódico do russo é diferente demais de nossa língua para que o leitor não iniciado possa captá-lo sem dificuldades.

A segunda consequência ameaça deformar ainda mais a verdadeira face da atividade formalista. Escolhemos quase que exclusivamente textos que tratam do aspecto teórico dos problemas, omitindo, assim, a maioria das análises e das observações concretas, bem como toda conclusão que só tivesse valor para a história singular de uma literatura, russa ou não. O leitor poderia facilmente imaginar uma doutrina abstrata, isolada dos fatos e da prática científica. De fato, é exatamente a situação inversa que corresponde à realidade. O trabalho dos formalistas é antes de tudo empírico, e o que falta, no mais das vezes, é precisamente as conclusões abstratas, a consciência teórica nítida.

Acrescentemos, por fim, que não conseguimos obter todos os textos formalistas, o que também limitou a nossa escolha.

Agrupamos em duas partes os textos escolhidos. Podemos dizer, simplificando, que a primeira trata dos estudos literários; a segunda, da literatura em si. Evidentemente, é ilusório este limite nítido entre o objeto do estudo e seu método, e cada parte trata, pelo menos parcialmente, desses dois aspectos.

O artigo de B. Eichenbaum, "A teoria do 'método formal'", apresenta um balanço do trabalho dos formalistas nos anos de 1916-1925. Este artigo pode servir de introdução à doutrina, pois registra as mais importantes conquistas desse período. Escrito por um dos participantes mais ativos do grupo, ele nos oferece, ademais, um apanhado das ideias formalistas sobre seu próprio trabalho e, de um modo mais geral, de sua atitude ante o estatuto e a história da ciência.

Os outros artigos incluídos nesta primeira parte seguem a ordem cronológica. Os dois primeiros pertencem à fase inicial do movimento. É o caso do artigo-manifesto de V. Chklóvski, "A arte como procedimento". Cumpre notar que o autor desempenha o papel de líder do grupo nesse primeiro período.

O texto de R. Jakobson não teve a mesma importância na evolução da doutrina, pois na época foi publicado em tcheco e depois em ucraniano; o texto original russo foi publicado pela primeira vez em 1962. Esse texto apresenta as posições iniciais do autor, posições que também desenvolveu em seu livro *A nova poesia russa*. Preferimo-lo, porém, a esse último ensaio, que trata da poesia de Khlébnikov e se presta menos à tradução.

V. Vinogradov jamais aderiu ao grupo formalista; suas preocupações sempre foram de ordem estritamente linguística e estilística; no entanto, é incontestável a influência dos formalistas sobre os seus primeiros trabalhos. O trecho escolhido, que trata da relação entre o estudo sincrônico e o estudo diacrônico, é a conclusão de uma análise estilística de um texto russo do século XVI.

"A noção de construção" é também um trecho, extraído desta vez do primeiro capítulo do livro de I. Tynianov, *O problema da linguagem poética*. O livro trata dos problemas do ritmo e da significação no verso e constitui indiscutivelmente um resultado positivo da atividade formalista.

É sobretudo nos artigos que marcaram a última fase do movimento que o mesmo Tynianov desenvolve as ideias mais tarde retomadas pelo estruturalismo. Algumas delas (no artigo "Da evolução literária") ainda aguardam uma elaboração e uma aplicação mais amplas. O último texto dessa parte, as teses de Tynianov e de Jakobson, dá-lhes uma forma mais geral, com base no princípio, que se tornou famoso depois, da analogia entre a linguagem e as outras formas de atividade social.

Na segunda parte da coletânea, os textos são dispostos segundo um princípio sistemático. Os trechos extraídos do artigo de O. Brik sobre a interferência entre ritmo e sintaxe caracterizam bem esse inspirador dos formalistas, que deixou pouquíssimos escritos "científicos". Podemos perceber sua influência nos textos tirados de diversos artigos de B. Tomachevski (que despojamos quase completamente de seus exemplos).

Os três textos seguintes tratam da teoria da prosa: o último deles, "Como foi feito *O capote*, de Gógol", é a única análise concreta aqui apresentada; escolhemo-la por duas razões: sua importância na evolução do formalismo e a notoriedade do texto analisado.

O artigo de V. Propp, "As transformações dos contos maravilhosos", pertence à última fase do movimento; representa um complemento preciso ao livro do mesmo autor sobre a morfologia do conto. Ao mesmo tempo, esse texto tem seu valor próprio, pois levanta um problema atual para o estudo estrutural dos mitos, sonhos etc.

Por fim, o longo trecho sobre a temática foi extraído do livro de Tomachevski, *Teoria da literatura*. Esse livro, concebido sob a forma de manual, destina-se a um público mais amplo; isso explica a presença de algumas informações bastante banais. Contudo, sem ter pretensões à originalidade, o livro é a única tentativa contemporânea de dar forma sistemática às aquisições dos formalistas, em especial no campo da prosa.

Mesmo fora do primeiro e do último artigos, que apresentam visões de conjunto, o leitor facilmente perceberá certas repetições ou contradições entre cada um dos textos. É fácil explicar este defeito, pois o nosso livro não é um estudo homogêneo. Trata-se de textos de autores diferentes, escritos ao longo de dez anos. Ao mesmo tempo, permanecemos, assim, fiéis ao espírito dos formalistas, que sempre se recusaram a dar forma definitiva e indiscutível aos resultados obtidos.

Quero agradecer aqui o professor Roman Jakobson, da Universidade de Harvard, que me deu conselhos preciosos sobre a escolha dos textos e me ajudou a encontrar alguns deles; o professor Ladislav Matejka, da Universidade de Michigan, que me forneceu diversos textos; e o sr. Gérard Genette, que me deu a ideia desta coletânea e os primeiros incentivos ao meu trabalho.

Agradeço em especial a srta. Annie Lavaur, que participou da elaboração do texto francês da tradução, bem como a srta. Delphine Perret, pelo trabalho abnegado; exprimo também o meu profundo reconhecimento aos meus amigos, sra. Eliane Morère e srs. Nicolas Ruwet, Georges Sebbag e Marc Rouanet, que leram e corrigiram partes do manuscrito.

Tzvetan Todorov
Paris, novembro de 1964.

I

Boris Eichenbaum

A teoria do "método formal"

Na minha opinião, o pior é aquele que representa a ciência como acabada.

A. P. de Candolle

O chamado "método formal" resulta não de um sistema "metodológico" particular, mas de tentativas de criação de uma ciência autônoma e concreta. Em geral, a noção de "método" ganhou proporções imensas, significa agora coisas demais. Para os "formalistas",[1] o essencial não é o problema do método nos estudos literários, mas o da literatura enquanto objeto de estudo.

Na realidade, não falamos nem discutimos sobre nenhuma metodologia. Falamos e podemos falar só de alguns princípios

1 Neste artigo, chamo "formalistas" ao grupo de teóricos que se constituíram numa "sociedade para o estudo da língua poética" (Opojaz) e vêm publicando suas coletâneas desde 1916. (N. A.)

teóricos que nos são sugeridos pelo estudo de uma matéria concreta e de suas particularidades específicas, e não por este ou aquele sistema já feito, metodológico ou estético. Os trabalhos dos formalistas que tratam da teoria e da história literárias exprimem estes princípios, que não seria inútil tentar resumir: não como um sistema dogmático, mas como um balanço histórico. Importa mostrar como o trabalho dos formalistas começou, como e em quê ele evolui.

O elemento evolutivo é importantíssimo para a história do método formal. Os nossos adversários e muitos de nossos discípulos não o levam em conta. Estamos rodeados de ecléticos e de epígonos que transformam o método formal num sistema imóvel de "formalismo" que lhes serve na elaboração de termos, esquemas e classificações. É fácil criticar esse sistema, mas ele não é característico do método formal. Não tínhamos, e ainda não temos, nenhuma doutrina ou sistema já acabado. No nosso trabalho científico, apreciamos a teoria unicamente como hipótese de trabalho, por meio da qual indicamos e compreendemos os fatos: descobrimos o caráter sistemático, graças ao qual eles se tornam matéria de estudo. É por isso que não nos ocupamos com definições, de que os epígonos são tão ávidos, e não construímos teorias gerais, que os ecléticos acham tão agradáveis. Estabelecemos princípios concretos e, na medida em que podem ser aplicados a uma matéria, nos apegamos a tais princípios. Se a matéria exige uma complicação ou uma modificação dos nossos princípios, nós, de imediato, a operamos. Neste sentido, somos livres o bastante em relação às nossas próprias teorias; e, a nosso ver, toda ciência deveria sê-lo, na medida em que há uma diferença entre a teoria e a convicção. Não existe ciência já feita, a ciência vive superando os erros, e não estabelecendo verdades.

O objetivo deste artigo não é polêmico. O período inicial de discussões científicas e de polêmicas jornalísticas já acabou. Só novos trabalhos científicos podem responder a esse tipo de polêmica, de que *Imprensa e Revolução* (1924, n.5) me achou digno. Minha tarefa principal é mostrar como, evoluindo e ampliando o campo de seu estudo, o método formal superou inteiramente os limites do que em geral chamamos de metodologia e como ele se transformou numa ciência autônoma, que tem como objeto a literatura considerada como série específica de fatos. Diversos métodos podem ter seu lugar no âmbito dessa ciência, com a condição de que a atenção permaneça concentrada no caráter intrínseco da matéria estudada. Era esse, na realidade, o desejo dos formalistas desde o começo, e era esse o sentido de sua luta contra as velhas tradições. O nome de "método formal", solidamente ligado a esse movimento, deve ser compreendido como uma denominação convencional, como um termo histórico, e não devemos apoiar-nos nele como numa definição válida. O que nos caracteriza não é o "formalismo" enquanto teoria estética, nem uma "metodologia" que represente um sistema científico definido, mas o desejo de criar uma ciência literária autônoma, a partir das qualidades intrínsecas do material literário. Nosso único objetivo é a consciência teórica e histórica dos fatos que pertencem à arte literária enquanto tal.

I

Muitas vezes, e de diferentes pontos de vista, se censurou aos representantes do método formal o caráter obscuro ou a insuficiência de seus princípios, a indiferença para com os problemas gerais da estética, da psicologia, da sociologia etc. Essas censuras, apesar de suas diferenças qualitativas, são igualmente fundadas, no sentido de darem corretamente conta da distância desejada que separa os formalistas tanto da estética quanto de toda teoria geral já acabada ou que pretenda sê-lo. Esse distanciamento, sobretudo da estética, é um fenômeno que caracteriza em maior ou menor medida todos os estudos contemporâneos sobre a arte. Depois de ter deixado de lado muitos problemas gerais, como o problema do belo, do sentido da arte etc., esses estudos se concentraram nos problemas concretos colocados pela análise da obra de arte (*Kunstwissenschaft*). O problema da compreensão da forma artística e de sua evolução voltou a ser questionado, fora das premissas impostas pela estética geral. Ele era seguido de numerosos problemas concretos ligados à história e à teoria da arte. Surgiram *slogans* reveladores, no estilo de Wölfflin, *História da arte sem nomes* (*Kunstgeschichte ohne Namen*), seguidos de tentativas sintomáticas de análise concreta de estilos e procedimentos, como o *Ensaio de estudo comparativo dos quadros*, de K. Foll. Na Alemanha, a teoria e a história das artes figurativas eram as disciplinas mais ricas em experiências e tradições e ocuparam um lugar central no estudo das artes, influenciando, em seguida, tanto a teoria geral da arte quanto as disciplinas particulares, em especial os estudos literários.[2]

---

2 Observa R. Unger a influência decisiva exercida pelos trabalhos de Wölfflin sobre os representantes da corrente estética nos estudos atuais de história literária na Alemanha, O. Walzel e F. Strich; cf. seu artigo "Moderne Strömungen in der deutschen Literaturwissenschaft" [Tendências modernas dos estudos literários alemães]

Em consequência de razões históricas locais, na Rússia, foi a ciência literária que ocupou um lugar análogo.

O método formal chamou a atenção e se tornou um problema atual, não, é claro, por causa de suas particularidades metodológicas, mas em razão de sua postura em relação à interpretação ou ao estudo da arte. Destacavam-se claramente nos trabalhos dos formalistas certos princípios que contradiziam as tradições e os axiomas, à primeira vista estáveis, da ciência literária e da estética em geral. Graças a essa precisão dos princípios, reduziu-se consideravelmente a distância que separava os problemas particulares da ciência literária dos problemas gerais da estética. As noções e os princípios elaborados pelos formalistas e usados como fundamento para seus estudos visavam, embora conservando seu caráter concreto, à teoria geral da arte. O renascimento da poética que, naquele momento, fora completamente posta de lado, aconteceu sob a forma de uma invasão do campo inteiro dos estudos sobre a arte, que não se limitava a reconsiderar certos problemas particulares. Situação que resulta de toda uma série de eventos históricos, dos quais os mais importantes são a crise da estética filosófica e a reviravolta brusca que observamos na arte, reviravolta que, na Rússia, escolheu a poesia como campo de eleição. A estética viu-se despida, enquanto a arte assumiu voluntariamente uma forma despojada e já não observava senão as convenções mais primitivas. O método formal e o futurismo viram-se, portanto, historicamente ligados um ao outro.

(*Die Literatur*, 1923, Nov. H. 2). Cf. livro de O. Walzel, *Gehalt und Gestalt im Kunstwerk des Dichters* [Conteúdo e forma na obra de arte do poeta] (Berlim, 1923). (N. A.)

Mas o valor histórico do formalismo representa um tema à parte: aqui, pretendo oferecer uma imagem da evolução dos princípios e dos problemas do método formal, uma imagem da sua situação atual.

No momento do aparecimento dos formalistas, a ciência acadêmica, que ignorava completamente os problemas teóricos e utilizava frouxamente os axiomas envelhecidos tomados da estética, da psicologia e da história, perdera a tal ponto a sensação do seu objeto de estudo que a sua existência mesma se tornara ilusória. Não precisávamos lutar contra ela: não valia a pena arrombar uma porta aberta; deparamo-nos com um caminho livre, não com uma fortaleza. A herança teórica de Potebnia e de Vesselovski, conservada pelos discípulos, era como um capital imobilizado, como um tesouro que desvalorizavam por não ousarem tocá-lo. A autoridade e a influência já não pertenciam à ciência acadêmica, mas a uma ciência jornalística, se nos for permitido usar o termo, pertenciam aos trabalhos dos críticos e dos teóricos do simbolismo. Com efeito, na década de 1907-1912, a influência dos livros e dos artigos de V. Ivanov, Briusov, A. Biéli, Merejkovski, Tchukóvski etc. era infinitamente superior à dos eruditos estudos das teses universitárias. Essa ciência jornalística, apesar de todo seu caráter subjetivo e tendencioso, fundamentava-se em certos princípios e fórmulas teóricas que apoiavam as novas correntes artísticas em moda na época. Livros como *Simbolismo*, de Andrei Biéli (1910), tinham, naturalmente, mais sentido para a geração jovem do que as monografias de história literária, carentes de concepções próprias e de todo temperamento científico.

Foi por isso que, no momento em que se deu o encontro histórico de duas gerações, encontro extremamente tenso e importante, ele ocorreu não no campo da ciência acadêmica, mas na corrente dessa ciência jornalística, composta pela teoria simbolista e pelos métodos da crítica impressionista. Entramos em conflito com os simbolistas para arrancar-lhes das mãos a poética, livrá-la de suas teorias de subjetivismo estético e filosófico e recolocá-la, assim, no caminho do estudo científico dos fatos. A revolução fomentada pelos futuristas (Khlébnikov, Kruchenykh, Maiakóvski) contra o sistema poético do simbolismo foi um apoio para os formalistas, porque dava um caráter mais atual a seu combate.

Livrar a palavra poética das tendências filosóficas e religiosas cada vez mais preponderantes entre os simbolistas era a palavra de ordem que reuniu os primeiros grupos de formalistas. A cisão entre os teóricos do simbolismo (1910-1911) e o aparecimento dos acmeístas prepararam ambos o terreno para uma revolução decisiva. Era necessário afastar todo compromisso. A história exigia de nós o verdadeiro *pathos* revolucionário, teses categóricas, uma ironia impiedosa, uma recusa audaciosa de todo espírito de conciliação. O que importava em nossa luta era opor os princípios estéticos subjetivos que inspiravam os simbolistas em seus textos teóricos à exigência de uma postura científica e objetiva em relação aos fatos. Vinha daí o novo *pathos* do positivismo científico que caracteriza os formalistas: uma recusa das premissas filosóficas, das interpretações psicológicas e estéticas etc. O estado mesmo das coisas exigia de nós que nos separássemos da estética filosófica e das teorias ideológicas da arte. Era necessário ocupar-nos com os fatos e, distanciando-nos dos sistemas e dos problemas gerais, partir de um ponto arbitrário, desse ponto em que entramos em contato com o fato artístico. A arte exigia ser examinada bem de perto, a ciência pretendia-se concreta.

II

O princípio organizador do método formal era o princípio de especificação e de concretização da ciência. Concentramos todos os esforços em darmos um fim à situação anterior, em que a literatura continuava sendo, nas palavras de A. Vesselovski, *res nullius*. Foi aí que se tornou impossível conciliar a posição dos formalistas com os outros métodos e fazer que ela fosse aceita pelos ecléticos. Opondo-se a esses outros métodos, os formalistas negavam, e ainda negam, não os métodos, mas a confusão irresponsável das diferentes ciências e dos diferentes problemas científicos. Colocávamos, e colocamos ainda, como afirmação fundamental que o objeto da ciência literária deve ser o estudo das particularidades específicas dos objetos literários, distinguindo-os de toda outra matéria, e isso independentemente do fato de que, por suas características secundárias, essa matéria pode dar pretexto e direito a utilizá-la nas outras ciências como objeto auxiliar. R. Jakobson (*A nova poesia russa*, esboço I, Praga, 1921, p.11) deu a essa ideia a sua formulação definitiva:

> O objeto da ciência literária não é a literatura, mas a "literariedade" [*literaturnost*], isto é, o que faz de uma dada obra uma obra literária. Contudo, até agora, podíamos comparar os historiadores da literatura com a polícia que, propondo-se a prender alguém, se apoderasse ao acaso de tudo o que encontrasse no quarto, até mesmo das pessoas que estivessem passando na rua ao lado. Assim, os historiadores da literatura serviam-se de tudo: da vida pessoal, da psicologia, da política, da filosofia. Compunha-se um conglomerado de pesquisas artesanais em vez de uma ciência

> literária, como se tivesse esquecido que cada um desses objetos pertence respectivamente a uma ciência: a história da filosofia, a história da cultura, a psicologia etc. e que estas últimas podem naturalmente servir-se de fatos literários como de documentos defeituosos, de segunda categoria.

Para realizar e consolidar esse princípio de especificação sem recorrer a uma estética especulativa, era necessário confrontar a série literária com outra série de fatos, escolhendo na multidão de séries existentes aquela que, imbricada na série literária, teria, porém, uma função diferente. A confrontação da língua poética com a língua cotidiana ilustrava esse processo metodológico. Ela foi desenvolvida nas primeiras coletâneas da Opojaz (os artigos de L. Yakubinsky) e serviu de ponto de partida para o trabalho dos formalistas sobre os problemas fundamentais da poética. Enquanto era habitual para os literatos tradicionais orientar seus estudos para a história da cultura ou da vida social, os formalistas orientaram-nos para a linguística, que se apresentava como uma ciência que se ligava à poética pela matéria de seu estudo, mas a abordava baseando-se em outros princípios e assumindo outros objetivos. Por outro lado, os linguistas também se interessaram pelo método formal, na medida em que se pode considerar que os fatos da língua poética, enquanto fatos da língua, pertencem às áreas puramente linguísticas. Decorre daí uma relação análoga à que existe, por exemplo, entre a física e a química, no que se refere ao uso e à delimitação recíproca da matéria. Os problemas colocados pouco tempo atrás por Potebnia e aceitos sem provas por seus discípulos reapareceram sob essa luz nova e ganharam, assim, um sentido novo.

Yakubinsky efetuara a confrontação da língua poética com a língua cotidiana, sob sua forma geral, em seu primeiro artigo, "Dos sons da linguagem poética" (*Coletâneas sobre a teoria da linguagem poética*, fascículo 1, Petrogrado, 1916). Ele formulara a diferença entre elas da seguinte maneira:

> Os fenômenos linguísticos devem ser classificados do ponto de vista do fim pelo qual o locutor usa as suas representações linguísticas em cada caso particular. Se as utiliza com o fim meramente prático de comunicação, trata-se do sistema da *linguagem prática* (do pensamento verbal), em que as representações linguísticas (sons, elementos morfológicos etc.) não têm valor autônomo e são apenas um *meio* de comunicação. Mas podemos imaginar (e eles existem) outros sistemas linguísticos em que a finalidade prática passa para o segundo plano (embora ela não possa desaparecer completamente) e as representações linguísticas adquirem um *valor autônomo*.

Era importante constatar essa diferença, não só para a construção de uma poética, mas também para compreender a tendência que os futuristas tinham de criar uma linguagem "transmental"[3] enquanto revelação total do valor autônomo das palavras, fenômeno observado em parte na língua das crianças, na glossolalia dos Sectantes etc. As tentativas futuristas de poesia transmental ganharam uma importância essencial, pois apareceram como uma demonstração contra as teorias simbo-

3 Traduzimos assim a palavra *zaumnyj*, que designa uma poesia em que se supõe um sentido para os sons, sem que eles constituam palavras. (Nota de Tzvetan Todorov à sua tradução, doravante N. T.)

listas, as quais não ousavam ir além da noção de sonoridade que acompanha o sentido e que assim desvalorizavam o papel dos sons na língua poética. Concedeu-se ao problema dos sons no verso uma importância especial: foi sobre este ponto que os formalistas, ligados aos futuristas, se chocaram de frente com os teóricos do simbolismo. É natural que os formalistas tenham travado a sua primeira batalha nesse terreno: era necessário reconsiderar antes de tudo o problema dos sons, para contrapor um sistema de observações precisas às tendências filosóficas e estéticas dos simbolistas e, em seguida, extrair as consequências científicas que daí decorressem. Constituiu-se, assim, a primeira coletânea, dedicada inteiramente ao problema dos sons na poesia e da língua transmental.

Paralelamente a Yakubinsky, V. Chklóvski, em seu artigo "Da poesia e da língua transmental", mostrava por meio de muitos exemplos que "as pessoas usam às vezes as palavras sem se referirem ao sentido delas". As construções transmentais revelavam-se como um fato linguístico disseminado e como um fenômeno que caracteriza a poesia. "O poeta não ousa dizer uma palavra transracional, a trans-significação oculta-se habilmente sob a aparência de uma significação enganosa, fictícia, que obriga os poetas a confessarem que não compreendem o sentido de seus versos." O artigo de Chklóvski deu ênfase, entre outras coisas, ao aspecto articulatório, afastando-se do aspecto puramente fônico, que oferece a possibilidade de interpretar a correspondência entre o som e o objeto descrito ou a emoção apresentada de maneira impressionista: "O aspecto articulatório da língua é, sem dúvida, importante para o prazer de uma palavra transmental, de uma palavra que não significa nada. Talvez a maior parte dos prazeres proporcionados pela poesia esteja contida em seu aspecto articulatório, no movimento harmonioso dos órgãos da fala." O problema da relação com a língua transmental adquire, assim, a importância de um autêntico problema científico, cujo estudo teria facilitado a compreensão de muitos fatos da linguagem poética. Chklóvski assim formulou o problema geral:

> Se, para falar de uma significação da palavra, exigirmos que ela sirva necessariamente para designar noções, as construções transracionais permanecem exteriores à língua. Mas, então, elas não são as únicas a ficar fora dela; os fatos que citamos nos convidam a refletir sobre a seguinte questão: têm as palavras sempre um sentido na língua poética (e não só na língua transracional) ou não se deve ver nessa opinião senão uma visão teórica decorrente da nossa falta de atenção?

Todas essas observações e todos esses princípios nos levaram a concluir que a língua poética não é unicamente uma língua de imagens e que os sons do verso não são só os elementos de uma harmonia exterior, que eles não apenas acompanham o sentido, mas têm em si mesmos uma significação autônoma. Assim se organizava o reexame da teoria geral de Potebnia, baseada na afirmação de que a poesia é um pensamento por imagens. Essa concepção da poesia aceita pelos teóricos do simbolismo obrigava-nos a tratar os sons do verso como expressão de outra coisa que se encontrava por trás deles e a interpretá-los quer como onomatopeia, quer como aliteração. Os trabalhos de A. Biéli eram especialmente característicos dessa tendência. Em dois versos de Púchkin, encontrara uma perfeita "pintura por sons" da imagem do champanhe que passava da garrafa para a taça, ao passo que na repetição do grupo *r, d, t* em Blok ele via a "tragédia do desencanto".[4]

Essas tentativas de explicar as aliterações, tentativas que se achavam nos limites do pastiche, deviam provocar a nossa resistência intransigente e nos convidavam a demonstrar, por meio de uma análise concreta, que os sons existem no verso fora de todo vínculo com a imagem e têm uma função verbal autônoma.

Os artigos de L. Yakubinsky serviam de base linguística para as afirmações do valor autônomo dos sons no verso. O artigo de O. Brik, "As repetições de sons" (*Coletâneas sobre a teoria da linguagem poética*, fascículo 2, Petrogrado, 1917), mostrava os textos mesmos (extraídos de Púchkin e de Lérmontov) e os situava em diferentes classes. Depois de exprimir suas dúvidas sobre a correção da opinião corrente, a saber, que a língua poética é uma língua de imagens, Brik chega à seguinte conclusão:

> Seja qual for a maneira como consideremos as relações entre a imagem e o som, nem por isso deixa de ser verdade que os sons e as consonâncias não são um mero suplemento eufônico, mas o resultado de um projeto poético autônomo. A sonoridade da língua poética não se esgota nos procedimentos externos da harmonia, mas representa um produto complexo da interação das leis gerais da harmonia. A rima, a aliteração etc. não são mais que uma manifestação aparente, um caso particular das leis eufônicas fundamentais.

4 Cf. os artigos de A. Biéli nas coletâneas *Os citas* (1917), *Ramos* (1917) e meu artigo "Sobre os sons do verso", de 1920, republicado na coletânea de artigos *Através da literatura* (1924). (N. A.)

Opondo-se aos trabalhos de A. Biéli, o artigo de Brik não oferece nenhuma interpretação do sentido desta ou daquela aliteração; ele supõe apenas que o fenômeno de repetição dos sons é análogo ao procedimento de tautologia no folclore, ou seja, que, neste caso, a repetição desempenha ela mesma um papel estético: "Evidentemente, trata-se aqui de manifestações diferentes de um princípio poético comum, o princípio da simples combinação, no qual, como material da combinação, podem servir ou os sons das palavras, ou o sentido delas, ou as duas coisas." Tal extensão de um procedimento para matérias diferentes caracteriza bem o período inicial do trabalho dos formalistas. Depois do artigo de Brik, o problema dos sons no verso perdeu sua atualidade particular e entrou para o sistema geral dos problemas da poética.

III

O trabalho dos formalistas estreou com o estudo do problema dos sons no verso, que, na época, era o mais candente e o mais importante. Evidentemente, por trás desse problema particular da poética se elaboravam teses mais gerais, que deviam mais tarde vir à luz. A distinção entre os sistemas da língua poética e da língua prosaica, que determinara já desde o começo o trabalho dos formalistas, devia influenciar a discussão de muitos problemas fundamentais. A concepção da poesia como pensamento por imagens, e a fórmula que daí decorria, poesia = imagem, evidentemente não correspondia aos fatos observados e contradizia os princípios gerais esboçados. Desse ponto de vista, o ritmo, os sons, a sintaxe só tinham uma importância secundária, não sendo específicos da poesia, e não entravam em seu sistema. Os simbolistas, que haviam aceitado a teoria geral de Potebnia, já que ela justificava o papel dominante das imagens-símbolos, não conseguiam superar a famosa teoria sobre a harmonia da forma e do fundo, embora essa teoria contradissesse ostensivamente seu próprio desejo de tentar experiências formais e, assim, rebaixasse essas experiências, conferindo-lhes o caráter de jogo. Afastando-se do ponto de vista de Potebnia, os formalistas livravam-se da correlação tradicional forma/fundo e da noção da forma como um invólucro, um recipiente no qual se verte o líquido (o conteúdo). Os fatos artísticos mostravam que a *differentia specifica* da arte não se exprimia nos elementos que constituem a obra, mas no uso particular que deles se faz. Assim, a noção de forma obtinha um sentido diferente e não exigia nenhuma outra noção complementar, nenhuma correlação.

Em 1914, na época das manifestações públicas dos futuristas e antes da constituição da Opojaz, V. Chklóvski havia publicado um livrinho intitulado *A ressurreição da palavra*, em que, referindo-se em parte a Potebnia e a Vesselovski (o problema da imagem ainda não tinha essa importância), propunha como traço distintivo da percepção estética o princípio da sensação da forma.

> Não experimentamos o habitual, não o vemos, não o reconhecemos. Não vemos as paredes de nossos quartos, é-nos difícil ver os erros de uma prova, principalmente quando ela for escrita numa língua bem conhecida, porque não nos podemos obrigar a ver, a ler, a não reconhecer a palavra habitual. Se quisermos dar a definição da percepção poética e até artística, impõe-se inevitavelmente a seguinte: a percepção artística é essa percepção em que experimentamos a forma (talvez não só a forma, mas pelo menos a forma).

É claro que a percepção de que falamos não é uma mera noção psicológica (a percepção própria a esta ou aquela pessoa), mas um elemento da arte, e este não existe fora da percepção. A noção de forma ganhou um sentido novo, ela não é um invólucro, mas uma integridade dinâmica e concreta que tem um conteúdo em si mesma, fora de toda correlação. É aqui que se inscreve a distância entre a doutrina formalista e os princípios simbolistas, segundo os quais "através da forma" deveria transparecer algo "do fundo". Do mesmo modo, era superado o estetismo, admiração de certos elementos da forma conscientemente isolados do "fundo".

Mas tudo isso não bastava para um trabalho concreto. Ao mesmo tempo que se estabelecia a diferença entre a língua poética e a língua do dia a dia e se descobria que o caráter específico da arte consiste numa utilização particular do material, era necessário tornar concreto o princípio da sensação da forma, para que ele permitisse analisar essa forma compreendida como fundo em si mesma. Era preciso mostrar que a sensação da forma surgia como resultado de certos procedimentos artísticos destinados a fazer que a experimentássemos. O artigo de V. Chklóvski, "A arte como procedimento" (*Coletâneas sobre a teoria da linguagem poética*, fascículo 2, 1917), que representava uma espécie de manifesto do método formal, abriu caminho para a análise concreta da forma.[5] Vemos aqui claramente a distância entre os formalistas e Potebnia e, com isso, entre os princípios deles e os do simbolismo. O artigo tem início com as objeções aos princípios fundamentais de Potebnia sobre as imagens e sobre a relação da imagem com aquilo que ela

5 Cf. aqui mesmo, p.83-108. (N. T.)

explica. Indica Chklóvski, entre outras coisas, que as imagens são quase invariáveis:

> Quanto mais luz lançamos sobre uma época, mais nos convencemos de que as imagens que considerávamos criação de tal poeta, ele as tomou emprestadas de outros poetas, quase sem mudança nenhuma. Todo o trabalho das escolas poéticas não passa, então, da acumulação e revelação de novos procedimentos para dispor e elaborar o material verbal, e consiste muito mais na disposição das imagens do que em sua criação. As imagens são dadas, e na poesia nos lembramos muito mais das imagens do que as utilizamos para pensar. O pensamento por imagens não é, em todo caso, o laço que une todas as disciplinas da arte, ou mesmo da arte literária, a mudança das imagens não constitui a essência do desenvolvimento poético.

Mais adiante, Chklóvski indica a diferença entre a imagem poética e a imagem prosaica. A imagem poética é definida como um dos recursos da língua poética, como um procedimento que, em sua função, é igual ao dos outros procedimentos da língua poética, como o paralelismo simples e negativo, a comparação, a repetição, a simetria, a hipérbole etc. A noção de imagem entrava para o sistema geral dos procedimentos poéticos e perdia seu papel dominante na teoria. Ao mesmo tempo, rejeitava-se o princípio da economia artística, que se afirmara solidamente na teoria da arte. Em contrapartida, propunha-se o procedimento de singularização[6] e o procedimento da forma difícil, que aumenta a dificuldade e a duração da percepção: o procedimento

6 Em russo, *ostranenie*. (N. T.)

de percepção na arte é um fim em si e deve ser prolongado. A arte é compreendida como um meio de destruir o automatismo perceptivo, a imagem não procura nos facilitar a compreensão do seu sentido, mas procura criar uma percepção particular do objeto, a criação da sua visão, e não do seu reconhecimento. Vem daí o elo habitual da imagem com a singularização.

A oposição às ideias de Potebnia é definitivamente formulada por Chklóvski em seu artigo "Potebnia" (*Poética, coletâneas sobre a teoria da linguagem poética*, Petrogrado, 1919). Repete ele, mais uma vez, que a imagem, o símbolo não constituem o que distingue a língua poética da língua prosaica (cotidiana):

> A língua poética difere da língua prosaica pelo caráter perceptível de sua construção. Podemos perceber quer o aspecto acústico, quer o aspecto articulatório, quer o aspecto semântico. Às vezes, o que é perceptível não é a construção, mas a combinação das palavras, sua disposição. A imagem poética é um dos meios que servem para criar uma construção perceptível, que podemos experimentar em sua substância mesma; mas não é nada além disso [...]. A criação de uma poética científica exige que admitamos desde o início que existe uma língua poética e uma língua prosaica, cujas leis são diferentes, ideia provada por numerosos fatos. Devemos começar pela análise dessas diferenças.

Devemos ver nesses artigos um balanço do período inicial do trabalho dos formalistas. A principal contribuição desse período consiste no estabelecimento de determinado número de princípios teóricos que servirão de hipótese de trabalho ao longo do estudo ulterior dos fatos concretos; ao mesmo tempo, graças a eles, os formalistas conseguiram superar o obstáculo que lhes opunham as teorias correntes na época, baseadas nas concepções de Potebnia. A partir dos artigos citados, podemos dar-nos conta de que os principais esforços dos formalistas incidiam não no estudo da chamada forma, nem na construção de um método particular, mas visavam fundamentar a tese de que devemos estudar os traços específicos da arte literária. Para isso, cumpre partir da diferença funcional entre a língua poética e a língua cotidiana. Quanto à palavra "forma", era importante para os formalistas modificar o sentido desse termo confuso, para não serem importunados pela associação comum que se fazia na época com a palavra "fundo", cuja noção era ainda mais confusa e ainda menos científica. Era importante destruir a correlação tradicional e enriquecer, assim, a noção de forma com um sentido novo. A noção de procedimento teve uma importância muito maior ao longo da evolução ulterior, porque decorria diretamente do fato de se ter estabelecido uma diferença entre a língua poética e a língua cotidiana.

IV

A fase preliminar do trabalho teórico já havia sido superada. Esboçaram-se os princípios teóricos gerais, por meio dos quais era possível orientar-se na multidão dos fatos. Agora era preciso examinar mais de perto a matéria e tornar mais concretos os problemas. As questões da poética teórica, apenas mencionadas nos primeiros trabalhos, passaram agora a ocupar o centro do nosso interesse. Era preciso passar da questão dos sons do verso, que tinha apenas uma importância ilustrativa para a ideia geral da diferença entre a língua poética e a língua cotidiana, a uma teoria geral do verso; da questão do procedimento em geral ao estudo dos procedimentos de composição, ao problema do enredo etc. Ao lado dos problemas colocados pelas teorias herdadas de Potebnia, situava-se o problema da relação com as opiniões de A. Vesselovski e sua teoria do enredo.

É natural que durante esse tempo as obras literárias tivessem representado para os formalistas apenas uma matéria própria para verificar e confirmar as teses teóricas. Ainda eram deixadas de lado as questões relativas à tradição, à evolução etc. Era importante que nos apoderássemos da matéria mais ampla possível, estabelecêssemos leis e efetuássemos um exame prévio dos fatos. Assim, já não era necessário para os formalistas recorrer às premissas abstratas e, por outro lado, podiam assumir a matéria sem se perderem nos detalhes.

Os trabalhos de V. Chklóvski sobre a teoria do enredo e do romance tiveram uma importância especial nesse período. Chklóvski demonstra a existência de procedimentos próprios à composição e seu laço com os procedimentos estilísticos gerais, fundamentando-se em exemplos muito variados: contos, novelas orientais, o *Dom Quixote* de Cervantes, Tolstói, o *Tristram Shandy* de Sterne. Sem entrar nos pormenores, que serão tratados ao longo de trabalhos concretos, e não num artigo geral sobre o método formal, irei me deter nestes pontos que têm uma importância teórica que ultrapassa o âmbito dos problemas relativos ao enredo e deixaram vestígios na evolução ulterior do método formal.

O primeiro desses artigos, "O elo entre os procedimentos de construção do enredo e os procedimentos estilísticos gerais" (*Poética*, 1919), contém uma série desses pontos. Em primeiro lugar, ao se afirmar a existência de procedimentos próprios à composição do enredo, existência ilustrada por grande número de exemplos, mudava-se a imagem tradicional do enredo, que deixava de ser a combinação de uma série de motivos e era transferido da classe dos elementos temáticos para a classe dos elementos de elaboração. Assim, a noção de enredo ganhava um sentido novo, sem, porém, coincidir com a noção de fábula, e as regras de composição do enredo entravam logicamente na esfera do estudo formal, enquanto qualidade intrínseca das obras literárias. A noção de forma enriquecia-se com novas características e ia aos poucos se libertando de seu caráter abstrato, perdendo, com isso, sua importância polêmica. É claro que, para nós, a noção de forma se havia aos poucos confundido com a noção de literatura, de fato literário. Em seguida, o estabelecimento de uma analogia entre os procedimentos de composição do enredo e os procedimentos estilísticos era de grande importância teórica. Via-se que a construção em patamares, característica da epopeia, estava na mesma série que as repetições dos sons, a tautologia, os paralelismos tautológicos, as repetições etc., estando tal série vinculada a um princípio geral da arte literária, sempre construído sobre uma fragmentação, uma desaceleração.

Assim, são confrontados os três golpes desferidos por Rolando sobre a pedra (*A canção de Rolando*) e as outras repetições ternárias semelhantes, habituais nos enredos dos contos, com fenômenos análogos, como o emprego de sinônimos em Gógol, as construções linguísticas como *kudi-mudy, pl'ushki-ml'ushki* etc.[7] "Nem todos esses casos de construção desacelerada, em patamares, são habitualmente reunidos, e tentamos dar, para

7 Cf. as construções francesas semelhantes como *pêle-mêle*. (N. T.) Ou como lusco-fusco em português. (Nota do tradutor brasileiro, doravante N. T. B.)

cada um deles, uma explicação isolada." Vemos aqui claramente o desejo de afirmar a unidade do procedimento sobre matérias diferentes. Produziu-se aqui o inevitável conflito com a teoria de Vesselovski, que, em casos semelhantes, recorrera a uma hipótese histórica e genética e explicava as repetições épicas pelo mecanismo da interpretação inicial (o canto amorfo). Mesmo se for verdadeira quanto à gênese, uma explicação desse tipo não esclarece o fenômeno enquanto fato literário. Chklóvski não rejeita o vínculo geral da literatura com a vida real, que servia a Vesselovski e aos outros representantes da escola etnográfica para explicar as particularidades dos motivos e dos enredos dos contos, mas já não se serve dele para explicar essas particularidades do fato literário. A gênese explica a origem, e mais nada, quando o que importa para a poética é a compreensão da função literária. O ponto de vista genético não leva em conta a existência do procedimento, que é uma utilização específica do material; não se leva em conta a escolha feita entre a matéria tomada de empréstimo à vida, a transformação sofrida por essa matéria, o seu papel construtivo; enfim, não se leva em conta o fato de que um meio ambiente desaparece, ao passo que a função literária por ele gerada permanece não só como uma sobrevivência, mas como procedimento literário, que conserva sua significação fora de toda relação com esse ambiente. Pode-se observar que Vesselovski se contradizia quando considerava as aventuras do romance grego um puro procedimento estilístico.

O etnografismo de Vesselovski chocou-se com a resistência natural dos formalistas, que consideravam esse etnografismo como um desconhecimento do caráter específico do procedimento literário, como uma substituição do ponto de vista teórico e evolutivo pelo ponto de vista genético. Suas ideias sobre o sincretismo como fenômeno vinculado apenas à poesia primitiva e nascido das condições de existência foram mais tarde criticadas no estudo de B. Kazanski, "A ideia da poética histórica" (*Poética*, periódico da seção literária do Instituto Estatal de História da Arte, Leningrado, Academia, 1926); demonstra Kazanski que a natureza mesma de cada arte compreende tendências sincréticas que aparecem com especial nitidez em certas épocas; com isso, rejeita o ponto de vista etnográfico. É natural que os formalistas não tivessem podido aceitar a opinião de Vesselovski quando ele tratava dos problemas gerais da evolução literária. Tinham sido extraídos os princípios fundamentais da poética teórica a partir do conflito com as ideias de Potebnia; graças ao conflito com as ideias de Vesselovski e de seus discípulos, deviam ser formuladas as concepções dos formalistas sobre a evolução literária e, por conseguinte, sobre o estatuto da história literária.

O detonador dessa mudança estava contido nesse mesmo artigo de Chklóvski. Ao discutir a frase de Vesselovski tirada do mesmo princípio etnográfico, "a nova forma aparece para exprimir um conteúdo novo", Chklóvski propõe outro ponto de vista:

> A obra de arte é vista em relação com as outras obras artísticas e com o auxílio de associações que são feitas com elas [...]. Não só o pastiche, mas toda obra de arte é criada em paralelo e em oposição a um modelo qualquer. A nova forma não aparece para exprimir um conteúdo novo, mas para substituir a antiga forma, que já perdeu caráter estético.

Para fundamentar essa tese, Chklóvski refere-se à indicação de B. Christiansen sobre a existência de sensações diferenciais ou de uma sensação das diferenças; com isso, prova-se o dinamismo que caracteriza toda arte e se exprime nas violações constantes do cânone criado. No fim do artigo, Chklóvski cita F. Brunetière, segundo o qual, "de todas as influências que se exercem na história de uma literatura, a principal é a das obras sobre as obras", e "não é preciso multiplicar inutilmente as causas, nem, sob o pretexto de que a literatura é expressão da sociedade, confundir a história da literatura com a dos costumes. São mesmo coisas diferentes."

Assim, esse artigo delineava a passagem da poética teórica à história literária. A imagem inicial da forma enriqueceu-se com traços novos da dinâmica evolutiva, da variabilidade permanente. A passagem à história literária era o resultado da evolução da noção de forma, e não uma mera ampliação dos temas de estudo. Verificou-se que a obra literária não é percebida como fato isolado; sua forma é sentida em relação com outras obras, e não em si. Assim, os formalistas saíram definitivamente do quadro desse formalismo entendido como uma elaboração de esquemas e de classificações (imagem habitual dos críticos pouco a par do método formal) e que é aplicado com tal zelo por certos espíritos escolásticos que se rejubilam ante todo dogma. Esse formalismo escolástico não está ligado ao trabalho da Opojaz nem historicamente, nem em sua essência, e não somos responsáveis por ele; ao contrário, somos seus adversários mais aguerridos e mais intransigentes.

V

Mais adiante me deterei nos trabalhos dos formalistas pertencentes à esfera da história literária e concluirei agora a síntese dos princípios e problemas teóricos que se encontram nos estudos do Opojaz em sua primeira fase. No artigo de Chklóvski de que falei, existe outra noção que desempenhou um papel muito importante no estudo ulterior do romance: a noção de motivação. A descoberta de diferentes procedimentos utilizados durante a construção do enredo (a construção em patamares, o paralelismo, o "enquadramento", a enumeração etc.) levou-nos a conceber a diferença entre os elementos da construção de uma obra e os elementos que formam o seu material: a fábula, a escolha dos motivos, dos personagens, das ideias etc. Essa diferença era bem marcada nos trabalhos dessa fase, pois a tarefa principal era estabelecer a unidade deste ou daquele procedimento construtivo sobre diferentes matérias. A ciência antiga ocupava-se exclusivamente do material, dando-lhe o nome de fundo e relacionando tudo o mais com a forma exterior, que só seria interessante para os amadores ou até para ninguém. Daí vinha o estetismo ingênuo e tocante dos nossos velhos críticos e historiadores da literatura, que descobriam uma negligência da forma nos versos de Tiútchev e uma má forma, sem mais, em Nekrasov ou Dostoiévski. Perdoava-se a esses escritores, é verdade, a má forma, em razão da profundidade das ideias ou experiências. É natural que, nos anos de combate e de polêmica contra esse tipo de tradição, os formalistas concentrassem todos os esforços para mostrar a importância dos procedimentos construtivos e se distanciassem de tudo o mais, como de algo que não passa de motivação. Quando se fala do método formal e de sua evolução, é preciso sempre levar em conta o fato de que muitos dos princípios postulados pelos formalistas nos anos de intensa discussão com os adversários tinham importância não só como princípios científicos, mas também como *slogans* que, com fins de propaganda e de oposição, se acentuavam até o paradoxo. Não levar em conta este fato e tratar os trabalhos da Opojaz de 1916 a 1921 como trabalhos acadêmicos é ignorar a história.

A noção de motivação deu aos formalistas a possibilidade de aproximar-se mais das obras literárias, em especial do romance e da novela, e de observar os pormenores da construção. É esse o tema dos dois estudos seguintes de Chklóvski, *O desdobramento do enredo* e *Tristram Shandy de Sterne e a teoria do romance* (edições à parte da Opojaz, 1921). Nesses dois estudos, Chklóvski observa a relação entre o procedimento e a motivação, considera o *Dom Quixote* de Cervantes e *Tristram Shandy* de Sterne matérias propícias ao estudo da construção da novela e do romance fora dos problemas da história literária. *Dom Quixote* é visto como um elo intermediário entre a coletânea de novelas (do tipo do *Decamerão*) e o romance de um único herói, construído mediante o procedimento "de enfiada" motivado por uma viagem. Esse romance é tomado como exemplo porque o procedimento e a motivação nele ainda não estão suficientemente entrelaçados para formar um romance inteiramente motivado, cujas partes estejam todas soldadas. O material é muitas vezes simplesmente acrescentado sem ser soldado, os procedimentos de composição e as diferentes maneiras de construção aparecem claramente; no desenvolvimento ulterior do romance, "o material disseminado penetra cada vez mais profundamente no corpo mesmo do romance". Ao analisar "como é feito o *Dom Quixote*", Chklóvski mostra, entre outras coisas, o caráter instável do herói e chega à conclusão de que "esse tipo de herói é o resultado da construção romanesca". Ressalta-se, assim, a primazia do enredo, da construção sobre o material.

Evidentemente, uma arte que não seja inteiramente motivada ou que destrói conscientemente a motivação e desvela a construção traz consigo a matéria mais conveniente para esclarecer esse gênero de problemas teóricos. A existência mesma das obras cuja construção é conscientemente desvelada deve testemunhar em favor desses problemas, confirmando sua existência e a importância do seu estudo. Podemos até dizer que tais obras só foram compreendidas à luz desses problemas e princípios teóricos. Foi em especial o caso de *Tristram Shandy*, de Sterne. Graças ao estudo de Chklóvski, esse romance não só servia de ilustração a princípios teóricos, mas adquiria em si mesmo um novo sentido e atraía a atenção para si. O romance de Sterne pôde ser sentido como uma obra contemporânea, graças ao interesse geral pela construção: chegou até a chamar a atenção daqueles que nele nada mais viam do que um tagarelar aborrecido ou um anedotário e dos que o consideravam do ponto de vista do famoso sentimentalismo, pelo qual Sterne é tão pouco responsável quanto Gógol pelo realismo.

Ao observar o desnudamento consciente dos procedimentos construtivos, Chklóvski afirma que em Sterne a construção mesma do romance é acentuada: a consciência da forma obtida graças a essa deformação constitui o próprio fundo do romance. Ao fim do seu estudo, Chklóvski formula assim a diferença entre o enredo e a fábula:

> Não raro se confunde a noção de enredo com a descrição dos eventos, com o que proponho chamar convencionalmente de fábula. Na realidade, a fábula não é senão um material que serve para a formação do enredo. Assim, o enredo de *Eugênio Oneguin* não é o romance do herói com Tatiana, mas a elaboração dessa

fábula num enredo, realizada por meio de digressões intercaladas [...]. Explicam-se as formas artísticas por sua necessidade estética, e não por uma motivação exterior tomada da vida prática. Quando o artista torna mais lenta a ação do romance, não ao introduzir rivais, mas simplesmente deslocando os capítulos, mostra-nos assim as leis estéticas sobre as quais se baseiam os dois procedimentos de composição."

Meu artigo "Como foi feito *O capote*, de Gógol" (*Poética*, 1919)[8] também se relacionava ao problema de construção da novela. Ao problema do enredo, somei o problema da narrativa direta,[9] em que a construção se funda no tom da narração. Tentei mostrar nesse artigo que o texto de Gógol "é composto de imagens verbais vivas e de emoções verbais", que as palavras e as sentenças são escolhidas e combinadas por Gógol segundo o princípio da narrativa direta expressiva, na qual a articulação, a mímica, os gestos fônicos etc. desempenham um papel especial. Analisei a composição de *O capote* desse ponto de vista, demonstrando a alternância entre a narrativa direta cômica, ligada às anedotas, aos trocadilhos etc. e uma declamação sentimental e melodramática, alternância que confere a essa novela seu caráter grotesco. Nessa ordem de ideias, a conclusão de *O capote* é tratada como uma apoteose do grotesco, no gênero da cena muda de *O inspetor geral*. Ficou claro que eram inúteis as reflexões tradicionais sobre o romantismo e o realismo de Gógol e em nada contribuíam para a compreensão da obra.

---

8 Cf. aqui mesmo, p.243-69. (N. T.)

9 Traduzimos assim o termo russo *skaz*. (N. T.)

Assim, o problema do estudo da prosa saíra do ponto morto. Definiu-se a diferença que existe entre a noção de enredo como construção e a noção de fábula como material; descobriram-se os procedimentos específicos da composição do enredo; a partir daí, abria-se uma ampla perspectiva para o trabalho voltado para a história e a teoria do romance; ao mesmo tempo, colocou-se o problema da narrativa direta como princípio construtivo da novela sem enredo. Esses estudos exerceram influência sobre grande número de pesquisas publicadas nestes últimos anos, escritas por pessoas que não estão ligadas diretamente à Opojaz.

VI

O nosso trabalho ia não só no sentido da ampliação e do aprofundamento dos problemas, mas também no sentido de sua diferenciação, visto que o grupo da Opojaz ganhara novos membros que, até então, trabalhavam isoladamente ou que mal estavam começando a trabalhar. A principal diferenciação seguia a linha de demarcação entre a prosa e o verso. Opondo-se aos simbolistas que, enquanto isso, tentavam abolir na teoria e na prática a fronteira entre o verso e a prosa e se empenhavam em buscar um metro na prosa (A. Biéli), os formalistas insistiam no fato de existir uma clara delimitação desses gêneros da arte literária.

Mostramos no capítulo anterior que o trabalho, com o estudo da prosa, era feito em ritmo intenso. Nessa área, os formalistas eram pioneiros, se deixarmos de lado alguns estudos ocidentais, cujas observações sobre o material coincidiam com as nossas (por exemplo, W. Dibelius, *Englische Romankunst*

[Arte da ficção inglesa], 1910), mas estavam longe de abranger todos os nossos problemas e princípios teóricos. Em nosso trabalho sobre a prosa, estávamos quase livres das tradições. O mesmo não se pode dizer dos versos. A grande quantidade de obras dos teóricos ocidentais e russos, as experiências teóricas e práticas dos simbolistas, as discussões acerca das noções de ritmo e de metro que, nos anos de 1910 a 1917, geraram toda uma literatura especializada, por fim, o aparecimento de formas poéticas novas com os futuristas, tudo isso complicava o estudo do verso e a própria discussão de seus problemas, ao invés de facilitá-los. Em vez de voltar aos problemas fundamentais, muitos investigadores ocupavam-se com questões concretas de métrica ou tentavam classificas as opiniões e os sistemas acumulados. E, no entanto, não havia uma teoria do verso em sentido amplo: nem o problema do ritmo poético, nem o problema do vínculo entre o ritmo e a sintaxe, nem o problema dos sons do verso (os formalistas só haviam indicado algumas premissas linguísticas), nem o problema do léxico e da semântica poética haviam encontrado seu fundamento teórico. Ou seja, o problema do verso continuava, na realidade, obscuro. Era necessário abandonar os problemas concretos da métrica e debruçar-nos sobre a questão do verso de um ponto de vista mais geral. Era necessário colocar o problema do ritmo de tal modo que ele não se esgotasse com a métrica, mas integrasse os aspectos mais essenciais da língua poética.

Aqui, como no capítulo anterior, só me deterei no problema do verso na medida em que a sua discussão nos tenha levado a ideias teóricas novas sobre a arte literária ou sobre a natureza da língua poética. Os fundamentos foram lançados pelo trabalho de O. Brik, "Ritmo e sintaxe", lido em 1920 durante uma reunião da Opojaz, e que não só permaneceu inédito, mas também, ao que parece, sem jamais ter sido escrito.[10] Esse estudo demonstrava que existiam no verso construções sintáticas estáveis, indissoluvelmente ligadas ao ritmo. Assim, a noção mesma de ritmo perdia o caráter abstrato e entrava em ligação com a substância linguística do verso, com a frase. A métrica recuava para o segundo plano, embora conservasse um valor de convenção poética mínima, de alfabeto. Esse processo também era tão importante para o estudo do verso quanto o estabelecimento do vínculo entre o enredo e a construção para o estudo da prosa. A revelação das figuras rítmicas e sintáticas definitivamente inverteu a noção de ritmo como suplemento exterior presente na superfície do discurso. A teoria do verso passou a estudar o ritmo como fundamento construtivo do verso, que determinava todos os seus elementos, acústicos e não acústicos. Estava escancarada a perspectiva para uma teoria do verso, e tal teoria se situava num nível muito mais elevado, ao passo que a métrica devia assumir o lugar de uma propedêutica elementar. Os simbolistas e os teóricos da escola de A. Biéli não conseguiam elevar-se até esse nível, apesar dos esforços, pois para eles as questões de métrica continuavam sendo centrais.

O trabalho de Brik, porém, apenas assinalava a possibilidade de uma nova abordagem; o estudo mesmo, tanto quanto o seu primeiro artigo ("As repetições de sons"), limitava-se a uma exposição de exemplos e a sua distribuição em grupos. A partir desse estudo, era possível orientar-se quer para novos problemas, quer para uma simples classificação ou sistematização do

---

10 Cf. aqui mesmo, p.163-74. (N. T.)

material que permaneceria exterior ao método formal. O livro de V. Jirmunski, *A composição dos poemas líricos* (Opojaz, 1921), está claramente ligado a esse gênero de estudo. Jirmunski, que não compartilhava os princípios teóricos da Opojaz, interessou-se pelo método formal como um jeito de dispor o material em grupos e rubricas. Essa concepção do método formal não pode, é claro, dar em outra coisa; apoiando-se num critério exterior, distribui-se o material em grupos. Todos os trabalhos teóricos de Jirmunski têm, portanto, um caráter pedagógico, de classificação. Os estudos desse tipo não têm uma importância fundamental na evolução geral do método formal e indicam unicamente a tendência (historicamente inevitável) que procura atribuir um caráter acadêmico ao método formal. Por isso, não é de surpreender que Jirmunski tenha mais tarde se separado completamente da Opojaz, declarando diversas vezes seu desacordo com os princípios formalistas (sobretudo no prefácio à tradução do livro de O. Walzel, *O problema da forma na poesia*, 1923).

Meu livro *A melodia do verso lírico russo* (Opojaz, 1922) vinculava-se em parte ao trabalho de Brik sobre as figuras rítmicas e sintáticas, mas fora também preparado pelo estudo do verso em seu aspecto acústico e, neste sentido, estava ligado a um sem-número de trabalhos ocidentais (Sievers, Saran etc.). Meu ponto de partida era que os estilos normalmente se dividem com base no léxico: "Assim, afastamo-nos de verso em si mesmo para nos preocuparmos com a língua poética em geral [...] era necessário encontrar algo que estivesse ligado à frase no verso e, ao mesmo tempo, não nos afastasse do verso em si, algo que se situasse no limite entre a fonética e a semântica. Esse algo é a sintaxe." Os fenômenos rítmicos e sintáticos são aqui considerados não em si mesmos, mas em sua relação com a significação construtiva da entonação poética e discursiva. Importava-me, sobretudo, definir a noção de dominante, que organiza este ou aquele estilo poético, considerando a noção de melodia como um sistema de entonações e separando-a, assim, da noção de harmonia geral do verso. Baseando-me nessas premissas, propus distinguir três estilos fundamentais na poesia lírica: declamatório (oratório), melodioso e falado. O livro inteiro é consagrado ao estudo das características entonacionais do estilo melodioso e toma como exemplo a poesia lírica de Jukovski, Tiútchev, Lérmontov e Fet. Evitando os esquemas preestabelecidos, concluí o livro com esta afirmação:

> Julgo importante no trabalho científico não o estabelecimento de esquemas, mas a possibilidade de ver os fatos. Para isso, precisamos da teoria, porque só à luz dela se tornam perceptíveis os fatos, ou seja, se tornam fatos autênticos. Mas as teorias morrem ou mudam, enquanto permanecem os fatos descobertos e confirmados graças a elas.

A tradição de estudos concretos sobre a métrica estava ainda muito viva entre os teóricos ligados ao simbolismo (A. Biéli, V. Briusov, S. Bobrov, V. Tchudovski etc.), mas ia aos poucos entrando no caminho dos cálculos estatísticos exatos e perdendo, assim, a sua importância de princípio. Os estudos métricos de B. Tomachevski, coroados pelo seu manual, *A versificação russa* (1924), desempenharam neste sentido um grande papel. Assim, a métrica recuava para o segundo plano, não passava de uma disciplina auxiliar que só dispunha de uma esfera reduzida de problemas; a teoria geral do verso ocupava o primeiro plano. O desenvolvimento anterior do método formal revelara uma tendência que consistia em ampliar e enriquecer a nossa imagem do ritmo poético, unindo-o à construção da língua poética, tendência que já era evidente no artigo de B. Tomachevski "O iambo de cinco medidas de Púchkin" (1919), publicado na coletânea *Estudos sobre a poética de Púchkin* (Berlim, 1923). Ali encontramos uma tentativa de passar do campo do metro para o da língua. Daí a afirmação principal dirigida contra A. Biéli e sua escola: "O objetivo do ritmo não é observar *péons* fictícios, mas distribuir a energia expiratória no âmbito de um ímpeto único, o verso." Essa tendência é expressa com decisiva clareza no artigo do mesmo autor, "O problema do ritmo poético" (*O pensamento literário*, fascículo 2, 1922).[11] Nesse artigo, é superada a velha oposição entre o metro e o ritmo, porque nele se estende a noção de ritmo poético a uma série de elementos linguísticos que participam da construção do verso: ao lado do ritmo vindo do acento das palavras, aparecem o ritmo que vem da entonação proposicional e o ritmo harmônico (aliterações etc.). Assim, a noção mesma de verso torna-se a noção de um discurso específico, cujos elementos todos contribuem para o caráter poético. Seria errado dizer que esse discurso apenas se adapta a uma forma métrica, resistindo a ela e criando distanciamentos rítmicos (ponto de vista defendido ainda por V. Jirmunski em seu novo livro *Introdução à métrica*, 1925).

O discurso poético é um discurso organizado quanto ao seu efeito fônico. Mas já que o efeito fônico é um fenômeno com-

---

11 Cf. aqui mesmo, p.175-85. (N. T.)

> plexo, apenas um de seus elementos sofre a canonização. Assim, na métrica clássica, o elemento canonizado é representado pelos acentos que ela submetera a uma sucessão e regia com suas leis [...]. Mas basta que a autoridade das formas tradicionais seja um pouco abalada para que apareça com insistência este pensamento: a essência do verso não se esgota em seus traços primeiros, o verso vive também pelos traços secundários do seu efeito fônico; ao lado do metro, existe o ritmo, que também pode ser captado; podemos escrever versos observando apenas esses traços secundários, o discurso pode permanecer poético sem que se conserve o metro.

Afirma-se a importância da noção de impulso rítmico, que já aparecia no trabalho de Brik e que caracteriza o desenho rítmico geral:

> Os procedimentos rítmicos participam em graus diversos da criação da impressão estética, este ou aquele procedimento pode predominar em obras diferentes, este ou aquele recurso pode ser encarregado do papel de dominante. A orientação para certo procedimento rítmico determina o caráter concreto da obra, e podemos classificar os versos, deste ponto de vista, em versos acentuais (por exemplo, a descrição da batalha em *Poltava*), em versos entonacionais e melódicos (os versos de Jukovski) e em versos harmônicos (que caracterizam os últimos anos do simbolismo russo).

A forma poética assim compreendida não se opõe a um fundo que lhe seja exterior e difícil de integrar, mas é tratada como o verdadeiro fundo do discurso poético. Aqui como antes, a noção de forma recebia o sentido novo de integridade.

VII

O livro de R. Jakobson, *Do verso tcheco* (*Coletâneas sobre a teoria da linguagem poética*, fascículo 5, 1923), levantou novos problemas vinculados à teoria geral do ritmo e da língua poética. Jakobson contrapõe a teoria de uma "deformação organizada" da língua pela forma poética à teoria da conformidade absoluta do verso ao espírito da língua, a teoria da forma que não resiste ao material. Introduz na teoria da diferença entre as fonéticas da língua cotidiana e da língua poética uma correção característica: a dissimilação das líquidas, que, segundo L. Yakubinsky, estando ausente da língua poética, opõe esta última à língua cotidiana,[12] aparece como possível em ambos os casos. Na língua cotidiana, ela é imposta pelas circunstâncias, ao passo que na língua poética ela é intencional. São, portanto, dois fenômenos essencialmente diferentes. Ao mesmo tempo, indica-se a diferença de princípio entre a língua poética e a língua emocional (Jakobson já falara disso em seu primeiro livro, *A nova poesia russa*):

> A poesia pode valer-se dos métodos da linguagem emotiva, mas sempre com objetivos que lhe são próprios. Essa semelhança entre os dois sistemas linguísticos, assim como o uso feito pela linguagem poética dos recursos próprios à linguagem emotiva, muitas vezes provoca a identificação da linguagem poética com a linguagem emotiva. Tal identificação é errônea, pois não leva em

---

12 Nesse momento, também L. Yakubinsky indicava o caráter demasiado sumário da noção de "linguagem prática" e a necessidade de diversificá-la conforme as suas funções (familiar, científica, oratória etc.; cf. seu artigo "Do discurso dialógico", na coletânea *A língua russa*, 1923). (N. A.)

conta a diferença funcional fundamental entre os dois sistemas linguísticos.

A este respeito, Jakobson rejeita as tentativas de Grammont e de outros teóricos do verso, que preconizam o recurso à teoria onomatopaica ou ao estabelecimento de um laço emocional entre os sons e as imagens ou ideias para explicar as construções fônicas: "A construção fônica nem sempre é a construção de uma imagem sonora, e a imagem sonora nem sempre se vale dos métodos da linguagem emotiva." Assim, Jakobson sai constantemente do âmbito de seu tema concreto e especial (a prosódia do verso tcheco) e esclarece os problemas teóricos da linguagem poética e do verso. Ao fim do livro, é acrescentado um capítulo inteiro sobre Maiakóvski, que completa o estudo anterior de Jakobson sobre Khlébnikov.

Em meu estudo sobre Anna Akhmatova (1923), tentei também reexaminar os problemas teóricos fundamentais ligados à teoria do verso: o problema do ritmo em ligação com a sintaxe e a entonação, o problema dos sons do verso em ligação com a articulação e, por fim, o problema do léxico e da semântica poética. Ao me referir ao livro que Iuri Tynianov então estava preparando, eu indicava que, colocada no verso, a palavra é como que extraída do discurso ordinário, é cercada de uma atmosfera semântica nova e é vista não em relação com a língua em geral, mas precisamente com a língua poética. Ao mesmo tempo, indicava que a particularidade principal da semântica poética reside na formação de significações marginais que violam as associações verbais habituais.

No momento de que estou falando, a ligação inicial do método formal com a linguística estava consideravelmente enfraquecida. A diferenciação dos problemas já era tão grande que não precisávamos mais de um apoio especial da parte da linguística, sobretudo da linguística de matiz psicológico. Ao contrário, certos trabalhos dos linguistas na área do estilo poético deparavam-se com objeções de princípio da nossa parte. O livro de Iuri Tynianov, *O problema da linguagem poética* (Academia, 1924),[13] editado naquele momento, ressaltou as divergências que existiam entre a linguística psicológica e o estudo da língua e do estilo poéticos. Esse livro descobriu a união íntima entre a significação das palavras e a construção do verso, enriquecendo, assim, de novo, a noção de ritmo poético e pondo o método formal no caminho do estudo das particularidades semânticas da língua poética, e não só das vinculadas à acústica ou à sintaxe. Diz Tynianov em sua introdução:

> Estes últimos tempos, o estudo do verso conseguiu grandes êxitos; ele, sem dúvida, logo se estenderá a todo um campo e, no entanto, ainda nos lembramos de seus inícios sistemáticos. Mas o problema da língua e do estilo poéticos fica de fora destes estudos. As pesquisas nesse campo estão isoladas do estudo do verso; temos a impressão que a língua e o estilo poéticos não estão ligados ao verso, não dependem dele. A noção de linguagem poética, lançada há pouco, passa agora por uma crise provocada, sem dúvida, pelo sentido impreciso demais dessa noção, que tem como base a linguística psicológica e o uso demasiado amplo que dela se faz.

Entre os problemas gerais da poética que este livro questiona e esclarece, o do "material" tinha uma importância especial.

---

13 Cf. aqui mesmo, p.129-35. (N. T.)

O uso aceito impunha para essa noção um emprego que a opunha à noção de "forma"; assim, as duas noções perdiam em importância e sua oposição se tornava uma substituição terminológica da velha oposição "fundo-forma". Na realidade, como já disse, os formalistas haviam atribuído à noção de "forma" o sentido de integridade e a haviam confundido, assim, com a imagem da obra artística em sua unidade, de modo que ela não exigia mais nenhuma oposição, a não ser com outras formas sem caráter estético. Tynianov indica que o material da arte literária é heterogêneo e comporta significações diferentes, que "um elemento pode ser promovido em detrimento dos outros, que se veem, por conseguinte, deformados e, às vezes, até degradados, até se tornarem acessórios neutros". Daí a conclusão: "A noção de 'material' não ultrapassa os limites da forma, o material também é formal: e é um erro confundi-lo com elementos exteriores à construção." Além disso, a noção de forma é enriquecida pelos traços do dinamismo:

> A unidade da obra não é uma entidade simétrica e fechada, mas uma integridade dinâmica que tem seu próprio desenvolvimento; seus elementos não estão ligados por um sinal de igualdade ou de adição, mas por um sinal dinâmico de correlação e de integração. A forma da obra literária deve ser sentida como uma forma dinâmica.

Quanto ao ritmo, ele é aqui representado como o fator construtivo e fundamental do verso, presente em todos os seus elementos. Os traços objetivos do ritmo poético são, segundo Tynianov, a unidade e a continuidade da sucessão rítmica, em ligação direta uma com a outra. Insiste-se de novo na diferença fundamental entre verso e prosa:

> Aproximar os versos da prosa supõe que se tenha estabelecido a unidade e a continuidade num objeto inabitual, e é por esta razão que isso não apaga a essência do verso; ao contrário, ela se vê ressaltada [...]. Qualquer elemento da prosa, uma vez introduzido na sucessão do verso, se mostra sob outra luz, ressaltado por sua função, e dá, assim, origem a dois fenômenos diferentes: essa construção ressaltada e a deformação do objeto inabitual.

Coloca-se, em seguida, o problema da semântica: "Nos versos, não estamos diante de uma semântica deformada que, por esta razão, só podemos estudar depois de tê-la isolado de seu princípio construtivo?" Toda a segunda parte do livro responde a esta pergunta, demonstrando que entre os fatores do ritmo e a semântica existe uma ligação constante. O fato de as imagens verbais estarem incluídas em unidades rítmicas se mostra decisivo para as primeiras: "O laço que une os constituintes mostra-se mais forte e mais estreito do que aquele que os liga na linguagem ordinária; surge entre as palavras uma relação posicional, inexistente na prosa."

Assim se vê mais bem fundamentada a separação entre a teoria de Potebnia e as ideias dos formalistas; ao mesmo tempo, abriram-se novas perspectivas para uma teoria do verso. Graças ao livro de Tynianov, o método formal revelou-se apto a apoderar-se de novos problemas e a se prestar a uma evolução ulterior. Ficou evidente, mesmo para pessoas estranhas à Opojaz, que a essência de nosso trabalho consistia num estudo das particularidades intrínsecas da arte literária, e não no estabelecimento de um "método formal" imutável; eles se deram conta de que se tratava do objeto do estudo, e não de seu método. Tynianov formula mais uma vez esta ideia:

O objeto de um estudo que se pretende um estudo da arte deve ser constituído pelos traços característicos que distinguem a arte dos outros campos de atividade intelectual, os quais não são para tal estudo senão um material ou uma ferramenta. Cada obra de arte representa uma interação complexa de vários fatores; por conseguinte, a finalidade do estudo é definir o caráter específico dessa interação.

VIII

Já indiquei o momento que viu surgir, ao lado de problemas teóricos, o problema do movimento e da mudança das formas, ou seja, a questão da evolução literária. Esta questão surgiu quando examinamos de novo as ideias de Vesselovski acerca dos motivos e dos procedimentos dos contos; a resposta ("A nova forma não aparece para exprimir um conteúdo novo, mas para substituir a antiga forma") era uma consequência da nova noção de forma. A forma compreendida como o verdadeiro fundo que se modifica continuamente em relação com as obras do passado exigia, naturalmente, que a abordássemos sem o auxílio de classificações abstratas estabelecidas de uma vez por todas, mas levando em conta seu sentido concreto e sua importância histórica. Abriu-se uma dupla perspectiva: a perspectiva do estudo histórico deste ou daquele problema (por exemplo, *O desdobramento do enredo*, de Chklóvski, e meu livro *Melodia do verso lírico*), ilustrado por materiais muito diversos, e a do estudo histórico, estudo da evolução literária enquanto tal. A combinação delas, que era uma consequência natural do desenvolvimento do método formal, levantou para nós inúmeros problema novos e complexos, a maioria dos quais ainda não resolvidos e nem sequer suficientemente bem definidos.

O desejo inicial dos formalistas de destacar este ou aquele procedimento construtivo e estabelecer a sua unidade sobre uma ampla matéria deu lugar ao desejo de diferenciar essa imagem geral, compreender a função concreta do procedimento em cada caso particular. Essa noção de significação funcional avançou paulatinamente até o primeiro plano e recobriu a noção inicial de procedimento. Essa diferenciação de nossas próprias noções e princípios gerais caracteriza toda a evolução do método formal. Não temos princípios dogmáticos que ameacem entravar-nos e impedir-nos o acesso aos fatos. Não podemos garantir os nossos esquemas se tentarmos aplicá-los a fatos que não conhecemos: os fatos podem exigir que os princípios sejam modificados, corrigidos ou tornados mais complexos. Trabalhar com matéria concreta obrigou-nos a falar de função e, com isso, a complicar a noção de procedimento. A teoria exigia o direito de tornar-se história.

Aqui, de novo, nos chocamos com as tradições da ciência acadêmica e com as tendências da crítica. Durante os nossos anos de estudo, a história acadêmica da literatura limitava-se de preferência ao estudo biográfico e psicológico de escritores isolados (limitando-nos, é claro, aos "grandes"). Mesmo as velhas tentativas cujo objetivo era escrever a história inteira da literatura russa e demonstravam a intenção de sistematizar um grande material histórico já haviam desaparecido. No entanto, as tradições desses monumentos (no gênero da *História da literatura russa*, de A. N. Pypin) conservavam uma autoridade científica ainda mais forte, pois a geração seguinte já não ousava enfrentar o estudo de temas tão amplos. Contudo, eram noções gerais e incompreensíveis a quem quer que fosse, como realismo ou romantismo (e se considerava que o realismo era superior ao romantismo), que desempenhavam o papel principal nesses monumentos; compreendia-se a evolução como uma perfeição contínua, como um progresso (do romantismo ao realismo); interpretava-se a sucessão dos movimentos como a exibição tranquila de uma herança que se transmitia de pai para filho, enquanto a literatura como tal não existia: era substituída por um material tomado de empréstimo à história dos movimentos sociais, à biografia dos escritores etc.

Esse historicismo primitivo que nos distanciava da literatura levou à natural rejeição dos teóricos do simbolismo e dos críticos literários de todo historicismo. Multiplicavam-se estudos impressionistas e os "retratos", empreendeu-se em grande escala a modernização dos velhos escritores, transformando-os em *Companheiros eternos*.[14] Ficava subentendido (e era, às vezes, proclamado em alta voz) que era inútil a história da literatura.

Devíamos destruir as tradições acadêmicas e livrar-nos das tendências da ciência jornalística. Às primeiras, cumpria opor a ideia de evolução literária e de literatura em si, fora das noções de progresso e de sucessão natural dos movimentos literários, fora das noções de realismo e de romantismo, fora de toda matéria exterior à literatura, que consideramos uma série específica de fenômenos. Às segundas, devíamos opor os fatos históricos concretos, a instabilidade e a variabilidade da forma, a necessidade de levar em conta as funções concretas deste ou daquele procedimento, isto é, contar com a diferença entre a obra lite-

---

14 Título de um livro de crítica literária de D. Merejkovski, poeta simbolista. (N. T.)

rária vista como certo fato histórico e a sua livre interpretação do ponto de vista das exigências contemporâneas, dos gostos ou dos interesses literários. Assim, o *pathos* principal de nosso trabalho no campo da história literária devia ser o *pathos* de destruição e de negação; com efeito, era esse o *pathos* primordial das nossas manifestações teóricas, e só mais tarde elas adquiriram o caráter tranquilo de estudos de problemas particulares.

É por isso que as nossas primeiras declarações em matéria de história literária assumiram a forma de teses quase involuntárias, definidas a respeito de uma matéria concreta. Uma questão particular ganhava inopinadamente as dimensões de um problema geral, a teoria unia-se à história. Os livros de Iuri Tynianov, *Dostoiévski e Gógol* (Opojaz, 1921), e de V. Chklóvski, *Rozanov* (Opojaz, 1921), são muito significativos deste ponto de vista.

O objetivo de Tynianov era provar que *A aldeia Stepántchikovo e seus habitantes*, de Dostoiévski, representa um pastiche, que por trás do primeiro plano se dissimula um segundo plano alimentado pela personalidade de Gógol e sua *Correspondência com os amigos*. Mas Tynianov acrescenta a essa questão particular toda uma teoria do pastiche como procedimento estilístico (a estilização paródica) e como manifestação da substituição dialética que se opera entre as escolas literárias, substituição de grande importância para a história literária. Surge aqui a questão da sucessão e das tradições e, a este respeito, são levantados os problemas fundamentais da evolução literária:

> Quando se fala da tradição ou da sucessão literária, em geral se imagina uma linha reta que une os mais jovens de certo ramo literário a seus antecessores. As coisas, porém, são muito mais

complexas. Não é a linha reta que se prolonga, mas assistimos antes a um partir que se organiza desde certo ponto que refutamos [...]. Toda sucessão literária é antes de tudo um combate, é a destruição de um todo já existente e a construção nova que se efetua a partir dos elementos antigos.

A imagem da evolução literária complicava-se com a revelação de seus conflitos, de suas revoluções periódicas e perdia, assim, seu velho sentido de progressão tranquila. Sobre este fundo, as relações literárias de Dostoiévski e Gógol assumiram a forma de um conflito complexo.

O livro de Chklóvski sobre Rozanov desenvolve, quase como digressão do tema principal, toda uma teoria da evolução literária. Esse livro refletia as animadas discussões que ocorriam então na Opojaz sobre esta questão. Chklóvski indicava que a literatura progride segundo uma linha entrecortada:

> Cada época literária contém não uma, mas várias escolas literárias. Elas existem simultaneamente na literatura, e uma delas assume a dianteira e se vê canonizada. As outras existem como não canonizadas, às escondidas: assim, no tempo de Púchkin, a tradição de Derzhavin nos versos de Kuhelbeker e Griboiedov, a pura tradição dos romances de aventura em Bulgarin, a tradição do verso de *vaudeville* russo e muitos outros ainda.
>
> Mal se canonizou a tradição mais velha e já as camadas inferiores secretam formas novas: é a linhagem mais jovem que ocupará o lugar da mais velha, e o autor de *vaudeville* Belopiatkin renasce em Nekrasov (o estudo de O. Brik), o herdeiro direto

do século XVIII, Tolstói, cria o romance novo (B. Eichenbaum), Blok canoniza os temas e os ritmos do romanceiro cigano e Tchekhov dá ao *Despertar*[15] o direito à cidadania na literatura russa. Dostoiévski eleva à condição de norma literária os procedimentos do romance de aventuras. Cada nova escola literária representa uma revolução, um fenômeno que se assemelha ao aparecimento de uma nova classe social. Mas, é claro, isso é apenas uma analogia. O ramo vencido não é aniquilado, não deixa de existir. Apenas deixa o cume e é relegado a uma via de espera, mas pode ressurgir de novo como eterno pretendente ao trono. As coisas complicam-se, na realidade, pelo fato de que a nova hegemonia não é um mero restabelecimento da antiga forma, mas outras escolas mais jovens e os traços herdados de seu predecessor vêm enriquecê-la, embora apenas com um papel secundário.

Nessa ocasião, fala-se também do caráter dinâmico dos gêneros, e vemos nos livros de Rozanov o nascimento de um novo gênero, de um novo tipo de romance, cujas partes não estariam ligadas por nenhuma motivação: "Seu aspecto temático revela-se como a consagração de novos temas, seu aspecto composicional aparece como o desnudamento do procedimento." Ao lado dessa teoria geral, introduz-se a noção de "autocriação dialética de formas novas", que contém em si mesma tanto uma analogia com o desenvolvimento das outras séries culturais como a afirmação da autonomia da evolução literária. A forma simplificada dessa teoria passou por uma rápida extensão e ganhou, como sempre acontece, o aspecto de um esquema simples e estático, muito cômodo para a crí-

15 Jornal humorístico russo do final do século XIX. (N. T.)

tica. Na realidade, não se trata aqui senão de um esboço geral da evolução, protegido por inúmeras reservas complexas. Os formalistas transformaram esse esboço geral num estudo mais sistemático dos problemas e dos fatos da história literária, tornando, assim, as premissas teóricas iniciais mais concretas e mais complexas.

IX

É natural que na nossa concepção da evolução literária como sucessão dialética de formas não recorramos a essa matéria que ocupava um lugar central nos estudos tradicionais de história literária. Estudamos a história literária na medida em que ela tem um caráter específico e dentro dos limites nos quais ela é autônoma e não depende diretamente das outras séries culturais. Ou seja, limitamos o número de fatores considerados, para não nos perdermos na multidão de vínculos e correspondências vagas, incapazes de explicar a evolução em si mesma. Nos nossos estudos, não introduzimos os problemas de biografia ou de psicologia da criação, afirmando que tais problemas, que continuam sendo muito importantes e complexos, devem ocupar um lugar em outras ciências. Importa-nos descobrir na evolução os traços das leis históricas; é por isso que deixamos de lado tudo o que, desse ponto de vista, aparece como ocasional e sem relação com a história. Interessamo-nos pelo processo mesmo da evolução, pela dinâmica das formas literárias, na medida em que podemos observá-los nos fatos do passado. Para nós, o problema central da história literária é o problema da evolução fora da personalidade, o estudo da literatura enquanto fenômeno social original. Neste sentido, damos uma importância extraordinária à questão da formação dos gêneros e de sua substituição; por conseguinte, a literatura de segunda classe, a literatura de massa, ganha também o seu valor, pois participa desse processo. O importante aqui é distinguir a literatura de massa que prepara a formação de novos gêneros daquela que aparece no processo de desintegração deles e representa uma matéria possível para o estudo da inércia histórica.

Por outro lado, não nos interessamos pelo passado enquanto tal, enquanto fato histórico individual; não nos ocupamos da mera restauração desta ou daquela época que nos agradou por alguma razão. A história oferece-nos o que a atualidade não nos pode oferecer: o acabamento do material. É por isso que a abordamos com certa bagagem de princípios e problemas teóricos que nos são sugeridos, em parte, pelos fatos da literatura contemporânea. É por isso que os formalistas se caracterizam por um laço estreito com a literatura contemporânea e por uma aproximação da crítica à ciência (ao contrário dos simbolistas, que aproximavam a ciência da crítica, e dos antigos historiadores da literatura, que, em sua maioria, se mantinham distantes da atualidade). Assim, a história literária difere da teoria menos pelo objeto do que por um método particular de estudo literário, pelo ponto de vista adotado. Isso explica o caráter de nossos trabalhos de história literária, que sempre tendem a conclusões tanto teóricas como históricas, ao questionamento de problemas teóricos novos e ao reexame dos antigos.

Durante os anos 1922 a 1924, foram publicados muitos trabalhos desse gênero, muitos outros ainda permanecem por publicar, em razão do estado atual do mercado literário, e somente são conhecidos pelas conferências. Citarei os principais trabalhos: Iuri Tynianov, "As formas poéticas de Nekrasov", "Dostoiévski e Gógol", "O problema de Tiútchev", "Tiútchev e Heine", "Os arcaizantes e Púchkin", "Púchkin e Tiútchev", "A ode como gênero declamatório"; B. Tomachevski, "Gavriliade" (os capítulos sobre a composição e o gênero), "Púchkin, leitor dos poetas franceses", *Púchkin* (problemas atuais dos estudos literários), "Púchkin e Boileau", "Púchkin e La Fontaine"; meus livros: *Tolstoi jovem*, *Lérmontov* e os artigos: "Os problemas da poética de Púchkin", "O caminho de Púchkin rumo à prosa", "Nekrasov". Cumpre acrescentar aqui os trabalhos de história literária que não estão diretamente ligados à Opajaz, mas seguem a mesma linha de estudo da evolução da literatura enquanto série específica: V. Vinogradov, "Enredo e composição da novela *O nariz*, de Gógol", "Enredo e arquitetônica do romance de Dostoiévski *Gente pobre* em sua relação com a poética da escola natural", "Gógol e Jules Janin", *Gógol e a escola natural*, *Estudos do estilo de Gógol*; V. Jirmunski, *Byron e Púchkin*; S. Baloukhat, *A dramaturgia de Tchekhov*; A. Tseitlin, "As novelas sobre o pobre funcionário de Dostoiévski"; K. Chinkevitch, "Nekrasov e Púchkin". Além disso, os participantes dos seminários científicos que dirigimos (na Universidade e no Instituto de História da Arte) publicaram muitos estudos na coletânea *A prosa russa* (Academia, 1926): sobre Dal, Marlinski, Senkovski, Viazemski, Weltman, Karamzin, sobre o gênero das narrativas de viagem etc.

Não é oportuno aqui falar desses estudos em pormenor. Direi apenas que todos esses trabalhos se preocupam com escritores de segunda ordem ou epígonos, do estudo minucioso das tradições, das mudanças de gêneros e de estilos etc. Sob este aspecto, reaparecem muitos nomes e fatos esquecidos, refutam-se as avaliações correntes, modificam-se as imagens tradicionais e, sobretudo, revelam-se pouco a pouco os processos mesmos da evolução. O estudo dessa matéria está em seus primórdios. Esperam-nos muitas novas tarefas: a diferenciação ulterior das noções da teoria e da história literárias, o estudo de novos textos, a descoberta de novas questões etc.

Resta-me estabelecer um balanço geral. A evolução do método formal que tentei apresentar ganhou a forma de um desenvolvimento consecutivo de princípios teóricos e, por assim dizer, sem levar em conta o papel individual de cada um de nós. Com efeito, a Opojaz realizou o modelo mesmo de trabalho coletivo. As razões para isso são evidentes: desde o começo, compreendemos o nosso trabalho como um trabalho histórico, e não como o trabalho pessoal de cada um de nós. É nisso que consiste o nosso contato essencial com a época. A ciência evolui e nós evoluímos com ela. Indicarei brevemente os momentos principais da evolução do método formal durante estes dez últimos anos:

1. Partindo da oposição inicial e sumária entre a linguagem poética e a linguagem cotidiana, chegamos à diferenciação, segundo suas diferentes funções, da noção de linguagem cotidiana (L. Yakubinsky) e à delimitação dos procedimentos da linguagem poética e da linguagem emotiva (R. Jakobson). Atrelado a tal evolução, interessamo-nos pelo estudo do discurso oratório, que nos parece o mais próximo da literatura na linguagem cotidiana, mas tem funções diferentes, e começamos a falar da necessidade de uma retórica que renasça ao lado da poética (os artigos sobre a língua de Lenin em *Lef*,

n.1 (V), 1924, de Chklóvski, Eichenbaum, Tynianov, Yakubinsky, Kazanski e Tomachevski).

2. Partindo da noção geral de forma em sua nova acepção, chegamos à noção de procedimento e, com isso, à noção de função.
3. Partindo do ritmo poético oposto ao metro e da noção de ritmo como fator construtivo do verso em sua unidade, chegamos à concepção do verso como forma particular do discurso, com suas próprias qualidades linguísticas (sintáticas, lexicais e semânticas).
4. Partindo da noção de sujeito como construção, chegamos à noção de material como motivação e, assim, a conceber o material como elemento que participa da construção, embora dependa da dominante construtiva.
5. Partindo do estabelecimento da identidade do procedimento sobre materiais diferentes e da diferenciação do procedimento segundo as suas funções, chegamos à questão da evolução das formas, isto é, aos problemas do estudo da história literária.

Vemo-nos, pois, diante de uma série de problemas novos.

O último artigo de Iuri Tynianov, "O fato literário" (*Lef*, n.2 (VI), 1925), demonstra claramente isso. Aqui se coloca o problema das relações entre a vida prática e a literatura, problema frequentemente resolvido com toda a desenvoltura do diletantismo. É mostrado com exemplos que fatos vinculados à vida prática entram na literatura e, inversamente, a literatura pode tornar-se um elemento da vida prática: "Na época da dissolução de um gênero, de central que era, ele passa a ser periférico e toma o seu lugar um novo fenômeno vindo da literatura de segunda classe ou da vida prática."

Não foi por acaso que dei ao meu artigo o título de "A teoria do método formal", traçando, apenas, é claro, um esboço de sua evolução. Não temos uma teoria que pudéssemos expor sob a forma de um sistema imutável e acabado. Para nós, a teoria e a história formam uma única coisa, quer segundo a letra, quer segundo o espírito dessa opinião. Fomos bem educados demais pela história para crermos poder evitar tal união. No momento em que formos obrigados a confessar que temos uma teoria que explica tudo, que dá respostas sobre todos os casos do passado e do futuro e, por esta razão, não precisa evoluir nem é capaz disso, seremos ao mesmo tempo obrigados a admitir que o método formal encerrou a sua existência, que o espírito de pesquisa científica o abandonou. Por enquanto, ainda não chegamos lá.

1925

VICTOR CHKLÓVSKI

A arte como procedimento

"A arte é o pensamento por imagens". Esta frase pode ser de um estudante de graduação, mas também representa a de um erudito filólogo, que a coloca como ponto inicial de uma teoria literária qualquer. Tal ideia está arraigada na consciência de muita gente; entre os seus criadores, é preciso citar Potebnia: "Não existe arte e, em particular, poesia sem imagem", diz ele (*Notas sobre a teoria da literatura*, p.83). "A poesia, assim como a prosa, é antes de tudo e sobretudo certa maneira de pensar e conhecer", diz ele em outro lugar (ibid., p.97).

A poesia é um jeito especial de pensar, um pensamento por imagens; esse jeito proporciona certa economia das forças mentais, uma "sensação de leveza relativa", e o sentimento estético não é senão um reflexo dessa economia. Foi assim que o acadêmico Ovsianiko-Kulikovski, que decerto leu com atenção os livros de seu mestre, compreendeu e resumiu as suas ideias (permanecendo sem dúvida fiel a elas). Potebnia e seus muitos discípulos veem na poesia um jeito especial do pensamento, o pensamento por meio de imagens; para eles, as imagens têm como única função permitir agrupar objetos e ações heterogêneas e explicar o desconhecido pelo conhecido. Ou então, segundo as próprias palavras de Potebnia: "A relação da imagem com o que ela explica pode ser definida assim: a) a imagem é um predicado constante para sujeitos variáveis, um meio constante de atração para apercepções mutáveis; b) a imagem é muito mais simples e muito mais clara que o que ela explica" (p.314), ou seja, "já que a imagem tem como finalidade ajudar-nos a compreender a sua significação e já que sem essa qualidade a imagem carece de sentido, ela deve ser-nos mais familiar que o que ela explica" (p.291).

Seria interessante aplicar essa lei à comparação feita por Tiútchev da aurora com demônios surdos-mudos ou à feita por Gógol entre o céu e a casula de Deus.

"Sem imagens, não há arte." "A arte é o pensamento por imagens." Em nome dessas definições, chegou-se a deformações monstruosas, tentou-se compreender a música, a arquitetura, a poesia lírica como pensamento por imagens. Depois de um quarto de século de esforços, o acadêmico Ovsianiko-Kulikovski viu-se, enfim, obrigado a isolar o pensamento lírico, a arquitetura e a música, e nelas ver uma forma singular de arte, a arte sem imagens, defini-las como artes líricas que se dirigem diretamente às emoções. Ficou claro com isso que existe todo um imenso campo da arte, campo que não é um jeito de pensar; uma das artes que pertencem a esse campo, a poesia lírica (no sentido restrito da palavra), apresenta, porém, uma semelhança completa com a arte por imagens: ela manipula as palavras da mesma maneira e passamos da arte por imagens à arte carente de imagens, sem nos darmos conta: a percepção que temos dessas duas artes é a mesma.

Mas a definição "A arte é o pensamento por imagens", definição que, depois das notórias equações cujos elos intermediários omitirei, deu em "A arte é antes de tudo criadora de símbolos", tal definição resistiu e sobreviveu ao desmoronamento da teoria sobre a qual ela se fundava. Ela vive principalmente na corrente simbolista. E, sobretudo, entre os seus teóricos.

Portanto, muita gente ainda acha que o pensamento por imagens, "os caminhos e as sombras", "os sulcos e as orlas" representam a característica principal da poesia. Esta é a razão pela qual essa gente deveria esperar que a história dessa arte por imagem, segundo suas próprias palavras, consista numa história da mudança da imagem. Mas acontece que as imagens são quase imóveis; de século em século, de país em país, de poeta em poeta, elas se transmitem sem mudarem. As imagens são de nenhuma parte, são de Deus. Quanto mais luz lançamos sobre uma época, mais nos convencemos de que as imagens que considerávamos criação de tal poeta, ele as tomou emprestadas de outros poetas, quase sem mudança nenhuma. Todo o trabalho das escolas poéticas não passa, então, da acumulação e revelação de novos procedimentos para dispor e elaborar o material verbal, e consiste muito mais na disposição das imagens do que em sua criação. As imagens são dadas, e na poesia nos lembramos muito mais das imagens do que as utilizamos para pensar.

O pensamento por imagens não é, em todo caso, o laço que une todas as disciplinas da arte, ou mesmo da arte literária, a mudança das imagens não constitui a essência do desenvolvimento poético.

Sabemos que muitas vezes se reconhecem como fatos poéticos, criados para fins de contemplação estética, expressões que foram criadas sem que se tivesse esperado para elas semelhante percepção. Era esta, por exemplo, a opinião de Annenski, quando atribuía à língua eslava um caráter particularmente poético; era a de Andrei Biéli, quando admirava nos poetas russos do século XVIII o procedimento que consiste em pospor o adjetivo aos substantivos. Biéli reconhece valor artístico nesse procedimento ou, mais exatamente, considerando-o como fato artístico, lhe atribui um caráter intencional, quando, na realidade, era apenas uma particularidade geral da língua, devida à influência do eslavônio eclesiástico. Assim, o objeto pode ser: 1) criado como prosaico e percebido como poético; 2) criado como poético e percebido como prosaico. Isso indica que o caráter estético do objeto, o direito de relacioná-lo com a poesia, é resultado de nossa maneira de perceber; chamaremos de objeto estético, no sentido próprio da palavra, os objetos criados mediante procedimentos particulares, cujo objetivo é garantir para tais objetos uma percepção estética.

A conclusão de Potebnia, que poderíamos reduzir à equação "a poesia = a imagem", serviu de fundamento para toda a teoria que afirma que a imagem = o símbolo, = a faculdade da imagem de se tornar um predicado constante para sujeitos diferentes. Tal conclusão seduziu os simbolistas Andrei Biéli e Merejkovski (com seus *Companheiros eternos*) por uma afinidade com suas ideias e se encontra na base da teoria simbolista. Uma das razões que levaram Potebnia a essa conclusão era que ele não fazia distinção entre a língua da poesia e a da prosa. Por esta razão, ele não se deu conta de que existem dois tipos de imagem: a imagem como meio prático de pensar, meio de agrupar os objetos, e a imagem poética, meio de reforçar a impressão. Explico-me: ando pela rua e vejo que o homem de chapéu andando à minha frente deixou cair um pacote. Eu o chamo: "Ei, você aí, chapéu, você perdeu seu pacote." É um exemplo de imagem ou tropo puramente prosaico. Outro exemplo. Vários soldados estão enfileirados. O sargento no comando, vendo que um deles está mal ajambrado, diz: "Ei, trapo velho,[1] que postura é essa?" Essa imagem é um tropo poético.

(No primeiro caso, a palavra chapéu era uma metonímia; no segundo, o termo usado era uma metáfora. Mas não é essa distinção que me parece importante.) A imagem poética é um dos meios de criar uma impressão máxima. Como meio, em sua função, ela está na mesma condição dos outros procedimentos da língua poética, do paralelismo simples e negativo, da comparação, da repetição, da simetria, da hipérbole, de tudo o que chamamos figura, de todos esses recursos próprios a reforçar a sensação produzida por um objeto (numa obra, as palavras e até os sons também podem ser objetos), mas a imagem poética tem uma semelhança apenas exterior com a imagem-fábula, a imagem-pensamento, e um exemplo disso é o da menininha que chama a bola de "melanciazinha" (Ovsianiko-Kulikovski, *A língua e a arte*). A imagem poética é um dos recursos da língua poética. A imagem prosaica é um recurso de abstração. A melancia no lugar da bola ou a melancia no lugar da cabeça é apenas uma abstração de uma qualidade do objeto e em nada se distingue de cabeça = bola, melancia = bola. É um pensamento, mas nada tem a ver com a poesia.

A lei de economia das forças criadoras pertence também ao grupo das leis universalmente reconhecidas. Escrevia Spencer:

---

1 Em russo, a palavra chapéu (*shljapa*) pode ser usada nos dois sentidos. (N. T.)

"Na base de todas as regras que determinam a escolha e o emprego das palavras, encontramos a mesma exigência principal: a economia da atenção [...]. Conduzir a mente à noção desejada pelo caminho mais fácil é muitas vezes o objetivo único e sempre o objetivo principal [...]." (*Filosofia do estilo.*)

> Se a alma contasse com forças inesgotáveis, evidentemente lhe seria indiferente gastar muito ou pouco dessa fonte; só contaria o tempo que seria necessário perder. Mas como essas forças são limitadas, é preciso esperar que a alma tente realizar o processo de apercepção do modo mais racional possível, ou seja, com o mínimo gasto de forças ou, o que é o mesmo, com um resultado máximo. (R. Avenarius.)

Petrazycki rejeita, remetendo à lei geral da economia das forças mentais, a teoria de James sobre a base física do afeto. O princípio de economia das forças criadoras, que, no exame do ritmo, é especialmente sedutor, é também reconhecido por A. Vesselovski, que prolonga o pensamento de Spencer: "O mérito do estilo consiste em abrigar um pensamento máximo no mínimo de palavras." Andrei Biéli, que, em suas melhores páginas, ofereceu tantos exemplos de ritmos complexos, que poderíamos chamar "aos trancos" e mostrou, no que se refere aos versos de Baratynski, o caráter obscuro dos epítetos poéticos, acha igualmente necessário discutir a lei da economia em seu livro, que representa a tentativa heroica de uma teoria da arte fundamentada em fatos não confirmados, tomados de empréstimo a livros ultrapassados, num grande conhecimento dos procedimentos poéticos e no manual de física para uso dos colégios de Kraievitch.

A ideia da economia de forças como lei e meta da criação talvez seja verídica num caso particular da linguagem, ou seja, na linguagem cotidiana; essas mesmas ideias eram estendidas à linguagem poética, por causa da má compreensão da diferença que opõe as leis da linguagem cotidiana às da linguagem poética. Uma das primeiras indicações efetivas sobre a não coincidência dessas duas linguagens vem-nos da revelação de que a linguagem poética japonesa possui sons que não existem no japonês falado. O artigo de L. P. Yakubinsky acerca da ausência da lei de dissimilação das líquidas na linguagem poética e da tolerância na linguagem poética do acúmulo de sons semelhantes, difíceis de pronunciar, representa uma das primeiras indicações que resistem a uma crítica científica:[2] ele trata da oposição (pelo menos, digamos por enquanto, neste caso) entre as leis da linguagem poética e as da linguagem cotidiana.[3]

É por isso que devemos tratar as leis de despesa e economia na linguagem poética em seu próprio âmbito, e não por analogia com a linguagem prosaica.

Se examinarmos as leis gerais da percepção, veremos que, uma vez que se tornam habituais, as ações também se tornam automáticas. Assim, todos os nossos hábitos se refugiam num meio inconsciente e automático; concordarão conosco os que conseguem lembrar-se da sensação que tiveram ao segurar pela primeira vez a caneta na mão ou ao falar pela primeira vez uma língua estrangeira e conseguem comparar essa sensação com a que experimentam ao fazer a mesma coisa pela milésima vez. As leis do nosso discurso prosaico, com sua frase inacabada e

---

2 *Coletâneas sobre a teoria da linguagem poética*, fascículo 1, p.48.

3 *Coletâneas sobre a teoria da linguagem poética*, fascículo 2, p.13-21.

sua palavra pronunciada pela metade, explicam-se pelo processo de automatização. É um processo cuja expressão ideal é a álgebra, em que os objetos são substituídos por símbolos. No discurso cotidiano apressado, as palavras nem são pronunciadas; apenas os primeiros sons do nome aparecem na consciência. Pogodin (*A língua como criação*, p.42) cita o exemplo de um rapaz que pensava a frase: "As montanhas da Suíça são belas" como uma sucessão de letras: A, m, d, S, s, b.

Essa qualidade do pensamento sugeriu não só a via da álgebra, mas também a escolha de símbolos, isto é, das letras e, em particular, das iniciais. Nesse método algébrico de pensar, os objetos são considerados em seu número e volume; não são vistos, são reconhecidos pelos primeiros traços. O objeto passa ao nosso lado como que empacotado, sabemos que ele existe pelo lugar que ocupa, mas só vemos a sua superfície. Sob a influência de tal percepção, o objeto caminha para o seu fim, primeiro como percepção, depois em sua reprodução; é por essa percepção da palavra prosaica que se explica a sua audição incompleta (cf. o artigo de L. P. Yakubinsky) e, com isso, a reticência do locutor (daí todos os lapsos). No processo de algebrização, de automatização do objeto, obtemos a máxima economia das forças perceptivas: os objetos são ou dados por um único de seus traços, por exemplo, o número, ou reproduzidos como se mediante uma fórmula, sem que eles sequer apareçam à consciência.

> Eu o enxugava no quarto e, dando a volta, me aproximei do divã e não conseguia lembrar se o tinha enxugado ou não. Como esses movimentos são habituais e inconscientes, não conseguia lembrar-me e sentia que isso já era impossível. Portanto, se o enxuguei e me esqueci, ou seja, se agi inconscientemente, é exatamente como

> se não tivesse enxugado. Se alguém consciente me tivesse visto, seria possível recompor o gesto. Mas se ninguém o viu ou se ele tiver sido visto inconscientemente, se toda a complexa vida de muita gente se desenvolve inconscientemente, então é como se essa vida não tivesse existido. (Nota do diário de Lev Tolstói, de 28 de fevereiro de 1897, Nikolskoé, *Létopis*, dezembro de 1915, p.354.)

Assim a vida desaparece, transformando-se em nada. A automatização engole os objetos, as roupas, os móveis, a mulher e o medo da guerra.

"Se a vida complexa de muita gente se desenvolve inconscientemente, então é como se essa vida não tivesse existido."

E eis que para devolver a sensação de vida, para sentir os objetos, para sentir que a pedra é de pedra, existe o que chamam arte. A finalidade da arte é dar uma sensação do objeto como visão, e não como reconhecimento; o procedimento da arte é o procedimento de singularização dos objetos, e o procedimento que consiste em obscurecer a forma, em aumentar a dificuldade e a duração da percepção. O ato de percepção na arte é um fim em si e deve ser prolongado; *a arte é um meio de experimentar o vir a ser do objeto, o que já "veio a ser" não importa para a arte.*

A vida da obra poética (a obra de arte) estende-se da visão ao reconhecimento, da poesia à prosa, do concreto ao abstrato, de Dom Quixote fidalgo pobre e letrado, trazendo inconscientemente a humilhação à corte do duque, ao Dom Quixote de Turguêniev, imagem vasta, mas vazia, de Carlos Magno à palavra *karol*.[4] À medida que vão morrendo as obras e as artes,

---

4 A palavra *karol* (rei) em russo vem de Carlos Magno (Karolus...). (N. T.)

elas abrangem áreas cada vez mais vastas: a fábula é mais simbólica que o poema, o provérbio mais simbólico que a fábula. Eis por que a teoria de Potebnia era a menos contraditória na análise da fábula, que havia estudado exaustivamente. A teoria não convinha às obras artísticas reais; é por isso que o livro de Potebnia não podia ser concluído. Como se sabe, as *Notas sobre a teoria da literatura* foram editadas em 1905, treze anos depois da morte do autor.

Nesse livro, a única coisa que Potebnia elaborou de ponta a ponta foi a parte relativa à fábula.[5]

Os objetos percebidos diversas vezes começam a sê-lo por um reconhecimento; o objeto encontra-se à nossa frente, nós o sabemos, mas não o vemos mais.[6] É por isso que nada podemos dizer sobre ele. Na arte, a libertação do objeto do automatismo perceptivo estabelece-se por meios diferentes; neste artigo, quero indicar um desses meios de que se servia quase constantemente L. Tolstói, esse escritor que, não fosse por Merejkovski, parece apresentar os objetos tais como os vê, os vê neles mesmos, mas não os deforma.

O procedimento de singularização em L. Tolstói consiste em não chamar o objeto pelo nome, mas descrevê-lo como se o visse pela primeira vez, e tratar cada incidente como se acontecesse pela primeira vez; ademais, ele se vale na descrição do objeto não dos nomes geralmente dados a suas partes, mas de outros nomes tomados da descrição das partes correspondentes em outros objetos. Tomemos um exemplo. No artigo "Que vergonha", L. N. Tolstói singulariza assim a noção de

5 *Curso sobre a teoria da literatura. Fábula. Provérbio. Ditado.* Cracóvia, 1914.
6 V. Chklóvski, *A ressurreição do eu*, 1914.

"chicote": "Despir as pessoas que violaram a lei, derrubá-las e golpeá-las com varas no traseiro"; algumas linhas depois: "chicotear as nádegas despidas". Esse trecho é acompanhado de uma observação: "E por que principalmente esse meio burro e selvagem de fazer mal em vez de outro, por exemplo, espetar o ombro ou outro lugar qualquer do corpo com agulhas, apertar as mãos ou os pés em tornos ou qualquer coisa do tipo?" Peço desculpas pelo exemplo pesado, mas ele é característico dos meios usados por Tolstói para alcançar a consciência. O chicote habitual é singularizado tanto pela descrição como pela proposta de mudar sua forma sem mudar sua essência. Tolstói serve-se constantemente do método de singularização: por exemplo, em *Kholstomér*, a narrativa é conduzida em nome de um cavalo e os objetos são singularizados pela percepção atribuída ao animal, e não pela nossa. Eis como ele percebe o direito de propriedade:[7]

> Aquilo que dizia respeito ao chicote e à religião, eu o havia compreendido muito bem, mas o que então me parecia obscuro era a expressão "*seu* frango": os homens estabelecem, então, certo laço entre mim e o chefe da estrebaria. Mas eu não conseguia atinar em que consistia esse laço. Só entendi muito mais tarde, quando me separaram dos outros cavalos. Mas então não compreendia como podiam considerar-me, *a mim*, a propriedade de um homem. As palavras "*meu* cavalo" referiam-se a mim, um ca-

7 L. Tolstói, *Souvenirs et récits* [Lembranças e narrativas]. Paris: Bibliothèque de la Pléiade, 1960, trad. francesa (*O cavalo*, traduzido por B. de Schloezer.). [Ed. bras.: Kholstomér. In: *O diabo e outras histórias*. São Paulo: Cosac Naify, 2010.]

valo vivo, e me pareciam tão estranhas quanto as palavras: "minha terra", "*meu* ar", "*minha* água".

Mas essas palavras haviam produzido em mim uma impressão profunda. Não parava de refletir sobre elas. Foi só muito mais tarde, depois de ter mantido com os homens as relações mais diversas, que compreendi a significação que eles atribuem a essas palavras. E essa significação é a seguinte: não é segundo os atos, mas segundo as palavras, que os homens se dirigem na vida. O que eles apreciam não é tanto a possibilidade de fazer ou não fazer alguma coisa, mas a possibilidade de pronunciar a respeito de diferentes objetos certas palavras que convencionaram entre si. Essas palavras que eles consideram importantíssimas são *meu, minha, meus*. Aplicam-nas aos seres, aos objetos, até mesmo à terra, aos homens, aos cavalos. E estabeleceram entre eles que um mesmo objeto não podia ser chamado "*meu*" senão por uma única pessoa. E aquele que, nesse jogo, diz "*meu*" acerca do maior número de objetos possível é considerado o mais feliz. Por que isso? Não sei, mas é assim. Antes eu pensava que isso estava ligado a alguma vantagem direta, mas estava enganado.

Muitos dos que me consideravam seu cavalo jamais me montavam; eram outros que me montavam e outros ainda que me alimentavam. Eram os cocheiros, os ferreiros que me prestavam diversos serviços, e não os que diziam "meu" cavalo. Mais tarde, tendo ampliado o círculo de minhas observações, pude convencer-me de que não é só quando ele se relaciona conosco, os cavalos, que a palavra "meu" não tem outra razão de ser senão esse baixo instinto chamado pelos homens sentimento ou direito de propriedade. O homem diz "minha casa" e, no entanto, não mora nela e se contenta em construí-la e conservá-la. O comerciante diz "minha loja", "minha loja de tecidos"; ora, ele mesmo não veste o tecido fino que guarda em sua loja.

Há quem diga da terra "minha terra" e, no entanto, jamais viu essa terra e jamais a percorreu. Há quem afirme que outros homens lhe pertencem; nunca os viu e a única relação que têm com eles consiste em maltratá-los.

Há homens que chamam certas mulheres de "minha mulher", "minha esposa"; ora, acontece que essas mulheres vivem com outros homens. O objetivo dos humanos não consiste em fazer o que consideram bom, mas em chamar de "meu" o maior número de objetos.

Hoje estou convencido de que é aí que reside a diferença essencial entre os homens e nós. Por isso, mesmo sem levar em conta as nossas outras vantagens em relação aos homens, só isso já nos permite declarar ousadamente que, na escala dos seres vivos, ocupamos um patamar mais alto que eles. A atividade dos homens, pelo menos daqueles com quem já tive contato, é determinada por palavras, ao passo que a nossa é determinada por fatos.

No fim da novela, o cavalo já foi morto, mas o modo de narração, o procedimento não muda:

O corpo de Serpukhovskoi, que ia pelo mundo comendo e bebendo, foi enterrado bem mais tarde. Nem sua pele, nem sua carne, nem seus ossos puderam servir para nada.

E assim como há vinte anos esse corpo morto que andava, comia e bebia era um peso para todos, quando foi preciso enterrá-lo foi ainda um fardo para os que o conheciam. Já há muito tempo ele não era útil a ninguém, há muito ele já era um peso para todos; no entanto, esses mortos que enterram os mortos julgaram necessário vestir com um belo uniforme o corpo gordo já meio decomposto, calçar seus pés com belas botas e deitá-lo num belo caixão dotado nos quatro cantos de ornamentos novos. Esse caixão foi posto num outro, de chumbo, que enviaram a Moscou. Em Moscou, julgaram necessário desenterrar uns velhos ossos humanos para sepultar aquele corpo podre e repleto de vermes em seu uniforme novo e em suas botas bem engraxadas, e depois jogar terra por cima de tudo.

Assim, vemos que no fim da novela o procedimento é aplicado fora de sua motivação ocasional.

Tolstói descreveu todas as batalhas em *Guerra e paz* por meio desse procedimento. Elas são, antes de tudo, apresentadas como singulares. Essas descrições eram muito longas, não as citarei: seria preciso, para isso, copiar parte considerável desse romance de quatro volumes. Descrevia ele da mesma maneira os salões e o teatro:

> Um estrado compunha o meio da cena; decorações em forma de árvores elevavam-se dos dois lados; uma tela pintada formava o plano de fundo. Moças de corpetes vermelhos e saias brancas agrupavam-se no centro. Uma delas, bem robusta, com trajes de seda branca, estava sentada à parte sobre um escabelo de que se elevava um cartão verde colado por trás. Elas cantavam em coro. Quando terminaram, a pessoa de roupa branca avançou até a cavidade do ponto; então, um homem cujas calças de seda colante moldavam pernas grossas se aproximou dela, com uma pluma no chapéu, um punhal à cintura e começou a cantar gesticulando.
>
> O homem de calça colante primeiro cantou sozinho, depois foi a vez de seu par. Em seguida, os dois se calaram, a orquestra voltou a tocar e o homem bateu cadenciadamente na mão da

> companheira, marcando o ritmo para cantar o dueto. Depois de cantarem, toda a sala os aplaudiu, os aclamou, enquanto os dois atores, que representavam um casal de namorados, se inclinavam, sorrindo, para a direita e para a esquerda. [...]
>
> O cenário do segundo ato representava monumentos fúnebres; um buraco na tela representava a lua; tiraram os abajures da rampa, os trompetes e os contrabaixos tocaram em surdina, enquanto da direita e da esquerda avançava uma multidão de gente de roupa preta. Começaram a gesticular, a brandir objetos parecidos com punhais. Depois chegou outro grupo, com o objetivo de levar a moça que tínhamos visto vestida de branco no primeiro ato e agora estava vestida de azul. Não a arrastaram, aliás, de imediato, mas cantaram com ela por um bom tempo; depois de finalmente a levarem, ouviu-se por três vezes um ruído metálico nos bastidores; então, todos os atores se ajoelharam e entoaram uma oração. Essas diversas cenas foram interrompidas várias vezes pelos gritos entusiasmados dos espectadores.

A mesma técnica para o terceiro ato: "De repente, caiu uma tempestade, a orquestra tocou escalas cromáticas e acordes de sétima menor; todos começaram a correr e de novo um dos atores foi levado para os bastidores; depois disso, baixaram-se as cortinas."

No quarto ato: "Surgiu uma espécie de diabo, gesticulando, e cantou até que abrissem um alçapão onde desapareceu."[8]

---

8 L. Tolstói, *Guerre et paix*. Paris: Gallimard, 1944, v.I, trad. francesa de H. Mongault. [Ed. bras.: *Guerra e paz*. São Paulo: Cosac Naify, 2012.]

Tolstói descreve da mesma maneira a cidade e o tribunal em *Ressurreição*. Descreve assim o casamento em *A Sonata a Kreutzer*: "Por que as pessoas devem dormir juntas se suas almas são afins?" Mas aplica o procedimento de singularização não só para dar a visão de um objeto que queira apresentar negativamente:

> Pedro levantou-se, afastou-se dos novos companheiros e tentou passar entre as fogueiras do acampamento, para o outro lado da estrada, onde, segundo lhe disseram, estavam soldados prisioneiros. Queria falar com eles. Uma sentinela francesa deteve-o na estrada e o fez voltar.
>
> Pedro voltou atrás, mas não na direção das fogueiras dos companheiros; dirigiu-se para uma carroça desatrelada, perto da qual não havia ninguém. Ali ele se agachou e, baixando a cabeça, se sentou contra as rodas, sobre a terra fria e permaneceu muito tempo imóvel, a refletir. Mais de uma hora assim se passou. Ninguém o foi incomodar. De repente, ele deu uma de suas belas gargalhadas, e tão ruidosamente que de toda parte os homens se voltaram para ver de onde saía esse estranho acesso de alegria solitária.
>
> – Ha! Ha! Ha! – ria Pedro.
>
> E disse em voz alta:
>
> – O soldado não me deixou passar, me capturaram, me prenderam, me mantêm prisioneiro. Mas quem, eu? Eu? A minha alma imortal? Ha! Ha! Ha!
>
> Ria tão forte que lhe vieram lágrimas aos olhos. [...]
>
> Pedro ergueu os olhos ao céu, às profundezas onde cintilavam as estrelas em marcha. "Tudo isso é meu, tudo isso é meu, tudo isso sou eu!", pensou ele. "E é tudo isso que eles capturaram e prenderam numa barraca cercada de tábuas!" Sorriu e foi deitar-se junto dos companheiros. (*Guerra e paz*, v.II.)

Todos os que conhecem bem Tolstói podem encontrar em sua obra centenas de exemplos desse tipo. Essa maneira de ver os objetos fora do contexto o levou, em suas últimas obras, a aplicar o método de singularização à descrição dos dogmas e dos ritos, método pelo qual ele substituía por palavras da linguagem corrente as palavras habituais do uso religioso; resulta daí algo estranho, monstruoso, que foi sinceramente considerado por muita gente como blasfêmia e os feriu profundamente. Era, no entanto, o mesmo procedimento mediante o qual Tolstói percebia e relatava o que o rodeava. Suas percepções abalaram a sua fé, tocando objetos que durante muito tempo não havia querido tocar.

Esse procedimento de singularização não pertence exclusivamente a Tolstói. Se me baseio em material tomado dele, é só por considerações meramente práticas, porque esse material é conhecido por todos.

Agora, depois de ter esclarecido a natureza desse procedimento, tentemos determinar aproximadamente os limites de sua aplicação. Pessoalmente, acho que quase em toda parte onde há imagem, há singularização.

Ou seja, a diferença entre o nosso ponto de vista e o ponto de vista de Potebnia pode ser assim formulada: a imagem não é um predicado constante para sujeitos variáveis. A finalidade da imagem não é aproximar de nossa compreensão a significação que carrega, mas criar uma percepção particular do objeto, criar a sua visão, e não o seu reconhecimento.

A arte erótica é a que melhor nos permite observar as funções da imagem.

Aqui, o objeto erótico é apresentado com frequência como algo nunca antes visto. Por exemplo, em *Noite de Natal*, de Gógol:

Depois disso, ele se encostou em Solokha, deu uma tossidinha, riu e, alisando com o dedo o braço nu da gorduchinha, pronunciou com uma voz que demonstrava ao mesmo tempo astúcia e íntima maravilha:

– E o que é que tens aí, minha esplêndida Solokha?

E, dito isso, recuou alguns passos.

– Como? O que eu tenho aqui? Mas é o meu braço, Ossip Nikiforovitch! – respondeu ela.

– Hum... um braço?... Hehehe! – disse o sacristão, ingenuamente satisfeito com esse brilhante começo.

Em seguida, depois de passear pelo quarto:

– E isto, o que é, minha tão querida Solokha? – repetiu ele no mesmo tom, aproximando-se e saltando para trás depois de ter-lhe tocado o pescoço.

– Como se não estivesses vendo com teus olhos! – replicou ela. – Meu pescoço, e sobre o pescoço um colar de contas de vidro...

– Hum!... um colar no pescoço?... Hehehe! – disse ainda o sacristão, que caminhava de um lado para o outro do quarto esfregando as mãos. – E o que tens ali, magnífica Solokha?

Não se sabe muito bem o que teria tocado dessa vez o malandro do sacristão...[9]

Em *Fome*, de Hamsun: "Dois milagres brancos saíam de sua camisa."

---

9 N. Gógol, *Les veillées du hameau près de Dikanka* [Os serões do lugarejo perto de Dikanka]. Paris: Éd. du Chêne, 1946, v.II, trad. francesa de Ch. Tremel e J. Chuzeville. [Ed. bras.: Noite de Natal. In: *O capote e outras histórias*. São Paulo: Editora 34, 2011.]

Às vezes, a representação dos objetos eróticos é feita de maneira disfarçada, cujo objetivo não é, evidentemente, aproximá-los da compreensão.

Relaciona-se com esse tipo de representação a dos órgãos sexuais como um cadeado e uma chave (por exemplo, nas "Adivinhações do povo russo", D. Savodnikov, n.102-7), como ferramentas de tecer (ibid., n.588-91), como um arco e flechas, como um anel e um prego, como na bilina sobre Staver (*Rybnikov*, n.30).

O marido não reconhece sua mulher disfarçada de cavaleiro. Ela propõe uma adivinha:

> Lembras, Staver, lembras
> Como quando crianças íamos pela rua
> E brincávamos de jogo do prego,[10]
> Tinhas um prego de prata,
> E eu, um anel de ouro?
> E eu acertava de vez em quando,
> Mas tu acertavas sempre.
> E Staver, filho de Godin, disse:
> Mas ainda não joguei contigo o jogo do prego.
> Então Vassilissa Mikulitchna disse:
> Lembras, Staver, lembras,
> Foi contigo que aprendi a escrever:
> Eu tinha um tinteiro de prata
> E tu tinhas uma pluma dourada?
> Eu mergulhava a pluma de vez em quando
> Mas tu a mergulhavas sempre?

10 Jogo de prego: jogo popular russo que consiste em acertar com um prego o centro de um anel colocado no chão. (N. T.)

Em outra variante da bilina, a solução nos é dada:

> Então o terrível emissário Vassiliuchka
> Levantou suas roupas até o umbigo
> E eis que o jovem Staver, filho de Godin,
> Reconheceu o anel de ouro...
> (Rybnikov, 171.)

Mas a singularização não é unicamente um procedimento de adivinhas eróticas ou de eufemismo; é a base e o único sentido de todas as adivinhas. Cada adivinha é uma descrição, uma definição do objeto por palavras que não sejam aplicadas habitualmente (exemplo: "Duas extremidades, dois anéis e, no meio, um prego"), quer uma singularização fônica obtida mediante uma repetição deformante: *Ton de tonok? – Pol da potolok*[11] (D. Savodnikov, n.51) ou *Slon da kondrik? – Zaslon i konnik*[12] (ibid., 177).

Há imagens eróticas que usam da singularização sem ser por meio de adivinhas; por exemplo, todos os "malhos de *croquet*", "aviões", "bonecas", "amiguinhos" etc. que ouvimos da boca dos cançonetistas.

Todas essas imagens de cançonetista têm um ponto em comum com a imagem popular que apresenta os mesmos atos como o fato de "pisar a grama e quebrar os galhos".

O procedimento de singularização é totalmente evidente na imagem difundida da pose erótica, na qual o urso ou outros animais (ou o diabo, outra motivação da falta de reconheci-

---

11 *Pol da potolok* (russo): assoalho e teto. (N. T.)

12 *Zaslon i konnik* (russo): abrigo e cavaleiro. (N. T.)

mento) não reconhecem o homem (*O mestre corajoso*, *Contos da Grande Rússia*, notas da Sociedade Geográfica Imperial Russa, v.42, n.52; *Coletânea da Rússia Branca de Romanov*, n.84, *O justo soldado*, p.344).

A falta de reconhecimento no conto n.70 da coletânea de D. S. Zelenin, *Contos grão-russos do governo de Perm*, é um caso muito característico.

> Um mujique lavrava seu campo com uma égua ruça. Aproxima-se dele um urso e lhe pergunta: "Olá, amigo, o que é que deu a essa égua essa cor ruça?" – "Fui eu mesmo." – "Mas, como?" – "Vem cá, vou dá-la a ti também." O urso consente. O mujique amarra suas patas, pega a relha do arado, esquenta-a ao fogo e começa a bater nos lados do urso com a relha ardente, queimando-lhe os pelos até a carne e dando-lhe, assim, a cor ruça. Depois o desamarra, o urso vai embora, afasta-se um pouco, deita-se sob uma árvore e não se mexe mais. Eis que chega perto do urso uma gralha da mesma cor ruça, para buscar alimento. O mujique a captura e lhe quebra uma pata. A gralha sai voando e vai pousar sobre a árvore junto à qual está deitado o urso. Depois da gralha, uma grande mosca preta chega perto do mujique, pousa sobre a égua e começa a picá-la. O mujique a pega, enfia-lhe uma varinha no traseiro e a deixa partir. A mosca sai voando e vai pousar na mesma árvore onde já estavam a gralha e o urso. Os três estão ali. Eis que chega a mulher do mujique, trazendo-lhe o almoço. O mujique come ao ar livre com a mulher e a deita ao chão. Vendo aquilo, o urso dirige-se à gralha e à mosca: "Meu Deus, o mujique quer mais uma vez dar a cor ruça a alguém!" Diz a gralha: "Não, ele quer quebrar as patas dela!" E a grande mosca: "Não, ele quer enfiar uma vara no traseiro dela."

A identidade do procedimento desse trecho com o procedimento de *Kholstomér* é, a meu ver, evidente a todos.

A singularização do próprio ato é muito frequente na literatura; por exemplo, no *Decamerão*: "a raspagem do tonel", "a caça ao rouxinol", "o alegre trabalho de bater a lã", não sendo essa última imagem desenvolvida como enredo. E é com a mesma frequência que se usa da singularização na representação dos órgãos sexuais.

Toda uma série de enredos é construída com base em tal falta de reconhecimento, por exemplo, Afanássiev, *Contos íntimos*: "A dama tímida": o conto inteiro baseia-se no fato de não chamar o objeto pelo seu nome, no jogo do engano. O mesmo em Ontchukov, "A mancha feminina" (conto n.525); o mesmo nos *Contos íntimos*: "O urso e o coelho". O urso e o coelho cuidam da "ferida".

As construções do tipo "pilão e almofariz" ou "o diabo e o inferno" (*Decamerão*) pertencem ao mesmo procedimento de singularização.

Em meu artigo sobre a construção do enredo, trato da singularização no paralelismo psicológico.

Repito aqui, entretanto, que o que importa no paralelismo é a sensação de não coincidência numa semelhança. A finalidade do paralelismo, como, em geral, da imagem, representa a transferência de um objeto de sua percepção habitual para a esfera de uma nova percepção; há, portanto, uma mudança semântica específica.

Ao examinar a linguagem poética tanto em seus constituintes fonéticos e lexicais como na disposição das palavras e das construções semânticas constituídas por essas palavras, damo-nos conta de que o caráter estético se revela sempre pelos mesmos sinais: é criado conscientemente para libertar do automatismo a percepção; sua visão representa o objetivo do criador e é constituída artificialmente, de maneira que a percepção se detenha sobre ela e chegue ao máximo de força e de duração. O objeto é percebido não como parte do espaço, mas, por assim dizer, em sua continuidade. A linguagem poética satisfaz a essas condições. Segundo Aristóteles, a linguagem poética deve ter um caráter estrangeiro: o sumério para os assírios, o latim para a Europa medieval, os arabismos para os persas, o velho búlgaro como base do russo literário; ou uma língua elevada, como a das canções populares, próxima da língua literária. É a explicação da existência dos arcaísmos, tão amplamente presentes na língua poética, das dificuldades da língua do "*dolce stil nuovo*" (século XII), da língua de Arnaut Daniel, com o seu estilo obscuro e as suas formas difíceis (*harte*), das formas que pressupõem um esforço na pronúncia (Diez, *Leben und Werk der Troubadoure*, p.213). L. Yakubinsky demonstrou em seu artigo a lei do obscurecimento, no que se refere à fonética da língua poética, no caso particular de uma repetição de sons idênticos. Assim, a língua da poesia é uma língua difícil, obscura, cheia de obstáculos. Em certos casos particulares, a língua da poesia aproxima-se da língua da prosa, mas sem contradizer a lei das dificuldades.

Sua irmã chamava-se Tatiana
Pela primeira vez eis que
Com seu nome venho santificar
As páginas deste terno romance

escrevia Púchkin. Para os contemporâneos de Púchkin, a língua poética tradicional era o estilo elevado de Derzhavin, enquanto o estilo de Púchkin, com seu caráter trivial (para a época), era difícil e surpreendente. Lembremo-nos do espanto dos contemporâneos diante das expressões grosseiras que ele usa. Púchkin empregava a linguagem popular como um procedimento destinado a reter a atenção, do mesmo modo que seus contemporâneos, em seus discursos geralmente em francês, se valiam de palavras russas (cf. os exemplos em Tolstói, *Guerra e paz*).

Ocorre um fenômeno ainda mais característico em nossos dias. A língua literária russa, que é de origem estrangeira para a Rússia, penetrou de tal forma na massa popular que elevou ao seu nível muitos elementos dos dialetos; em compensação, a literatura começa a manifestar uma preferência pelos dialetos (Remizov, Kliuev, Iessienin e outros, tão desiguais quanto ao talento e tão próximos em sua linguagem deliberadamente provinciana) e pelos barbarismos (o que possibilitou o surgimento da escola de Severianin). Máximo Gorki atualmente passa da língua literária ao dialeto literário à maneira de Leskov. Assim, a linguagem popular e a língua literária trocaram de lugar (V. Ivanov e muitos outros). Somos, enfim, testemunhas do aparecimento de uma forte tendência, que busca criar uma língua especificamente poética; à frente dessa escola colocou-se, como se sabe, Velimir Khlébnikov. Chegamos, assim, a definir a poesia como um discurso *difícil, tortuoso.* O discurso poético é um *discurso elaborado.* A prosa continua sendo um discurso comum, econômico, fácil, correto (*Dea prosae* é a deusa do parto fácil, correto, de uma boa posição do bebê). Aprofundarei em meu artigo sobre a construção do enredo esse fenômeno de obscurecimento, de amortecimento, enquanto *lei* geral da arte.

Aqueles que pretendem que a noção de economia de forças esteja presente constantemente na língua poética e seja até a sua determinante parecem, à primeira vista, ter uma posição especialmente justificada no que se refere ao ritmo. A interpretação do papel do ritmo dada por Spencer parece incontestável: "Os golpes que recebemos irregularmente obrigam nossos músculos a conservar uma tensão inútil, às vezes até nociva, porque não prevemos a repetição do golpe; quando os golpes são regulares, poupamos força." Tal observação, à primeira vista convincente, peca pelo vício habitual de confundir as leis da língua poética com as da língua prosaica. Não vê Spencer nenhuma diferença entre elas em sua *Filosofia do estilo* e, no entanto, talvez existam dois tipos de ritmo. O ritmo prosaico, o ritmo de uma canção que acompanha o trabalho, da *doubinouchka*,[13] substitui, por um lado, o comando "Vamos juntos"; por outro lado, facilita o trabalho, tornando-o automático. Com efeito, é mais fácil marchar ao som da música do que sem ela, mas também é mais fácil marchar ao ritmo de uma conversação animada, quando a ação de marchar escapa à nossa consciência. Assim, o ritmo prosaico é importante como fator *automatizante*. Mas não é esse o caso do ritmo poético. Na arte, há uma "ordem"; não há, no entanto, uma única coluna do templo grego que lhe obedeça exatamente, e o ritmo estético consiste num ritmo prosaico violado; já houve tentativas de sistematizar tais violações. Elas representam a tarefa atual da teoria do ritmo. Pode-se julgar que essa sistematização não será

---

13 Canção russa cantada durante o trabalho físico duro. (N. T.)

bem-sucedida; com efeito, trata-se não de um ritmo complexo, mas de uma violação do ritmo e uma violação tal que não podemos prevê-la; se tal violação se tornar um cânone, perderá a força que tinha como procedimento obstáculo. Mas para os problemas do ritmo não entrarei nos pormenores; a eles será dedicado outro livro.

1917

Roman Jakobson

Do realismo na arte

Não muito tempo atrás, a história da arte, em especial a história da literatura, ainda não era uma ciência, mas uma *causerie.*[1] Obedecia a todas as leis da *causerie*. Passava alegremente de um tema a outro e o fluxo lírico das palavras sobre o refinamento da forma dava lugar às anedotas tiradas da vida do artista; os truísmos psicológicos alternavam-se com os problemas relativos ao fundo filosófico da obra e aos do meio social em questão. É um trabalho tão fácil e tão gratificante falar da vida, da época a partir das obras literárias! É mais fácil e gratificante copiar um gesso do que desenhar um corpo vivo. A *causerie* não conhece terminologia precisa. Ao contrário, a variedade dos termos, as palavras equívocas que servem de pretexto a jogos de palavras são ali qualidades que não raro trazem encanto à conversa. Do mesmo modo, a história da arte

1 Em francês no texto russo. (N. T.) A tradução em português seria "conversa". (N. T. B.)

não conhecia terminologia científica, servia-se das palavras da linguagem corrente, sem passá-las pelo crivo da crítica, sem delimitá-las com precisão, sem levar em conta sua polissemia. Por exemplo, os historiadores da literatura confundiam sem pudor o idealismo como designação de uma concepção filosófica do mundo com o idealismo entendido como desinteresse, insubmissão a motivos puramente materiais. Quanto à confusão referente ao termo "forma", brilhantemente revelada nos trabalhos de gramática geral de Anton Marty, ela é ainda mais desesperadora. Mas o termo "realismo" foi o que teve menos sorte a este respeito. O emprego desordenado dessa palavra de conteúdo extremamente vago teve consequências fatais.

Para o teórico da arte, o que é o realismo? É uma corrente artística que adotou como objetivo reproduzir a realidade o mais fielmente possível e aspira ao máximo de verossimilhança. Declaramos realistas as obras que nos parecem verossímeis, refletem a realidade bem de perto. E já fica evidente a ambiguidade:

1. Trata-se de uma aspiração, de uma tendência, isto é, chamam realista a obra que o autor em questão projetou como verossímil (significado A).
2. Chamam realista a obra que quem a julga percebe como verossímil (significado B).

No primeiro caso, somos obrigados a julgar de maneira imanente; no segundo, o decisivo é a minha impressão. A história da arte confunde desesperadamente esses dois significados do termo "realismo". O meu ponto de vista individual, particular, ganha um valor objetivo e absolutamente autêntico. Reduz-se sub-repticiamente o problema do realismo ou do irrealismo desta ou daquela obra de arte ao de minha relação com ela. Substitui-se imperceptivelmente o significado A pelo significado B.

Os clássicos, os sentimentalistas, em parte os românticos, mesmo os "realistas" do século XIX, em ampla medida os decadentes e, por fim, os futuristas, os expressionistas etc. afirmaram muitas vezes com insistência que a fidelidade à realidade, o máximo de verossimilhança, numa palavra, o realismo, é o princípio fundamental de seu programa estético. No século XIX, essa palavra de ordem deu seu nome a uma corrente artística. Foram essencialmente os epígonos dessa corrente que criaram a atual história da arte e, sobretudo, da literatura. Esta é a razão pela qual nos apresentam um caso particular, certa corrente artística, como a realização perfeita da tendência em questão; para avaliar o grau de realismo das escolas artísticas anteriores e posteriores, comparam-nas a esse realismo do século XIX. Faz-se assim, sub-repticiamente, uma nova identificação, introduz-se um terceiro significado da palavra "realismo" (significado C), a saber, a soma dos traços característicos de uma escola artística do século XIX. Em outras palavras, o historiador da literatura considera que as obras mais verossímeis são as obras realistas do século passado.

Analisemos a noção de verossimilhança artística. Se na pintura, nas artes figurativas, podemos ainda ter a ilusão da fidelidade objetiva e absoluta à realidade, a questão de verossimilhança "natural" (segundo a terminologia de Platão) de uma expressão verbal, de uma descrição literária, carece, evidentemente, de sentido. Pode-se colocar a questão do grau de verossimilhança deste ou daquele tipo de tropo poético? Pode-se dizer que tal metáfora ou metonímia seja objetivamente mais realista que tal outra? Mesmo na pintura, o realismo é convencional, por assim dizer, figurativo. São convencionais os métodos de projeção do espaço tridimensional sobre uma superfície, a cor, a abstração, a simplificação do objeto reproduzido, a escolha dos traços representados. É preciso aprender a linguagem pictórica convencional para ver o quadro, assim como não se podem compreender as palavras sem conhecer a língua. O caráter convencional, tradicional da apresentação pictórica determina em boa medida o ato mesmo de percepção visual. À medida que a tradição vai fixando-se, a imagem pictórica torna-se um ideograma, uma fórmula que ligamos de imediato ao objeto segundo uma associação de contiguidade. O reconhecimento produz-se instantaneamente. O ideograma deve ser deformado. O pintor inovador deve ver no objeto o que ontem ainda não via, deve impor à percepção uma nova forma. O objeto é apresentado por uma miniatura inabitual. Assim, Kramskoi, um dos fundadores da escola dita realista na pintura russa, conta em suas memórias como procurou deformar ao máximo a composição acadêmica, e essa "desordem" é motivada pela maior aproximação da realidade. É uma motivação característica para o *Sturm und Drang* das novas escolas artísticas, ou seja, uma motivação para a deformação de ideogramas.

A língua corrente conhece um sem-número de eufemismos, de fórmulas de polidez, de palavras veladas, de alusões, de modos de dizer convencionais. Quando pedimos ao discurso que seja franco, natural, expressivo, rejeitamos os acessórios que são adequados a um salão, chamamos os objetos pelo nome, e tais denominações soam como novas; dizemos neste caso: *c'est le mot.*[2] Mas, no uso habitual, o nome torna-se o mesmo que o objeto designado, e somos inversamente obrigados a recorrer à metáfora, à alusão, aos rodeios indiretos se quisermos obter uma denominação expressiva. Esta soa de maneira mais sensível, mais *demonstrativa*. Ou seja, quando procuramos a palavra exata que nos mostre o objeto, escolhemos uma palavra que vem de longe e nos é inabitual, pelo menos nesse contexto, uma palavra violada. Tal palavra inesperada pode ser tanto a denominação figurada como a denominação própria: é preciso saber qual das duas está em uso. Temos mil exemplos disso, sobretudo na história do vocabulário obsceno. Chamar o ato por seu próprio nome é contundente, mas num ambiente acostumado às palavras grosseiras, o tropo, o eufemismo agirá de maneira mais forte e mais convincente. É o caso da palavra dos hussardos russos: "utilizar" (*utilizirovat'*). É por isso que as palavras estrangeiras são mais insultuosas, e são muito utilizadas com esse fim. É por isso que um epíteto inverossímil, *holandês* ou *morsa*, vinculado por tal locutor russo grosseiro ao nome de um objeto que não tem nenhuma relação nem com as morsas, nem com a Holanda, decuplica a força do termo. É por isso que o mujique, ao invés de mencionar, como de costume, a cópula com a mãe (nas famosas frases injuriosas), prefere a imagem fantástica da cópula com a alma, reforçando-a, ademais, com um paralelismo negativo (*tvoju dushu ne mat'*) [tua alma, não tua mãe].

É assim também o realismo revolucionário na literatura. As palavras que ontem empregávamos numa narrativa hoje nada

2 Em francês no texto russo. (N. T.) Literalmente, "é a palavra". (N. T. B.)

mais dizem. Caracterizamos, então, o objeto por traços que ontem considerávamos os menos característicos, os menos dignos de serem levados em conta, os traços que não se notavam. "Ele adora deter-se no inessencial": é o juízo clássico emitido pela crítica conservadora de todos os tempos sobre o inovador contemporâneo. Deixo ao amador escolher ele mesmo as citações adequadas entre os contemporâneos de Púchkin, Gógol, Tolstói, Andrei Biéli etc. Os adeptos da nova escola consideram os traços inessenciais como uma característica mais real que aquela de que se valia a tradição fixa anterior. Outros, os mais conservadores, continuam a modelar sua percepção segundo os velhos cânones; por isso, sentem a deformação efetuada pela nova escola como uma recusa da verossimilhança, como desvio do realismo; continuam a tratar os velhos cânones como os únicos realistas. Assim, já que falamos mais acima do significado A do termo realismo, isto é, da tendência para a verossimilhança artística, vemos que tal definição dá margem à ambiguidade:

A_1: a tendência a deformar os cânones artísticos em curso, interpretada como maior proximidade da realidade;

A_2: a tendência conservadora no interior de uma tradição artística, interpretada como fidelidade à realidade.

O significado B pressupõe a minha avaliação subjetiva do fenômeno artístico em questão como fiel à realidade; portanto, substituindo os resultados obtidos, temos:

Significado B_1, ou seja: Sou um revolucionário em relação aos hábitos artísticos em curso e percebo sua deformação como uma maior aproximação da realidade.

Significado B_2, ou seja: Sou um conservador e vejo a deformação dos hábitos artísticos em curso como uma degradação da realidade.

Neste último caso, podem ser chamados realistas unicamente os fatos artísticos que, para mim, não contradigam os hábitos artísticos em vigor; mas, já que do meu ponto de vista os mais realistas são os meus próprios hábitos (a tradição a que pertenço) e já que estes últimos só se realizam em parte no âmbito das outras tradições, mesmo se não os contradigam, só verei nessas outras tradições um realismo parcial, embrionário, não desenvolvido ou decadente, ao mesmo tempo que declararei ser o único realismo autêntico aquele em cujo espírito fui educado. Inversamente, no caso B_1, assumo a mesma postura diante das fórmulas que contradigam os hábitos artísticos em vigor, inaceitáveis para mim, que diante daquelas que, no caso B_2, não contradizem esses hábitos. Neste caso, posso facilmente atribuir a tendência realista (no sentido A_1 da palavra) às formas que não foram de modo nenhum projetadas como tais. Assim, muitas vezes os primitivos são interpretados do ponto de vista B_1. Notava-se de imediato sua insubmissão aos nossos cânones, ao passo que não se levava em conta seu tradicionalismo, sua fidelidade a seu próprio cânone (interpretava-se A_2 como A_1). Do mesmo modo, são vistos e interpretados como poéticos escritos que não foram destinados a sê-lo. Prova disso é o juízo de Gógol, que atribuía qualidades poéticas aos inventários dos objetos preciosos que tinham pertencido aos tsares de Moscou, a observação de Novalis acerca do caráter poético do alfabeto, a declaração do futurista Kruchenykh sobre a impressão poética deixada por uma conta de lavanderia, ou a do poeta Khlébnikov, segundo a qual a gralha tipográfica às vezes altera poeticamente a palavra.

O conteúdo concreto de A_1, A_2, B_1 e B_2 é totalmente relativo. Assim, o especialista contemporâneo descobrirá certo realismo em Delacroix, mas não em Delaroche, em El Greco e Andrei Rublev, mas não em Guido Reni, na imagem da mulher cita, mas não na de Laocoonte. Um discípulo do academicismo do século passado teria emitido um juízo exatamente contrário. Aquele que sente a verossimilhança de Racine não a encontra em Shakespeare, e vice-versa.

Segunda metade do século XIX. Na Rússia, um grupo de pintores luta pelo realismo (primeira fase de C, ou seja, um caso particular de A_1). Um deles, Repin, pinta um quadro, "Ivã, o Terrível matando o filho". Os companheiros de luta de Repin aprovam a tela como realista (C, caso particular de B_1). Inversamente, seu professor na Academia indigna-se com o irrealismo do quadro; ele descreve minuciosamente todas as degradações da verossimilhança, confrontando-as com o cânone acadêmico, que, para ele, é o único válido (isto é, do ponto de vista de B_2). Mas eis que morre a tradição acadêmica, o cânone dos "realistas" Ambulantes[3] é absorvido, torna-se um fato social. Surgem novas tendências na pintura, desencadeia-se um novo *Sturm und Drang*; ou seja, na linguagem dos manifestos, procura-se uma nova verdade. Por isso, é natural que, para o pintor contemporâneo, o quadro de Repin seja artificial, inverossímil (do ponto de vista B_1) e só o conservador que honra os "preceitos realistas" se obriga a considerá-lo com os olhos de Repin (segunda fase de C, isto é, um caso particular de B_2). Repin, por sua vez, não vê na obra de Degas e de Cézanne senão caretas e degradações (do ponto de vista B_2). Tornam esses exemplos evidente toda a relatividade da noção de "realismo"; os historiadores da arte,

3 Em russo, *Peredvizhniki*: os Ambulantes (associação de pintores da Rússia nos séculos XIX e XX). (N. T.)

porém, que, como já dissemos, pertencem em sua maioria ao grupo de epígonos do "realismo" (à segunda fase de C), colocam arbitrariamente o sinal de igualdade entre C e B_2, embora, na verdade, C seja apenas um caso particular de B. Como sabemos, substitui-se imperceptivelmente pelo significado B o significado A, e não se percebe a diferença de princípio entre A_1 e A_2; toma-se consciência da destruição dos ideogramas unicamente como meio de criar outros novos; naturalmente, o conservador não percebe o valor estético autônomo da deformação. Assim, sob a aparência de A (mais precisamente, de A_2), os historiadores da arte recorrem, na verdade, a C. É por isso que, quando o historiador da literatura declara, por exemplo, que "o realismo é próprio da literatura russa", tal juízo equivale ao aforismo "a idade de vinte anos é própria do homem".

Uma vez que existe uma tradição que reza que o realismo é C, os novos artistas realistas (no sentido A_1 do termo) são obrigados a se declarar neorrealistas, realistas no sentido superior da palavra, naturalistas, a estabelecer uma distinção entre o realismo aproximativo, ilusório (C) e aquele que é, segundo eles, autêntico (isto é, o deles mesmos). "Sou realista, mas no sentido superior da palavra", já declarava Dostoiévski. Por sua vez, os simbolistas, os futuristas italianos e russos, os expressionistas alemães etc. repetiram praticamente a mesma frase. Por vezes esses neorrealistas identificam completamente sua plataforma estética com o realismo em geral; é por isso que se veem obrigados a excluir do realismo as representações de C. Assim, a crítica póstuma nos fez duvidar do realismo de Gógol, Dostoiévski, Tolstói, Turguêniev e Ostrovski.

Além disso, os historiadores da arte (e, em especial, os da literatura) caracterizam esse C de maneira vaga e aproximada:

não devemos esquecer que se trata de epígonos. Uma análise mais atenta substituirá, sem dúvida, C por uma série de características de conteúdo mais preciso, descobrirá que certos procedimentos que relacionamos levianamente com C estão longe de caracterizar todos os representantes da chamada escola realista e, inversamente, podem-se também descobrir esses procedimentos fora dela.

Já indicamos que caracterizar um personagem por traços inessenciais é próprio do realismo progressivo. Há um procedimento de caracterização que muitos representantes da escola C (na Rússia, a chamada escola de Gógol) cultivaram e, por esta razão, se identifica incorretamente com C em geral; consiste em adensar a narrativa mediante imagens escolhidas por contiguidade, ou seja, seguindo a via entre o termo próprio e a metonímia ou a sinédoque. Esse "adensamento" realiza-se fora da intriga, ou até mesmo a elimina. Tomemos o exemplo simples de dois suicidas descritos na literatura, o da pobre Liza[4] e o de Anna Karenina. Ao descrever o suicídio de Anna, Tolstói detém-se mais especialmente na bolsa que ela carregava nas mãos. Esse traço inessencial não faria nenhum sentido para Karamzin, embora a sua narrativa se revele uma cadeia de traços inessenciais se a compararmos ao romance de aventuras do século XVIII. Nesse romance, se o herói se encontra com alguém, é sempre com aquele de que precisa ou pelo menos aquele de que a intriga precisa. Ao passo que em Gógol, em Dostoiévski, em Tolstói o herói encontrará primeiro, obrigatoriamente, alguém completamente inútil à fábula e a conversa entre eles nada trará a ela. Já que muitas vezes se declara que

---

4 *A pobre Liza*, romance de Karamzin. (N. T.)

tal procedimento é próprio do realismo, designemo-lo por D, repetindo que encontramos muitas vezes D em C.

Propõem um problema ao menino: "O passarinho fugiu da gaiola. Dada a distância entre a gaiola e a floresta, quanto tempo ele demorou para chegar à floresta, se percorre tantos metros por minuto?" Pergunta o menino: "E a caixa, era de que cor?" Esse menino é um representante típico dos realistas no sentido D da palavra.

> Ou ainda a anedota do tipo "adivinha armênia":
> O que é verde e está pendurado no salão?
> Ah, é um arenque.
> Por que no salão?
> Porque não tinha lugar na cozinha.
> Por que verde?
> Foi pintado.
> Mas por quê?
> Para que fique mais difícil adivinhar.

Esse desejo de tornar a adivinha mais difícil, essa tendência a tornar mais lento o reconhecimento, tem como consequência acentuar o novo traço, o epíteto original. Escrevia Dostoiévski que, na arte, os exageros são inevitáveis; para mostrar o objeto, é preciso deformar a sua aparência anterior, colori-lo como se colorem os preparados para observação ao microscópio. Damos ao objeto uma cor diferente e pensamos: ele se tornou mais sensível, mais visível, mais real (A_I). O cubista multiplicou o objeto sobre o quadro, mostrou-o de vários pontos de vista, tornou-o mais palpável. É um procedimento pictórico. Mas há ainda a possibilidade de motivar, justificar esse procedimento no próprio quadro: por exemplo, o objeto é repetido porque se reflete no espelho. Exatamente o mesmo acontece na literatura. O arenque é verde porque o pintaram: o epíteto atordoante funda-se na realidade, o tropo torna-se motivo épico. Encontrará sempre o autor uma resposta à pergunta "Por que o pintaram?", mas a resposta certa é uma só: "Para que fique mais difícil adivinhar." Assim se pode impor ao objeto um termo impróprio ou então apresentá-lo como um aspecto particular desse objeto. O paralelismo negativo rejeita a metáfora em nome do termo próprio. "Não sou uma árvore, sou uma mulher", diz a mocinha no poema do tcheco Šrámek. Pode-se justificar essa construção literária, pode-se desenvolver esse traço estilístico como elemento do enredo. "Dizem alguns: são rastros de arminho; outros objetavam: não, não são pegadas de arminho, foi Tchurila Plenkovitch que passou por ali." O paralelismo negativo inverso rejeita o termo próprio para afirmar a metáfora. (No poema citado de Šrámek, diz a mocinha: "Não sou uma mulher, sou uma árvore." Na peça de outro poeta tcheco, Čapek: "Que é isso? – Um lenço. – Não é um lenço. É uma bela mulher encostada à janela. Veste uma roupa branca e tem sonhos de amor...")

Nos contos eróticos russos, muitas vezes é apresentada a imagem da cópula em termos de paralelismo inverso. O mesmo acontece nas canções de casamento, com a única diferença de que neste caso a construção metafórica habitualmente não é justificada, ao passo que nos contos essas metáforas são motivadas: é um jeito de seduzir uma jovem, de que se vale o herói malandro; ou então se explica a metáfora designando a cópula como a interpretação dada por animais a um ato humano que para eles permanece incompreensível. Às vezes, chamam de realismo a motivação consequente, a justificação das construções poéticas. Assim, o romancista tcheco Čapek, com uma ponta de malícia, chama de "capítulo realista" o primeiro capítulo do seu livro *O eslavo mais ocidental*, onde motiva a fantasia "romântica" por meio do delírio provocado pelo tifo.

Designemos por E esse realismo, isto é, a exigência de motivação consequente, a justificação dos procedimentos poéticos. Muitas vezes se confunde esse E com C, B etc. Na medida em que os teóricos e os historiadores da arte (e sobretudo da literatura) não distinguem as diferentes noções dissimuladas no termo "realismo", tratam-no como um saco de profundidade infinita onde tudo se joga: nele se pode esconder qualquer coisa.

Podem replicar-nos: não é qualquer coisa. Ninguém chamará de "realistas" os contos fantásticos de Hoffman. Portanto, a palavra "realismo" tem, de qualquer modo, certo significado; podemos encontrar o fator comum.

Respondo: ninguém designará o escaravelho com a palavra *pena*, mas isso não quer dizer que a palavra *pena* tenha só um sentido.[5] Não se pode identificar impunemente os diferentes significados da palavra "realismo", como tampouco é possível confundir a pena da galinha com a compaixão sentida sem passar por insensato.[6] É verdade que a primeira confusão é mais fácil, pois as diferentes noções que encontramos por trás da palavra *peça* são nitidamente delimitadas,[7] ao passo que podemos imaginar fatos de que se dirá simultaneamente serem "realistas" no sentido C, B, A_I etc. da palavra. Não é, porém, conce-

5 Em russo: *kosa* (foice e cabeleira). (N. T.)

6 Em francês, Todorov faz o jogo de palavras com *vers* e *celui*. (N. T. B.)

7 Em russo: *kljuch* (fonte e chave). (N. T.)

bível confundir C, B, A_1 etc. Existem talvez palácios em que as crianças que brincam de príncipe e princesa o sejam realmente. Provavelmente existem aqueles que se chamam Expedito e são expeditos. Isso não nos permite qualificar de expedito todos os Expeditos,[8] nem tirar conclusões sobre as brincadeiras de palácio. Esta regra fundamental é de uma evidência que beira a idiotice; no entanto, aqueles que, na arte, falam de realismo descumprem continuamente o que ela determina.

8 Em francês: *Jules* e *jules*. (N. T. B.)

Viktor Vinogradov

Das tarefas da estilística

Nos capítulos precedentes, apresentamos uma tentativa de análise estilística de um texto literário antigo. Cumpre-nos agora considerar a incidência desse trabalho sobre o método estilístico. Impõe-se a conclusão geral por si mesma. A tarefa de conhecer o estilo individual do escritor (independentemente de toda tradição, de qualquer outra obra contemporânea e em sua totalidade enquanto sistema linguístico) e sua organização estética deve preceder toda pesquisa histórica. Não podemos dar indicações precisas sobre o laço que vincula o artista às tradições literárias do passado sem fazê-las serem precedidas de uma descrição exaustiva das formas estilísticas e suas funções, sem uma classificação dos elementos do estilo. A descrição e a classificação são, é claro, estáticas.[1] Mas devem ser

1 Cf. artigo de Serguei Karcevski, "Estudos sobre o sistema verbal do russo contemporâneo", *Slavia*, 1922, p.2-3, e a exposição das ideias de Saussure acerca da necessidade de uma classificação "sincrônica" e de uma sistematização do material linguístico. (N. A.)

executadas segundo um método imanente à consciência do criador, à qual não deve ser imposta nenhuma norma exterior. Isto quer dizer que em tal estudo é preciso levar em conta o dinamismo de um estilo individual. As obras de um escritor escritas em épocas diferentes não se projetam de imediato no mesmo plano. Devemos descrevê-las seguindo a sua ordem cronológica. Do ponto de vista estilístico, cada obra do poeta deve apresentar-se como um "organismo expressivo do sentido final" (B. Croce), como um sistema individual e único de correlações estilísticas. No entanto, mesmo se só tivermos em vista esses objetivos da análise estilística, não podemos admitir o isolamento total de uma das obras literárias de um artista em relação às suas outras obras. Todas as obras do poeta, apesar da unidade interna de sua composição e, por conseguinte, de sua autonomia relativa, são manifestações de uma mesma consciência criadora ao longo de um desenvolvimento orgânico. Eis por que, considerando as outras obras desse artista, o crítico reencontra todo o conteúdo potencial que os elementos particulares (por exemplo, os símbolos) de um texto literário escondem na consciência linguística e, com isso, esclarecerá melhor o sentido delas.

É natural que, apoiando-se numa análise tão detalhada dos "objetos estéticos" particulares criados pelo escritor, seja possível, em seguida, agrupá-los por ciclos. O estilo de um ciclo formado por obras heterogêneas de um escritor delineia-se de novo como um sistema de procedimentos estilísticos comum a todas as suas obras. Compreendemos, assim, que o método de descrição imanente não desdenha o dinamismo de um estilo individual. Mas esse dinamismo deve ser apresentado quer como a substituição de um sistema por outro, quer como uma transformação parcial de um sistema único, cujas funções centrais permanecem relativamente estáveis. Chamarei de funcional e imanente esse método de estudos estilísticos. Ele não é desconhecido da linguística. Baudouin de Courtenay, Chtcherba, Saussure, Sechehaye, recentemente Meillet etc. elaboraram e impuseram procedimentos semelhantes para estudos dialetológicos. Era necessário aplicá-los à estilística, porque a maioria das tentativas russas neste campo (em particular, os trabalhos recentes de B. M. Eichenbaum e V. M. Jirmunski) é insatisfatória quanto á metodologia, em razão de uma confusão de dois pontos de vista: o do estudo funcional e imanente e o do estudo histórico (que chamarei aqui de retrospectivo e projetivo).

A aplicação mais completa e mais aprofundada deste método estilístico pode ser realizada estudando-se a obra de um poeta contemporâneo. São considerações semelhantes às da dialetologia contemporânea que nos levam a isso. Possuímos de maneira imediata as normas gerais do uso e da combinação de palavras no caso de um dialeto contemporâneo. Dispomos, então, de uma escala para avaliar a originalidade linguística de um poeta individual. Tais vantagens do estudo vivo se tornam especialmente sensíveis quando examinamos a palavra "poética" e as vias da sua transformação. Na língua poética, são os matizes periféricos da significação e do timbre emocional que se destacam, dissimulando o núcleo semântico da palavra; eles não constituem um dado habitual da língua do dia a dia e, por isso mesmo, não são sentidos como atributos necessários deste ou daquele signo. É por isso que, para sentir a contribuição original do poeta a uma língua, é preciso que o crítico e o autor utilizem da mesma maneira os lexemas próprios da língua literária. O lexema (por analogia com o fonema e o morfema) é a unidade semântica da palavra ligada a certo sinal (palavra), sendo a fala o conjunto das significações e seus matizes, de que se tem uma consciência pelo menos virtual. Não tinha razão Potebnia ao afirmar que todo emprego de uma palavra equivale à criação de uma palavra nova. Na realidade, a palavra é um modo do lexema, como o som é um modo do fonema. A palavra é um aspecto do lexema, realizado numa dada frase e numa dada situação. As significações do lexema que constituem a sua característica semântica para dado falar e que podem ser sentidas pelos locutores organizam-se num conjunto potencial bastante limitado. O mesmo ocorre com o tom emocional do lexema. Cada lexema é um sincretismo de valores emocionais contraditórios em estado latente; mas a fala cotidiana transforma em dominantes emocionais certos matizes de tom. Tais matizes não são senão os que se extraem da palavra nas combinações mais habituais, mais automáticas, ou naqueles que refletem as ligações associativas mais frequentes, segundo o eixo de contiguidade. Assim se cria a ilusão de que uma coloração emocional única e homogênea recobre o sinal dado.

O uso poético transforma o lexema, acentuando matizes de significações diferentes dos matizes dados como característicos pela linguagem cotidiana.

É, sem dúvida, mais fácil levar adiante tal estudo da "simbólica" sobre o estilo dos artistas contemporâneos; para restabelecer as relações existentes entre os elementos linguísticos, assim como entre suas funções no estilo de um escritor de antigamente, devemos conhecer as normas gerais de emprego desta ou daquela palavra na época correspondente e conhecer a frequência de emprego dos diferentes esquemas sintáticos. Chegamos a esse resultado por um conhecimento aprofundado dos textos do período escolhido, por pesquisas filológicas de longa duração. Sem dúvida, neste caso, aparece inevitavelmente uma esquematização, uma nivelação dos finos matizes no sentido dos símbolos, que ganham, então, um contorno mais grosseiro e mais incisivo.

Embora sendo muito importante para a solução dos problemas próprios à linguística geral, o estudo funcional e imanente de estilos individuais não é o único objetivo da estilística. Para ela, é importante a criação linguística do escritor, não só como microcosmo, com seu sistema de relações entre os elementos linguísticos e com as leis de suas ligações, mas também como um dos elos na cadeia geral dos estilos artísticos sucessivos. Essa abordagem expulsa da consciência individual as obras do poeta e as determina num nível geral. Um confronto estilístico com obras anteriores de outros artistas, do mesmo gênero ou de um gênero diferente, estabelece o lugar de uma determinada obra nas linhas complexas das tradições; determinamos também a ação delas sobre o uso linguístico dos meios intelectuais dessa época. Essas obras aparecem como monumentos congelados, criados por uma consciência linguística já extinta. O historiador dos estilos poéticos estabelece as relações dessas obras com os estilos da época contemporânea e dos tempos passados e observa as sombras mutáveis que elas projetam sobre os períodos seguintes, provocando, assim, a criação de novas formas linguísticas. O importante aqui é determinar o processo de fragmentação desses organismos inteiros ("a troca de milhões em moedas de dez copeques", segundo a frase de Gontcharóv), é descrever como suas partes recebem quer uma aplicação nas obras de arte, quer uma utilização na vida cotidiana. O historiador do estilo compreende por meio dessas pesquisas como os "objetos estéticos" constituem agrupamentos estilísticos nas diferentes escolas.

Chamo esse método da estilística de um método retrospectivo e projetivo. Seu problema fundamental é o confronto dos fenômenos estilísticos projetados para fora e considerados, do ponto de vista de sua semelhança, numa sucessão cronológica e com o objetivo de estabelecer fórmulas que exprimam uma ordem de alternância e de substituição.

Para poder confrontar os fatos, será necessário introduzir certos princípios morfológicos: os procedimentos estilísticos perdem essa singular justificação funcional que tinham na consciência deste ou daquele artista. A confrontação de fenômenos homogêneos, mas diferentes, na medida em que eram diferentes as consciências que os geraram, supõe um processo de abstração de alguns traços mais gerais. No entanto, deve ser corrigido esse princípio de esquematização morfológica que se encontra na base do método retrospectivo e projetivo da estilística histórica: é preciso, por um lado, compreender claramente a perspectiva histórica e, por outro lado, estudar antes de tudo a atividade linguística dos escritores em causa, de maneira funcional e imanente. Esse estudo figura as obras deles como um sistema integral de procedimentos estilísticos com a representação de um campo de significação para cada um dos elementos e com uma indicação não ambígua sobre seu papel quanto à sua participação no todo. Desaparece assim o perigo que consiste em não reparar as semelhanças principais, quando estamos ocupados demais com a comparação das semelhanças secundárias, e em identificar segundo uma semelhança externa fenômenos cujo conteúdo funcional é completamente diferente.

1922

Iuri Tynianov

A noção de construção

O estudo da arte literária está ligado a dois tipos de dificuldades. Primeiro, as que estão ligadas a seu material, que designamos normalmente pelos nomes de fala, palavra. Segundo, as que estão ligadas ao princípio de construção dessa arte.

No primeiro caso, o objeto de nosso estudo vê-se estreitamente ligado à nossa consciência prática e às vezes só ganha sentido em razão dessa ligação. Muitas vezes nos esquecemos com facilidade de que existe tal relação, com características particulares, e procedemos ao estudo literário baseando-nos em outras relações que tomamos emprestadas à vida prática, e cuja introdução aqui é completamente arbitrária.[1] Assim, não

1 Ao dizer isso, naturalmente não levanto nenhuma objeção contra "o vínculo entre a literatura e a vida". Temo apenas que a questão não tenha sido bem colocada. Pode-se falar de "a arte e a vida" quando a arte é também a "vida"? Deve-se reivindicar para a "arte" um caráter utilitário, se não o reivindicamos para a "vida"? Coisa

se leva mais em conta o caráter heterogêneo, *polissêmico* do material, caráter que depende do papel e da destinação deste último. Analogamente, não se leva em conta o fato de que, na palavra, há elementos não equivalentes que dependem de sua função concreta; um elemento pode ser promovido em detrimento dos outros, que, consequentemente, se veem deformados e, às vezes, degradados mesmo, até não passarem de acessórios neutros. A grandiosa tentativa de Potebnia de construir uma teoria da literatura partindo da palavra enquanto ἓν até a obra literária complexa enquanto πᾶν estava desde o começo fadada ao fracasso, pois a essência da relação entre ἓν e πᾶν se encontra

---

muito diferente é falar da originalidade da arte, de sua conformidade a leis internas, comparando-a à vida prática, à ciência etc. Quantos mal-entendidos enganaram os historiadores da cultura, mal-entendidos nascidos da confusão entre um "fato artístico" e um "fato da vida". Quantos "fatos" foram restabelecidos como históricos, quando não eram senão fatos *literários* tradicionais, aos quais a lenda havia sobreposto nomes históricos! Onde a vida entra na literatura, ela mesma se torna literatura e deve ser apreciada como tal. É interessante refletir sobre a importância do fato artístico em tempos de revolução literária, quando começam a se diluir os limites da literatura aceitos por todos, quando o fermento da literatura se esgota e a nova direção ainda não foi encontrada. Nesses períodos, a vida artística torna-se ela mesma provisoriamente *literatura* e ocupa o lugar dela. Nos tempos de Lomonossov, restringia-se a literatura aos gêneros elevados; na época de Karamzin, ela se degradou; bagatelas, características de um uso literário prático, a correspondência amigável, o gracejo efêmero foram elevados à condição de fatos literários. Mas a essência do fenômeno reside em ter sido um fato da vida prática elevado à condição de fato *literário*, ao passo que na época da supremacia dos grandes gêneros a própria correspondência íntima não passava de uma arte da vida prática, sem relação direta com a literatura. (N. A.)

na heterogeneidade e na significação variável desse ἕν. A noção de "material" não ultrapassa os limites da forma, o material é igualmente formal; e é errado confundi-lo com elementos exteriores à construção.

A segunda dificuldade vem de tratarmos habitualmente o princípio de construção ou de formação como princípio *estático*. Tomemos um exemplo. Acabamos de abandonar esse tipo de crítica que consistia em questionar e julgar os personagens do romance como seres vivos. Ninguém nos pode garantir que as biografias dos personagens e as tentativas de restabelecer a realidade histórica segundo essas biografias tenham definitivamente desaparecido. Tudo isso se baseia no postulado do *herói estático*. Convém lembrar aqui as palavras de Goethe sobre a ficção artística, sobre as paisagens de dupla luz de Rubens e sobre a dualidade do fato em Shakespeare: "Mas nas regiões superiores da arte, onde o quadro se torna um quadro propriamente dito, o artista goza de uma folga maior e pode até recorrer às ficções [...]. O artista quer falar ao mundo por meio de um todo [...]. Mas, se isso é contra a natureza, digo também que é mais alto que a natureza."[2] Diz certa vez Lady Macbeth "Amamentei crianças" e mais tarde nos dizem que ela não tem filhos; seu personagem está justificado, pois, para Shakespeare,

> o que importa é a força de cada uma de suas apóstrofes. Cumpre, porém, evitar analisar a pincelada do pintor ou a palavra do poeta com tanta minúcia e exatidão [...]. O poeta faz que seus

---

2 *Conversations de Goethe avec Eckermann* [Conversas de Goethe com Eckermann]. Paris: Gallimard, 1949, trad. francesa de J. Chuzeville.

> personagens digam a cada vez o que é conveniente, justo e bom naquele momento, sem se atormentar e preocupar se tais palavras podem parecer em contradição com tais outras.

E Goethe explica isso a partir do princípio construtivo do drama shakespeariano.

> Shakespeare, aliás, dificilmente pensou que um dia todos os seus dramas seriam lidos em forma impressa, que contariam suas letras, que seria comparado e estabelecido o seu inventário; quando escrevia, tinha o palco diante dos olhos; via em seus dramas algo de móvel e vivo, que, do palco, devia passar rapidamente diante dos olhos e pelos ouvidos, algo que não se podia esperar captar nem criticar em pormenor, pois se tratava apenas de agir e de produzir uma impressão.

Portanto, a unidade estática do personagem (como toda unidade estática na obra literária) é extremamente instável; ela depende inteiramente do princípio de construção e pode oscilar ao longo da obra da maneira que lhe for prescrita, em cada caso particular, pela dinâmica geral da obra. Basta que haja um *signo* que designe a unidade: a sua categoria torna legítimos os casos mais marcantes de violação efetiva e nos obriga a considerá-los como *equivalências dessa unidade.*

Mas essa unidade não é, evidentemente, a unidade estática do herói, tal como ingenuamente se imagina; o signo de entidade estática é substituído pelo signo de integração dinâmica, de integridade. Não há herói estático, só heróis dinâmicos. E o signo do herói, seu nome nos são suficientes para não recortarmos o herói em cada situação dada.

A estabilidade e a solidez dos hábitos estáticos da consciência aparecem no caso do personagem. Reencontramos o mesmo estado de coisas no problema da "forma" da obra literária. Acabamos de abandonar a famosa analogia: forma : conteúdo = copo : vinho. Mas todas as analogias espaciais que aplicamos à noção de forma só são importantes na medida em que não são verídicas. Com efeito, a característica estática estreitamente ligada à noção de espaço constantemente se esgueira na noção de forma. (Ao passo que deveríamos tomar consciência das formas espaciais como formas dinâmicas *sui generis.*) O mesmo acontece com a terminologia. Ouso afirmar que a palavra "composição", em nove casos em cada dez, esconde no pesquisador uma ideia tal que a aplicaria a uma forma estática. A noção de "verso" ou de "estrofe" é imperceptivelmente retirada da série dinâmica; não mais nos damos conta da repetição como um fato de intensidade diferente, conforme as frequências e as quantidades diferentes; criamos a perigosa noção de "simetria dos fatos composicionais", noção perigosa, pois não pode tratar-se de simetria quando se trata de um reforço.

A unidade da obra não é uma entidade simétrica e fechada, mas uma integridade dinâmica com seu próprio desenvolvimento; seus elementos não estão ligados por um sinal de igualdade e de adição, mas por um sinal dinâmico de correlação e de integração.

A forma da obra literária deve ser sentida como uma forma dinâmica.

Manifesta-se tal dinamismo na noção de princípio de construção. Não há equivalência entre os diversos componentes da palavra; a forma dinâmica não se manifesta pela reunião, nem pela fusão deles (cf. a noção corrente de "correspondência"), mas pela interação deles e, consequentemente, pela promoção de um grupo de fatores em detrimento de outros. O fator promovido deforma os que lhe são subordinados. Podemos, pois, dizer que sempre percebemos a forma ao longo da evolução da relação entre o fator subordinante e construtivo e os fatores subordinados. Não somos obrigados a introduzir a dimensão *temporal* no conceito de evolução. Podemos considerar a evolução e a dinâmica em si mesmas, fora do tempo, como puro movimento. A arte vive dessa interação, desse conflito. O fato artístico não existe fora da sensação de submissão, de deformação de todos os fatores pelo fator construtivo (a *coordenação* dos fatores é uma característica negativa do princípio de construção – V. Chklóvski). Mas se a sensação de *interação* dos fatores desaparecer (e ela supõe a presença necessária de *dois* elementos, o subordinante e o subordinado), o fato artístico esvai-se: a arte torna-se automatismo.

Introduz-se, assim, uma dimensão histórica na noção de "princípio de construção" e na noção de "material", ainda que a história literária nos prove a estabilidade desses *princípios fundamentais e do material*. O sistema métrico e tônico do verso de Lomonossov foi um fator construtivo; mais tarde, no tempo de Kostrov, ele se associa a certo sistema de sintaxe e de léxico. Seu papel subordinante, deformante, enfraquece-se, o verso torna-se automático e só a revolução de Derzhavin romperá essa associação e a transformará de novo em interação, conflito, forma. O que importa aqui é que se trata de uma nova interação, e não da mera introdução de um fator qualquer. O metro, por exemplo, pode apagar-se quando se funde de maneira completa e natural com o sistema de acento da frase e com certos elementos lexicais. Se recolocarmos esse metro em contato com fatores novos, nós o renovamos, nele despertamos novas possibilidades construtivas (é o papel histórico do *pastiche* poético). A introdução de esquemas métricos *novos* contribui também para o restabelecimento do princípio construtivo no metro.

As categorias fundamentais da forma poética permanecem imutáveis: o desenvolvimento histórico não embaralha as cartas, não destrói a divergência entre o princípio construtivo e o material, mas, ao contrário, o ressalta. Isso não afasta, é claro, os problemas inerentes a cada caso particular, a saber, a relação individual entre o princípio construtivo e o material, o problema da sua forma dinâmica individual.

1923

Iuri Tynianov

Da evolução literária

A Boris Eichenbaum

I. Entre todas as disciplinas culturais, a história literária conserva o estatuto de um território colonial. Por um lado, ela é dominada em ampla medida (sobretudo no Ocidente) por um psicologismo individualista, que substitui por problemas relativos à psicologia do autor os problemas literários propriamente ditos; substitui o problema da evolução literária pelo da gênese dos fenômenos literários. Por outro lado, a abordagem causalista esquematizada isola a série literária do ponto em que se situa o observador; tal ponto pode residir tanto nas séries sociais principais como nas séries secundárias. Se estudarmos a evolução limitando-nos à série literária previamente isolada, topamos a todo momento com as séries vizinhas, culturais, sociais, existenciais no sentido amplo do termo e, por conseguinte, somos condenados a permanecer incompletos. A teoria dos valores na ciência literária leva-nos ao arriscado estudo dos fenômenos principais, mas isolados, e reduz a história literária à "história dos comuns". A redução cega à "história dos comuns" gerou ela mesma um interesse pelo estudo da "literatura de massa", mas tal estudo não alcançou uma consciência teórica clara, nem de seus métodos, nem de sua significação.

Enfim, o vínculo da história literária com a literatura contemporânea viva, vínculo proveitoso e necessário à ciência, nem sempre se mostra necessário e proveitoso à literatura existente. Seus representantes veem na história literária o estabelecimento de tais ou tais leis e normas tradicionais e confundem a "historicidade" do fenômeno literário com o "historicismo" próprio a seu estudo. A tendência a estudar objetos particulares e as leis de sua construção sem levar em conta o aspecto histórico (abolição da história literária) é uma sequela do conflito precedente.

2. A história literária deve responder às exigências da autenticidade se quiser enfim tornar-se uma ciência. Todos os seus termos, e antes de tudo o termo "história literária", devem ser examinados de novo. Este último se revela extremamente vago, abrange tanto a história dos fatos propriamente literários como a história de toda atividade linguística; além disso, é pretensioso, pois apresenta a "história literária" como uma disciplina já pronta para entrar na "história cultural" enquanto série cientificamente repertoriada. Ora, até o presente, ela não tem esse direito. O ponto de vista adotado determina o tipo do estudo histórico. Distinguem-se dois principais: o estudo da *gênese* dos fenômenos literários e o estudo da variabilidade literária, ou seja, da *evolução* da série.

O ponto de vista adotado para estudar um fenômeno determina-lhe não só a significação, mas também o caráter: a gênese ganha, no estudo da evolução literária, uma significação e um caráter que, é claro, não são os mesmos que os que aparecem no estudo da gênese mesma.

O estudo da evolução ou da variabilidade literária deve romper com as teorias de avaliação ingênua que resultam da confusão dos pontos de vista: valem-se dos critérios próprios de um sistema (admitindo-se que cada época constitua um sistema particular) para julgar os fenômenos vinculados a outro sistema. Devemos, pois, retirar da avaliação todo matiz subjetivo, o "valor" deste ou daquele fenômeno literário deve ser considerado como "significação e qualidade evolutivas".

Devemos efetuar a mesma operação com todos os termos que, por enquanto, supõem um juízo de valor, como "epígono", "diletantismo" ou "literatura de massa".[1] A noção fundamental

---

1 Basta analisar a "literatura de massa" da década de 1820 e a da década de 1830 para dar-nos conta da enorme diferença evolutiva que as separa. Na década de 1830, anos em que se automatizam as tradições anteriores e em que se trabalha a matéria acumulada, o "diletantismo" ganha grande importância evolutiva. É ao diletantismo, a essa atmosfera de "versos às margens de um livro", que devemos o aparecimento de um novo fenômeno: Tiútchev, que, por suas tonalidades íntimas, transforma a língua e os gêneros poéticos. A atitude "íntima" ante a literatura, atitude que, do ponto de vista da teoria dos valores, parece corromper, na realidade transforma o sistema literário. Batizaram de "grafomania" o "diletantismo" e a "literatura de massa" na década de 1820, anos dos mestres, anos que assistiram à criação de gêneros poéticos novos. Os poetas de primeira ordem da década de 1830 (do ponto de vista de sua importância na evolução) travaram a luta contra as normas preestabelecidas com um espírito de "diletante" (Tiútchev, Polejaev) ou de "epígono" (Lérmontov), ao passo que até os poetas de segunda classe, na década de 1820, carregam a marca dos mestres da época.

da velha história literária, a "tradição", não é senão a abstração ilegítima de um ou mais elementos literários de um sistema no qual eles têm certo uso e desempenham certo papel, e sua redução aos mesmos elementos de outro sistema no qual têm outro uso. O resultado é uma série que só ficticiamente é unida, que só tem a aparência da *entidade*.

A noção fundamental da evolução literária, a de *substituição* de sistemas, e o problema das tradições devem ser reconsiderados de outro ponto de vista.

3. Para analisar esse problema fundamental, é preciso antes convir que a obra literária constitui um sistema e que o mesmo se pode dizer da literatura. É apenas com base nesta convenção que podemos construir uma ciência literária que, não se satisfazendo com a imagem caótica dos fenômenos e das séries heterogêneas, se propõe estudá-los. Com este procedimento, não rejeitamos o problema das séries vizinhas na evolução literária; ao contrário, colocamo-lo de verdade.

Não é sem proveito que executamos o trabalho analítico sobre os elementos particulares da obra: o sujeito e o estilo, o ritmo e a sintaxe na prosa, o ritmo e a semântica na poesia etc.; demo-nos conta, assim, de que podíamos, até certo ponto, como *hipótese de trabalho*, isolar esses elementos no abstrato, mas que todos esses elementos se encontram em *correlação mútua* e interação. O estudo do ritmo no verso e do ritmo na prosa

---

Cf. a "universalidade" e a "grandeza" que se notam até dos poetas de massa, como Olin. É claro que a significação evolutiva de fenômenos como o "diletantismo", a "influência" etc. muda de uma época para outra, e a apreciação desses fenômenos é uma herança da velha história literária. (N. A.)

deveria revelar que um mesmo elemento desempenha papéis diferentes em sistemas diferentes.

Chamo de *função* construtiva de um elemento da obra literária como sistema a sua possibilidade de entrar em correlação com os outros elementos do mesmo sistema e, portanto, com o sistema inteiro.

Num exame atento, damo-nos conta de que essa função é uma noção complexa. O elemento entra simultaneamente em relação com a série dos elementos semelhantes que pertencem a outras obras-sistemas, ou até a outras séries e, por outro lado, com os outros elementos do mesmo sistema (função autônoma e função sínoma).

Assim, o léxico de uma obra entra simultaneamente em correlação, por um lado, com o léxico literário e o léxico tomado como um todo e, por outro lado, com os outros elementos dessa obra. Estas duas componentes, ou melhor, estas duas funções resultantes não são equivalentes.

A função dos arcaísmos, por exemplo, depende inteiramente do *sistema* em que são usados. No sistema de Lomonossov, introduzem o estilo elevado, porque nesse sistema a cor léxica desempenha um papel dominante (os arcaísmos são usados por associação léxica com a língua eclesiástica). No sistema de Tiútchev, os arcaísmos têm outra função, designam amiúde noções abstratas: *fontan – vodomjot.*[2] É interessante notar também o uso de arcaísmos em função irônica: *Pushek grom i musikija*[3] num poeta que se vale de palavras como *musikiskij* com

2 Russo: jato d'água; a segunda forma é um arcaísmo. (N. T.)

3 Russo: o trovão e a música dos canhões; a forma *musikija* é arcaica. (N. T.)

uma função completamente diferente. A função autônoma não decide; só oferece uma possibilidade, é uma condição da função sínoma. Assim, ao longo dos séculos XVIII e XIX até o tempo de Tiútchev, vimos desenvolver-se uma vasta literatura periódica em que os arcaísmos suportam a função paródica. Mas, naturalmente, em todos estes exemplos, a decisão cabe ao sistema semântico e estilístico da obra, que permite colocar essa forma linguística em correlação com o uso "irônico", e não com o estilo "elevado", e que define, portanto, a função dela.

É incorreto extrair do sistema elementos particulares e aproximá-lo diretamente das séries semelhantes que pertencem a outros sistemas, ou seja, sem levar em conta a função construtiva.

4. Será possível o chamado estudo "imanente" da obra enquanto sistema e que ignora essas correlações com o sistema literário? Isolado da obra, ele pertence à mesma abstração que a dos elementos particulares da obra. A crítica literária usa-o com frequência e sucesso para as obras contemporâneas, porque as correlações de uma obra contemporânea são um fato previamente estabelecido, que é sempre subentendido. (Aqui tem lugar a correlação da obra com outras obras do autor, sua correlação com o gênero etc.)

Mas até a literatura contemporânea já não pode ser estudada isoladamente.

A existência de um fato como *fato literário* depende de sua qualidade diferencial (isto é, de sua correlação quer com a série literária, quer com uma série extraliterária), ou seja, de sua função.

O que é "fato literário" para uma época para outra será um fenômeno linguístico vinculado à vida social, e vice-versa, segundo o sistema literário em relação ao qual esse fato se situa.

Assim, uma carta a um amigo de Derzhavin é um fato da vida social; na época de Karamzin e de Púchkin, a mesma carta do amigo é um fato literário. Prova disso é o caráter literário das memórias e dos diários em um sistema literário e seu caráter extraliterário em outro.

O estudo isolado da obra não nos dá a certeza de falar corretamente de sua construção, ou mesmo de falar da construção mesma da obra.

Aqui intervém outra circunstância. A função autônoma, isto é, a correlação de um elemento com uma série de elementos semelhantes pertencentes a outras séries, é condição necessária para a função sínoma, para a função construtiva desse elemento.

Esta é a razão pela qual não é indiferente que determinado elemento seja "surrado", "desgastado" ou não. O que é o caráter "surrado", "desgastado" de um verso, de um metro, de um assunto etc.? Em outras palavras, o que é a "automatização" deste ou daquele elemento?

Tomo emprestado à linguística um exemplo: quando a imagem significativa se desgasta, a palavra que exprime a imagem se torna expressão da relação, torna-se uma palavra-ferramenta, auxiliar. Ou seja, muda de função. O mesmo acontece com a automatização, com o "desgaste" de um elemento literário qualquer: ele não desaparece, só a função muda, torna-se auxiliar. Se o metro de um poema estiver desgastado, cede o lugar a outros traços do verso presentes nessa obra e ele mesmo se encarrega de outras funções.

Assim, o folhetim em versos do jornal é construído numa métrica já batida, banal, abandonada há muito tempo pela poesia. Ninguém a teria lido como um "poema", não o teria ligado à "poesia". O metro usado serve aqui de recurso para *vincular* à série literária o material social de atualidade jornalística. A sua função é completamente diferente da que tem numa obra poética. É auxiliar. O pastiche no folhetim em versos está relacionado com a mesma série de fatos. O pastiche só tem vida literária à medida que a obra objeto do pastiche a tenha. Que significação literária pode ter o milésimo pastiche de *Quando os campos dourados ondulam*, de Lérmontov, ou do *Profeta*, de Púchkin? No entanto, o folhetim em versos vale-se amiúde dele. Trata-se aqui do mesmo fenômeno: a função do pastiche tornou-se auxiliar, serve para unir fatos extraliterários à série literária.

Se os procedimentos do romance de aventuras são "batidos", a fábula assume na obra funções diferentes das que teria se tais procedimentos não estivessem desgastados no sistema literário. A fábula pode não ser senão uma motivação do estilo ou um procedimento para expor certo material.

Grosso modo, as descrições da natureza nos romances antigos, que estaríamos inclinados, do ponto de vista de certo sistema literário, a reduzir a um papel auxiliar, de solda ou de desaceleração da ação (e, portanto, quase rejeitá-las), deveriam, do ponto de vista de outro sistema literário, ser consideradas um elemento principal e dominante, porque pode acontecer que a fábula seja apenas motivação, pretexto para o acúmulo de "descrições estáticas".

5. Resolve-se da mesma maneira o problema mais difícil e menos estudado, o dos gêneros literários. Parece-nos o romance um gênero homogêneo, que se desenvolve de maneira exclusivamente autônoma durante séculos. Na realidade, ele não é um gênero constante, mas variável, e seu material linguístico, extraliterário, muda de um sistema literário para outro, assim

como a maneira de introduzir esse material. Até as características do gênero evoluem. No sistema das décadas de 1820 a 1840, os gêneros da "narrativa", da "novela", definiam-se por traços diferentes dos nossos, como fica evidente com suas denominações.[4] Estamos inclinados a chamar os gêneros segundo

---

4 Cf. o uso da palavra "narrativa" em 1825 em *"Moskovskij Telegraf"*, num artigo sobre *Eugênio Oneguin*: "Haverá um poeta ou mesmo um prosador que tenha adotado como objetivo de uma grande obra a narrativa, isto é, a *interpretação do poema*? Em *Tristram Shandy*, onde, evidentemente, tudo está incluído na narrativa, a narrativa não é um objetivo em si." (*"Mosk. Tel."*, 1825, n.15, supl. esp., p.5.) Ou seja, aqui a palavra narrativa se aproxima visivelmente de nosso termo "narrativa direta". Tal terminologia não é ocasional e subsistiu por muito tempo. Cf. a definição dos gêneros em Drujinin, em 1849: "O próprio autor (Zagoskin) chamou de 'narrativa' essa obra (*Os russos no início do século XVIII*); no índice, ela é designada como 'romance'; mas por enquanto é difícil defini-la com maior precisão, pois a obra ainda não está concluída [...]. A meu ver, não é nem uma narrativa, nem um romance. Não é uma narrativa porque *a exposição não vem do autor* ou de *outro personagem*, mas, ao contrário, é 'dramatizada' (ou melhor, 'dialogada'), de tal sorte que as cenas e as conversações se seguem sem cessar umas às outras; enfim, a narração nela ocupa o lugar mais ínfimo. Não é um 'romance', porque esta palavra implica uma criação poética, uma *representação artística dos personagens e das situações* [...]. Chamá-lo-ei 'romance', porque apresenta todas as suas pretensões." (Drujinin, *Cartas de um assinante de outra cidade*, t.6, p.41) Aqui se coloca outro problema interessante.
Em épocas diferentes, em literaturas nacionais diferentes, observa-se uma espécie de "narrativa" cujas primeiras linhas introduzem um narrador; em seguida, ele não desempenha nenhum papel no enredo, mas a narração é conduzida em seu nome (Maupassant, Turguêniev). É difícil explicar a função desse narrador no enredo. Se apagarmos as primeiras linhas que o apresentam, o enredo não mudará. (O "início-clichê" habitual dessas narrativas é: "N. N.

as *características secundárias*, grosso modo, segundo as dimensões. As denominações narrativas, novela, romance correspondem para nós a certo número de folhas de impressão. Isso não prova o caráter "automatizado" dos gêneros em nosso sistema literário; trata-se, antes, do fato de que definimos os gêneros segundo outras características, específicas de nosso sistema. As dimensões do objeto, a superfície escrita não são indiferentes. Não estamos em condições de definir o gênero de uma obra isolada do sistema, pois o que era chamado de "ode" na década de 1820 ou mesmo no tempo de Fet era chamado de "ode" no tempo de Lomonossov, mas em razão de outras características.

Concluamos, portanto: o estudo dos gêneros é impossível fora do sistema no qual e com o qual está em correlação. O romance histórico de Tolstói entra em correlação não com o romance histórico de Zagoskin, mas com a prosa que lhe é contemporânea.

6. Estritamente falando, jamais consideramos os fenômenos literários fora de suas correlações. Tomemos o exemplo do pro-

---

acendeu o cigarro e deu início à narrativa.") Acho que estamos diante aqui de um fenômeno ligado ao gênero, não ao enredo. A presença do "narrador" é uma etiqueta destinada a assinalar o gênero "narrativa" em certo sistema literário.

Essa indicação aponta para a estabilidade do gênero com o qual o autor coloca a sua obra em correlação. Eis por que o "narrador" não é aqui senão um rudimento do antigo gênero. É nesse momento que a "narrativa direta" pôde aparecer em Leskov. No começo, ela foi condicionada pela "orientação" para um gênero antigo, é utilizada como meio de "ressurreição", de renovação do antigo gênero, e só mais tarde superou a função determinada pelo gênero. Este problema exige, naturalmente, um estudo especial. (N. A.)

blema da prosa e da poesia. Subentendemos que a prosa métrica continua sendo prosa e que o verso livre sem metro continua sendo poesia, sem nos darmos conta de que para certos sistemas literários nos depararemos com dificuldades consideráveis. É que a prosa e a poesia estão correlacionadas. Existe uma função comum da prosa e dos versos (cf. a relação no desenvolvimento da prosa e dos versos, sua correlação estabelecida por B. Eichenbaum). Em certo sistema literário, é o elemento formal do metro que suporta a função do verso.

A prosa, porém, sofre modificações, evolui e, ao mesmo tempo que ela, o verso evolui. As modificações de um tipo posto em correlação com outro acarretam, ou melhor, estão vinculadas às modificações desse outro tipo. Aparece uma prosa métrica (a de Andrei Biéli). Ao mesmo tempo, a função do verso é transferida a outras características do verso, em sua maioria secundárias, derivadas, ou seja, ao ritmo que delimita unidades, a uma sintaxe particular, a um léxico particular. Subsiste a função da prosa em relação ao verso, mas mudam os elementos formais que a designam.

A evolução ulterior das formas pode ou aplicar a função dos versos à prosa durante séculos e transferi-la a certo número de outras características, ou transgredi-la, diminuir sua importância. Assim como a literatura contemporânea não dá nenhuma importância à correlação dos gêneros (segundo os traços secundários), assim também pode haver uma época em que será indiferente que a obra seja escrita em versos ou em prosa.

7. A relação evolutiva entre a função e o elemento formal representa um problema totalmente inexplorado. Dei um exemplo do caso em que a evolução da forma acarreta a evo-

lução da função. Podemos encontrar inúmeros exemplos em que uma forma com uma função indeterminada se apodera de outra função e a determina. Há, também, exemplos de outro tipo: a função busca a sua forma.

Dou um exemplo em que ambos os casos estão combinados.

Na década de 1820, a corrente literária dos arcaizantes torna a pôr na moda uma poesia épica cuja função é ao mesmo tempo elevada e popular. *A correlação da literatura com a série social acarreta um alongamento da obra.* Mas os elementos formais não estão presentes, a "pergunta" da série social não equivale à "pergunta" literária, e esta permanece sem resposta. Inicia-se uma busca de elementos formais. Em 1824, Katenin propõe a *oitava* como elemento formal da epopeia poética. O calor das discussões a respeito da oitava, aparentemente inocente, corresponde à trágica orfandade de uma função sem forma. A poesia épica dos arcaizantes não obteve nenhum êxito. Seis anos mais tarde, a mesma forma é utilizada por Chevirev e Púchkin com outra função: transformar, utilizando o jambo tetrapódico, toda a poesia épica e criar uma nova poesia épica "vulgar" (e não "elevada"), prosaica (*A casinha de Kolomna*).

O vínculo entre a função e a forma não é arbitrário. Não é por acaso que o léxico de certo tipo se combina primeiro, em Katenin, com certo metro e, vinte, trinta anos mais tarde, com o mesmo metro em Nekrasov, que provavelmente não tomou emprestada de Katenin nenhuma ideia.

A variabilidade da função deste ou daquele elemento formal, o aparecimento desta ou daquela função num elemento formal, sua associação com uma função, estes são problemas importantes da evolução literária, problemas que, por enquanto, não tentaremos resolver nem estudar.

Direi apenas que todo o problema da literatura enquanto série, enquanto sistema, depende dos estudos futuros sobre este assunto.

8. Temos uma imagem que não é totalmente correta da maneira como os fenômenos literários entram em correlação: cremos que a obra se introduz num sistema literário sincrônico e ali obtém uma função. É contraditória a noção mesma de um sistema literário sincrônico em perpétua evolução. O sistema da série literária é, antes de tudo, um sistema das funções da série literária, a qual está em perpétua correlação com as outras séries. A série muda de componentes, mas a diferenciação das atividades humanas permanece. A evolução literária, assim como a evolução das outras séries culturais, não coincide nem quanto ao ritmo nem quanto ao caráter (por causa da natureza específica do material por ela manipulado) com as séries que lhe são correlativas. A evolução da função construtiva intervém rapidamente, a da função literária acontece de uma época para outra, a das funções de toda a série literária em relação às outras séries exige séculos.

9. Dado que o sistema não é uma cooperação fundada na igualdade de todos os elementos, mas supõe a primazia de um grupo de elementos ("dominante") e a deformação dos outros, a obra entra na literatura e adquire a sua função literária graças a essa dominante. Consequentemente, devemos relacionar, segundo só algumas de suas propriedades, os versos à série poética, e não à série prosaica. O mesmo acontece com a correlação dos gêneros. Atualmente, é o tamanho da obra, a exposição de seu enredo que a vinculam ao gênero romanesco; antigamente, o decisivo era a presença nessa obra de uma intriga amorosa.

Nos deparamos aqui com outro fato interessante do ponto de vista da evolução. Coloca-se uma obra em correlação com tal série literária para medir a distância existente entre ela e essa mesma série literária à qual pertence. Por exemplo, determinar o gênero dos poemas de Púchkin era um problema extremamente agudo para os críticos da década de 1820; surgiu porque o gênero de Púchkin era uma combinação mista e nova, para a qual não se dispunha de "designação" já pronta. Quanto mais nítida é a distância desta ou daquela série literária, mais é ressaltado o sistema de que se afasta. Assim, o verso livre ressaltou o caráter poético das características *extramétricas* e o romance de Sterne acentua o caráter romanesco de características que *não dizem respeito* à fábula (Chklóvski). Analogia linguística: "É porque a base sofre variações que somos obrigados a lhe conceder o máximo de expressividade e retirá-la da rede de prefixos que, por sua vez, são invariáveis" (Vendryes).

10. Em que consiste a correlação da literatura com as séries vizinhas?

Quais são essas séries vizinhas?

Temos todos uma resposta pronta: a vida social.

Mas, para resolver a questão da correlação das séries literárias com a vida social, devemos colocar outra questão: *como* e *em que* a vida social entra em correlação com a literatura? A vida social tem muitos componentes multifacetados, e é só a função dessas facetas que, para ela, é específica. *A vida social entra em correlação com a literatura antes de tudo por seu aspecto verbal.* O mesmo vale para as séries literárias correlacionadas com a vida social. Tal correlação entre a série literária e a série social se estabelece mediante a atividade *linguística*; a literatura tem uma função *verbal* em relação à vida social.

Temos a palavra "orientação". Significa mais ou menos "intenção criadora do autor". Acontece, porém, de "as intenções serem boas, mas as realizações se revelarem más". Acrescentemos que a intenção do autor pode ser apenas um fermento. Ao manipular material especificamente literário, o autor a ele se submete e se distancia, portanto, de sua intenção. Assim, *A desgraça de ter inteligência demais* (Griboedov) deveria ter sido "elevada", "grandiosa" (segundo a terminologia do autor, que não é a nossa), mas acabou sendo uma comédia-panfleto político, de estilo "arcaizante". *Eugênio Oneguin* devia ser, originalmente, um "poema satírico", em que o autor "extravasaria a sua bile". Mas quando trabalhava no quarto capítulo, Púchkin já escreve: "E para onde foi a minha sátira? Não se vê nem a cor dela em *Eugênio Oneguin*."

A função construtiva, a correlação dos elementos no interior da obra, reduz "a intenção do autor" a não mais que um fermento. A "liberdade de criação" revela-se um *slogan* otimista, mas não corresponde à realidade e dá lugar à "necessidade de criação". A função literária, a correlação da obra com as séries literárias, completa o processo de submissão.

Apaguemos da palavra "orientação" toda cor teleológica, toda destinação e "intenção". Que obtemos? A orientação da obra (e da série) literária será a sua função *verbal*, a sua correlação com a vida social.

A ode de Lomonossov tem uma orientação (função verbal) *oratória*. A palavra é escolhida para ser *pronunciada*. As associações sociais mais frouxas sugerem-nos que tais palavras *tinham de ser pronunciadas num grande salão, num palácio*. No tempo de Karamzin, a ode é um gênero literário "surrado". Desapareceu a orientação, cuja significação encolheu; é utilizada por outras formas pertencentes à esfera da vida social. As odes de louvor e de qualquer outro tipo tornaram-se versos enfáticos pertencentes apenas à vida social. Não há gênero literário já pronto que possa substituí-las. E eis que fenômenos *linguísticos da vida social* se encarregam dessa função. A função e a orientação verbal buscam uma forma e a encontram na romança, no gracejo, na rima de improviso, na charada etc. Aqui, o momento da *gênese, da presença desta ou daquela forma linguística* que antes estavam ligadas apenas à vida social, ganha seu significado evolutivo. Na época de Karamzin, o salão mundano desempenha o papel de série social, próxima desses fenômenos linguísticos. Fato da vida social, o salão torna-se, então, fato literário. Atribuem-se, assim, formas sociais à função literária.

Do mesmo modo, sempre existe uma semântica familiar, íntima ou de grupo, que, porém, só ganha função literária durante certas épocas.

Produz-se o mesmo fenômeno quando se legitimam certos *resultados ocorridos ocasionalmente* na literatura: os esboços de versos de Púchkin e os rascunhos de seus planos fornecem a versão definitiva da sua *prosa*. Esse fenômeno só é possível se a série inteira evoluir e, portanto, a *sua orientação.*

Oferece-nos a literatura contemporânea também um exemplo de conflito de duas orientações: a poesia de *meetings*, representada pelos versos de Maiakóvski (ode), opõe-se à poesia "de câmara", representada pelas romanças de Iessienin (elegia).

11. *A expansão inversa da literatura na vida social* convida-nos a levar em conta também a função verbal. A personalidade literária, o personagem de uma obra representam, em certas épocas, a orientação verbal da literatura e, a partir daí, penetram na vida social. A personalidade literária de Byron, aquela

que o leitor deduz dos seus versos, está associada às de seus heróis líricos e assim penetra na vida social. A personalidade de Heine está muito distante do verdadeiro Heine. Em certas épocas, a biografia torna-se uma literatura oral apócrifa. Este é um fenômeno legítimo, condicionado pelo papel de certo sistema literário na vida social (orientação verbal): é o caso do mito criado ao redor de escritores como Púchkin, Tolstói, Blok, Maiakóvski, Iessienin, que podemos contrapor à ausência de personalidade mítica em Leskov, Turguêniev, Maikov, Fet, Gumilev etc., ausência que está ligada à falta de orientação verbal de seu sistema literário. A expansão da literatura na vida social exige, naturalmente, condições sociais particulares.

12. Essa é a *primeira função social* da literatura. Podemos estabelecê-la e estudá-la unicamente a partir do estudo das séries vizinhas, do exame das condições imediatas, e não a partir das séries causais distantes, ainda que importantes.

Mais uma observação: é à série literária ou ao sistema literário que relacionamos a noção de "orientação" da função verbal, e não à obra particular. Convém correlacionar a obra particular com a série literária, antes de falar de sua orientação. A lei dos grandes números não se aplica aos pequenos números. Se, para cada obra e cada autor particular, estabelecermos de imediato as séries causais vizinhas, estudaremos não a evolução do sistema literário, mas a sua modificação, não as mudanças literárias correlacionadas com as de outras séries, mas a deformação produzida na literatura pelas séries vizinhas. Tal problema pode também ser objeto de estudo, mas de outro ponto de vista.

O estudo direto da psicologia do autor e o estabelecimento de uma relação de causalidade entre seu ambiente, sua vida, sua classe social e suas obras são uma operação particularmente duvidosa. A poesia erótica de Batiuchkov é o fruto de seu trabalho sobre a língua poética (cf. seu discurso "Da influência da poesia ligeira sobre a língua"), e Viazemski se recusou, com razão, a procurar a gênese dessa poesia na psicologia do autor. O poeta Polonski, que jamais foi um teórico e, no entanto, sendo poeta, conhecia bem o seu ofício, escreve sobre Benediktov: "É muito provável que a natureza austera, as florestas, as pastagens [...] tenham influenciado a alma sensível de criança do futuro poeta, mas como? Eis aí uma pergunta difícil, e ninguém poderá resolvê-la de maneira satisfatória. A natureza, a mesma para todos, não desempenha aqui um papel principal." Observam-se nos artista reviravoltas que não podem ser explicadas pelas características de sua personalidade: as reviravoltas em Derzhavin, em Nekrasov; na juventude deles, escrevem, paralelamente à poesia "elevada", uma poesia "vulgar" e satírica, mas, em condições particulares, esses dois tipos de poesia vão confundir-se e dar origem a fenômenos novos. Fica claro que se trata, aqui, de condições objetivas, e não individuais e psíquicas: as funções da série literária evoluíram em relação às séries sociais vizinhas.

13. Eis por que é preciso reconsiderar um dos problemas complexos da evolução literária, o problema da "influência". Existem profundas influências pessoais, psicológicas ou sociais que não deixam nenhum rastro no plano literário (Tchaadaev e Púchkin). Existem influências que modificam as obras literárias, sem ter significação evolutiva (Mikhailovski e Gleb Uspénski). Mas o caso mais marcante é aquele em que indícios exteriores parecem demonstrar uma influência que, na realidade, nunca aconteceu. Dei o exemplo de Katenin e de

Nekrasov. Tais exemplos podem ser multiplicados. As tribos sul-americanas criaram o mito de Prometeu sem serem influenciadas pela Antiguidade. São fatos de *convergência*, de coincidência. Esses fatos são de tal importância que ultrapassam a explicação psicológica da influência. A questão cronológica de quem disse primeiro não é essencial. O momento e a direção da "influência" depende inteiramente da existência de certas condições literárias. No caso de coincidências funcionais, o artista influenciado pode encontrar na obra "imitada" elementos formais que servem para desenvolver e para estabilizar a função. Se essa "influência" não existir, uma função análoga pode, porém, levar-nos a elementos formais análogos, sem sua ajuda.

14. Chegou a hora de colocar aqui a questão do termo principal de que se serve a história literária, a saber, o termo "tradição". Se admitirmos que a evolução é uma mudança na relação entre os termos do sistema, ou seja, uma mudança de funções e de elementos formais, a evolução revela-se uma "substituição" de sistemas. Tais substituições mantêm, segundo as épocas, um ritmo lento ou brusco e supõem não uma renovação e uma troca súbita e total dos elementos formais, mas a criação de uma *nova função desses elementos formais.* É por isso que o confronto de tal fenômeno literário com tal outro deve ser feito não só segundo as formas, mas também segundo as funções. Fenômenos que parecem completamente diferentes e pertencem a sistemas funcionais diferentes podem ser análogos quanto à função e vice-versa. Torna-se mais obscuro o problema porque cada corrente literária procura, durante certo tempo, pontos de apoio nos sistemas anteriores; é o que poderíamos chamar "tradicionalismo".

Assim, em Púchkin, as funções da sua prosa estão, talvez, mais próximas da prosa de Tolstói do que as funções dos seus versos o estão das de seus epígonos da década de 1830 e de Maikov.

15. Em suma: o estudo da evolução literária só é possível se a considerarmos como série, como um sistema correlacionado com outras séries ou sistemas e por eles condicionada. O exame deve ir da função construtiva à função literária, da função literária à função verbal. Deve esclarecer a interação evolutiva das funções e das formas. O estudo evolutivo deve ir da série literária às séries correlativas vizinhas, e não às séries mais distantes, mesmo se forem principais. O estudo da *evolução* literária não rejeita a significação dominante dos principais fatores sociais; ao contrário, é só nesse âmbito que a significação pode ser esclarecida em sua totalidade; o estabelecimento direto de uma influência dos principais fatores sociais substitui pelo estudo da *modificação* das obras literárias e de sua deformação o estudo da *evolução* literária.

1927

Iuri Tynianov e Roman Jakobson

Problemas dos estudos literários e linguísticos

I. Os problemas atuais da ciência literária e linguística na Rússia exigem ser colocados sobre uma base teórica clara; exigem que nos separemos decididamente das montagens mecânicas cada vez mais frequentes, que somam a metodologia nova aos velhos métodos superados, que introduzem, como quem não quer nada, o psicologismo ingênuo e outras velharias sob a embalagem de uma terminologia nova.

É preciso separar-se do ecletismo acadêmico (Jirmunski et al.), do "formalismo" escolástico, que substitui a análise pela introdução de uma nova terminologia e pela classificação dos fenômenos; é preciso evitar uma nova transformação da ciência sistemática da literatura e da linguagem em gêneros episódicos e anedóticos.

2. A história da literatura (ou da arte) está intimamente ligada às outras séries históricas; cada uma dessas séries comporta um feixe complexo de leis estruturais que lhe são próprias. É impossível estabelecer entre a série literária e as

outras séries uma correlação rigorosa sem ter previamente esclarecido essas leis.

3. Não se pode compreender a evolução literária enquanto o problema evolutivo permanecer mascarado por problemas da gênese que intervêm episodicamente e fora do sistema, seja tal gênese literária (as "influências") ou extraliterária. Podem-se introduzir na esfera da investigação científica os materiais usados na literatura, sejam eles científicos ou extraliterários, com a condição de considerá-los de um ponto de vista funcional.

4. Até recentemente, tanto para a linguística como para a história literária, a oposição frontal entre aspecto sincrônico (estático) e aspecto diacrônico era uma hipótese de trabalho fértil, pois mostrou o caráter sistemático da língua (ou da literatura) em cada período particular de sua vida. Hoje, o bom êxito da concepção sincrônica obriga-nos a reexaminar também os princípios da diacronia. A ciência diacrônica abandona, por sua vez, a noção de aglomeração mecânica dos fenômenos, que a ciência sincrônica substituiu pela noção de sistema, de estrutura. A história do sistema é, por sua vez, um sistema. O sincronismo puro revela-se agora uma ilusão: cada sistema sincrônico contém seu passado e seu futuro, que são os seus elementos estruturais inerentes a) o arcaísmo como fato de estilo; o pano de fundo linguístico e literário que sentimos como um estilo superado, ultrapassado; b) as tendências inovadoras na língua e na literatura, percebidas como uma inovação do sistema).

A oposição da sincronia à diacronia opunha a noção de sistema à de evolução; ela perde importância de princípio, pois reconhecemos que cada sistema aparece obrigatoriamente como uma evolução e, por outro lado, a evolução tem inevitavelmente um caráter sistemático.

5. A noção de sistema sincrônico literário não coincide com a noção ingênua de época, pois esta última é constituída não só por obras de arte próximas no tempo, mas também por obras atraídas à órbita do sistema, vindas de literaturas estrangeiras ou de épocas anteriores. Não basta catalogar indiferentemente os fenômenos coexistentes; o que importa é sua significação hierárquica para uma dada época.

6. O estabelecimento de duas noções diferentes – *parole* e *langue* –[1] e a análise da relação entre eles (escola de Genebra) foram extremamente férteis para a linguística. Aplicar estas duas categorias (a norma existente e os enunciados individuais) à literatura e estudar a relação entre eles é um problema que devemos examinar a fundo. Também aqui não podemos considerar o enunciado individual, sem relacioná-lo com o complexo de normas existente (o pesquisador que isola essas duas noções deforma inevitavelmente o sistema de valores estéticos e perde a possibilidade de estabelecer as suas leis imanentes).

7. A análise das leis estruturais da língua e da literatura, bem como de sua evolução, leva-nos infalivelmente a estabelecer uma série limitada de tipos estruturais que existem realmente (ou, na diacronia, de tipos de evolução das estruturas).

8. A revelação das leis imanentes à história da literatura (ou da língua) permite caracterizar cada substituição efetiva de sistemas literários (ou linguísticos), mas não explica o ritmo da evolução nem a direção que esta escolhe quando estamos

---

1 Em francês no texto. (N. T.) Os dois conceitos fundamentais de Saussure são traduzidos normalmente em português por *fala* e *língua*. (N. T. B.)

diante de várias vias evolutivas teoricamente possíveis. As leis imanentes à evolução literária (ou linguística) só nos dão uma equação indeterminada, que admite várias soluções, em número limitado, sem dúvida, mas não obrigatoriamente de solução única. Não podemos resolver o problema concreto de escolha de uma direção ou mesmo de uma dominante sem analisarmos a correlação da série literária com as outras séries históricas. Tal correlação (o sistema dos sistemas) tem suas próprias leis estruturais, que devemos estudar. Considerar a correlação dos sistemas sem levar em conta as leis imanentes a cada sistema é um procedimento nefasto do ponto de vista metodológico.

2

Ossip Brik

Ritmo e sintaxe

Do ritmo

Usamos com tanta frequência a palavra "ritmo" em sentido metafórico, figurado, que, para podermos utilizá-la como termo científico, é preciso despojá-la dos significados artísticos que se lhe sobrepuseram.

Chamamos geralmente de ritmo toda alternância regular e somos completamente indiferentes à natureza do que se alterna. O ritmo musical é a alternância dos sons no tempo. O ritmo poético, a alternância das sílabas no tempo. O ritmo coreográfico, a alternância dos movimentos no tempo.

Apoderamo-nos até de áreas vizinhas: falamos da alternância rítmica dos botões do colete, da alternância rítmica do dia e da noite, do inverno e do verão. Em suma, falamos do ritmo sempre que podemos encontrar uma repetição periódica dos elementos no tempo ou no espaço.

Esse uso figurado, artístico, não seria perigoso caso se limitasse ao campo da arte. Mas muitas vezes se tenta construir sobre essa imagem poética a teoria científica do ritmo. Tenta-se, por exemplo, provar que o ritmo das obras artísticas (verso, música, dança) não é senão uma consequência do ritmo natural: o ritmo das palpitações do coração, o ritmo do movimento das pernas durante a caminhada. Estamos diante, aqui, da transferência evidente de uma metáfora para a terminologia científica.

O ritmo como termo científico significa uma apresentação particular dos processos motores. É uma apresentação convencional que nada tem a ver com a alternância natural nos movimentos astronômicos, biológicos, mecânicos etc. O ritmo é um movimento apresentado de maneira particular.

Cumpre distinguir rigorosamente o movimento e o resultado do movimento. Se alguém salta pelo terreno esponjoso de um pântano e deixa pegadas, a sucessão dessas pegadas, por mais regular que seja, não é um ritmo. Os saltos, por sua vez, acontecem segundo um ritmo, mas os rastros que deixam no solo são apenas dados que servem para julgá-los. Cientificamente falando, não podemos dizer que a disposição das pegadas constitua um ritmo.

Também o poema impresso num livro oferece apenas os rastros do movimento. Só o discurso poético, e não seu resultado gráfico, que pode ser apresentado como um ritmo.

Tal diferenciação da noção tem uma importância não só acadêmica, mas também, e sobretudo, prática. Até hoje, todas as tentativas de descobrir as leis do ritmo não tratam do movimento apresentado sob forma rítmica, mas das combinações de rastros deixados por esse movimento.

Os especialistas em ritmo mergulhavam no verso, dividindo-o em sílabas, em medidas, e tentavam descobrir as leis do ritmo nessa análise. Na realidade, todas essas medidas e sílabas existem não em si mesmas, mas como resultado de certo movimento rítmico. Elas só podem dar indicações acerca desse movimento rítmico de que resultam.

O movimento rítmico é anterior ao verso. Não podemos compreender o ritmo a partir da linha dos versos; ao contrário, compreenderemos o verso a partir do movimento rítmico.

Há em Púchkin um verso: *Ljogkim zefirom letit* [Voa como o zéfiro ligeiro]. Pode-se ler esse verso de duas maneiras diferentes: *Ljógkim zéfirom letít* ou *Ljógkim zefírom letít*. Podemos combinar e analisar interminavelmente as sílabas, as medidas, os sons desse verso e jamais saberemos como ele deve ser lido; mas se tivermos lidos todos os versos precedentes, chegados a este, não deixaremos de lê-lo como *Ljogkim zéfirom letit*, porque o impulso do poema é trocaico, não dactílico.

Lemos o verso corretamente porque conhecíamos o impulso rítmico de que ele resulta. Incluído num contexto dactílico, o verso teria exigido a leitura *Ljogkim zefírom letit.*

Antes de termos lido esse verso, ele não tinha acento nem sobre *e* nem sobre *i*. Depois da leitura, o acento calhou de estar sobre o *e*, mas poderia ter estado sobre o *i*.

Esta é a razão pela qual seria, em geral, mais correto falar não de sílabas fortes ou fracas, mas de sílabas acentuadas ou não acentuadas. Teoricamente, cada sílaba pode ser ou não acentuada, tudo depende do impulso rítmico. É por isso que distinguir as fortes, as semifortes, as levemente fortes, as fracas etc. e tentar penetrar assim a diversidade do movimento rítmico só podia ser um empreendimento estéril. Tudo depende do ritmo do discurso poético, de que a distribuição em linhas de sílabas é a consequência.

Os eruditos tentam fixar a intensidade de cada sílaba e devem admitir que diferentes pronúncias do verso levam a resultados diferentes. Esse mal-entendido permanente tem como causa única a confusão que se faz entre o impulso rítmico e o verso acabado.

Se colocarmos de saída o primado do movimento rítmico, o fato de obtermos em diferentes leituras diferentes resultados nada terá de espantoso; não nos surpreenderemos por obter, em leituras diferentes de um mesmo poema, uma alternância diferente das unidades rítmicas.

A coreografia torna especialmente clara essa relação entre o impulso rítmico e seu resultado concreto, embora também ali se tente explicar o ritmo pela alternância e pela combinação de certos movimentos. Mas se trata de uma tentativa vã.

É evidente que, na dança, tudo se baseia num impulso inicial que se realiza em movimentos cinéticos variados.

Ninguém há de dizer que o homem que esteja valsando combine certas figuras de repetição periódica. É claro que, neste caso, se realiza certa fórmula anterior a cada uma de suas encarnações. É por isso que a valsa não tem fim, podemos encerrá-la a qualquer momento, ela não visa a uma soma definida de elementos coreográficos. A soma desses elementos é desconhecida no começo da dança, e esta é a razão pela qual não podemos falar de sua distribuição regular no espaço e no tempo.

A dança apresentada no palco tenta substituir o impulso rítmico por uma combinação de movimentos coreográficos. A diferença entre as chamadas danças populares com que nos deparamos na vida e suas representações sobre o palco deve-

-se inteiramente ao fato de que as primeiras são dançadas segundo um impulso rítmico puro, ao passo que as segundas são construídas com base na combinação dos movimentos coreográficos. As primeiras têm começo, mas não um fim preestabelecido. As segundas são determinadas do começo ao fim.

A semântica rítmica

Alguns supõem que a leitura correta dos versos consista em lê-los como a prosa, valendo-se das entonações habituais da linguagem familiar. Essas pessoas julgam que o sistema rítmico em que se baseia o verso seja um elemento de segunda ordem que só serve para elevar o tônus emocional da língua poética, enquanto o sistema das curvas de intensidade da língua do dia a dia é fundamental na estrutura do verso.

Surge uma atitude parecida ante a poesia nos momentos em que se concede importância primordial às exigências rítmicas e se corre o risco de ver o verso transformar-se num discurso transracional. Tal atitude, que isola a série rítmica da série semântica, provoca em seguida uma reação que consiste em reforçar as entonações da língua falada.

É por isso que todas as épocas conhecem duas atitudes possíveis ante a poesia: algumas dão ênfase ao aspecto rítmico, outras ao aspecto semântico. Quando a cultura poética sofre reviravoltas, tal conflito se torna particularmente agudo.

De tempos em tempos, um dos dois elementos leva a melhor. A evolução do verso segue a linha de oposição ao tipo dominante.

Assim, a escola de Púchkin sustentava o combate do princípio semântico contra a tendência do *nonsense* rítmico representado por Derzhavin. O verso de Nekrasov entra em conflito com os últimos versos de Púchkin, em que o sentido está subordinado ao ritmo. O verso dos simbolistas é uma reação contra o verso "social" sobrecarregado de semântica, próprio aos epígonos de Nekrasov.

O verso futurista afirmava a razão de ser da poesia transracional com Khlébnikov e Kruchenykh e, ao mesmo tempo, dava toda a sua importância à semântica no verso de Maiakóvski.

Normalmente se dá a primazia à semântica quando, na vida social, aparece uma nova temática e quando as velhas formas do verso não conseguem assumir esses novos temas.

É preferível que, em seu início, o estudo das relações entre as séries rítmica e semântica se aplique a épocas em que tal isolamento ainda não seja sentido e a cultura poética satisfaça às exigências da suposta unidade da forma e do fundo.

Neste sentido, é o tempo de Púchkin e, sobretudo, da sua própria poesia, que representa a época clássica por excelência da história do verso russo.

É curioso que, no início de sua atividade literária, Púchkin tenha sido considerado um violador de tradições estéticas, um poeta que degradava o estilo elevado da língua poética, propondo-lhe matéria semântica vulgar, ao passo que, no fim da vida, ele aparecia como o representante da estética pura, de onde toda semântica desaparecera; foi só no momento do pleno florescimento de sua carreira que ele foi considerado um mestre que sabia unir em seus versos tanto as exigências da estética poética como as da construção semântica.

É esse período de pleno florescimento literário que convém perfeitamente escolher para a análise da semântica rítmica no verso russo. Isso explica a atração involuntária que todos os pesquisadores que empreendem o estudo do verso russo sentem por Púchkin.

O laço indissolúvel entre o ritmo e a semântica é o que costumamos chamar de harmonia clássica de Púchkin.

O verso como unidade rítmica e sintática

A sintaxe é o sistema de combinação de palavras no discurso ordinário. Na medida em que a língua poética não desobedece às leis principais da sintaxe prosaica, as leis de combinação de palavras são também leis do ritmo. Essas leis rítmicas complicam a natureza sintática do verso.

Estruturas sintáticas aparentemente semelhantes podem ser de todo diferentes do ponto de vista semântico, conforme se encontrem num discurso poético ou prosaico. O verso *Ty xochesh znat' chto delal ja na vole* [Queres saber o que eu fazia quando estava em liberdade] será lido de modo totalmente diferente na língua prosaica e na língua poética. No discurso prosaico, toda a força da ascensão entonacional repousa sobre a palavra *na vole* [em liberdade]; no discurso poético, ela será dividida regularmente entre as palavras *znat'* [saber], *delal ja* [eu fazia] e *na vole* [em liberdade].

No exemplo citado, a ordem das palavras na língua prosaica exige certa entonação que, justamente, a estrutura rítmica da língua poética não admite. É por isso que uma leitura "prosaica" dos versos destruiria sua estrutura rítmica.

Ao lermos versos, percebemos as formas habituais da sintaxe prosaica e, sem levar em conta sua natureza rítmica, tentamos pronunciá-los como prosa; a leitura que daí resulta ganha um sentido prosaico e perde o sentido poético.

O verso obedece não só às leis da sintaxe, mas também às da sintaxe rítmica, isto é, a sintaxe que enriquece as suas leis com exigências rítmicas.

Na poesia, é o verso o grupo primordial de palavras. No verso, as palavras se combinam segundo as leis da sintaxe prosaica.

Este fato de coexistência de duas leis que agem sobre as mesmas palavras é a particularidade distintiva da língua poética. Apresenta-nos o verso os resultados de uma combinação de palavras, ao mesmo tempo rítmica e sintática.

Distingue-se uma combinação rítmica e sintática de palavras daquela que não é senão sintática por estarem as palavras incluídas em certa unidade rítmica (o verso); distingue-se da combinação puramente rítmica por se combinarem as palavras segundo qualidades tanto semânticas como fônicas.

Sendo o verso a unidade rítmica e sintática primordial, por ele é que deve começar o estudo da configuração rítmica e semântica.

O clichê rítmico e sintático

Uma imagem ingênua apresenta assim a criação poética: o poeta escreve primeiro seu pensamento em prosa e, em seguida, muda as palavras para obter um metro. Se certas palavras não obedecerem às exigências do metro, ele as desloca até que respondam ao que ele espera delas, ou então as substitui por outras palavras que melhor convenham. Eis por que a consciência ingênua percebe cada palavra ou expressão inesperada como liberdade poética, como um desvio das regras da língua falada, em nome do verso. Alguns amadores do verso perdoam ao poeta essa liberdade, consideram que ele tem direito a isso. Outros julgam severamente essa alteração e colocam em dúvida o direito que o poeta tem de esfolar a língua em nome de um ímpeto poético qualquer. Os críticos adoram dizer que a perfeição na arte poética consiste em encaixar as palavras no metro sem alterar a estrutura habitual da língua.

Baseando-se nos resultados e nas observações modernas, certas pessoas dão uma atenção maior à criação poética e formam uma imagem inversa dela. No poeta, aparece primeiro a imagem indefinida de um complexo lírico dotado de estrutura fônica e rítmica e só depois essa estrutura transracional se articula em palavras significantes. Andrei Biéli, Blok, os futuristas falaram e escreveram a este respeito.

Segundo eles, obtemos por fim uma significação; ela, porém, não coincide obrigatoriamente com a significação habitual da língua falada. Não se trata do direito do poeta de alterar a língua, mas do fato de o poeta dignar-se a dar aos leitores um simulacro de significação; ele poderia deixar isso completamente de lado, mas, assentindo às exigências semânticas do leitor, envolve as suas inspirações rítmicas em palavras que as tornam acessíveis a todos.

A consciência ingênua concede o primeiro lugar à estrutura habitual da língua falada e considera o metro poético um apêndice decorativo da estrutura habitual do discurso. Escrevia Belinskii que, para saber se os versos são bons ou maus, basta dar a eles uma versão prosaica e seu valor de imediato transparece. Para Belinskii, a forma poética era só uma embalagem exterior do complexo linguístico habitual, e era natural que ele se interessasse sobretudo pela significação do complexo, e não por sua embalagem.

Partem os poetas e os investigadores modernos da imagem inversa. Para eles, o fundo da língua poética é o que os ingênuos consideram um apêndice exterior. Inversamente, o valor semântico do complexo rítmico é, senão um apêndice exterior, pelo menos uma concessão inevitável à mentalidade não poética. Se todos tivessem aprendido a pensar por meio de imagens transracionais, a língua poética não precisaria de nenhum tratamento semântico.

A primeira imagem tira todo o sentido à língua poética, transforma a criação poética num exercício inútil, em truques de habilidade linguística. Era assim que Tolstói caracterizava a poesia: para ele, os poetas são pessoas que sabem encontrar uma rima para cada palavra e arrumar as palavras de diferentes maneiras. Diz Saltykov-Chtchedrin a este respeito: "Não entendo porque se deve caminhar sobre um fio e depois se agachar a cada três passos." Tal atitude para com a poesia conduz naturalmente à rejeição desses truques decorativos de habilidade e a escrever unicamente segundo a língua falada ordinária.

Os defensores da língua poética transracional separam esta última da língua falada e a transportam para o terreno dos sons convencionais e das imagens rítmicas. Se a estrutura semântica do verso não tem importância, se o significado das palavras não desempenha papel nenhum, não é necessário manejar palavras: bastam os sons. Indo mais longe, já não sentiremos sequer a necessidade de sons e poderemos limitar-nos a signos quaisquer que evoquem imagens rítmicas correspondentes. O poeta Chicherin já chegou lá: declarou recentemente que o pior mal de que sofria a poesia era a palavra e que o poeta devia escrever não com palavras, mas com certos signos poéticos convencionais.

A primeira e a segunda imagens sofrem do mesmo defeito: ambas consideram o complexo rítmico e sintático como composto de dois elementos de que um está subordinado ao outro. Na realidade, esses dois elementos não existem separadamente, mas aparecem ao mesmo tempo, criando uma estrutura rítmica e semântica específica, diferente tanto da língua falada como da sucessão transracional de sons.

O verso não é senão o resultado do conflito entre o *nonsense* e a semântica cotidiana, é uma semântica especial, que existe de maneira independente e se desenvolve segundo suas próprias leis. Podemos transformar cada verso num verso transracional se substituirmos as palavras por sons que exprimam a estrutura rítmica e fônica dessas palavras. Tendo, porém, privado o verso de sua semântica, saímos do âmbito da língua poética, e as ulteriores variações desses versos serão determinadas não por seus constituintes linguísticos, mas pela natureza musical dos sons que constituem a sonoridade do verso. Em particular, o sistema dos acentos e o sistema das entonações serão independentes dos acentos e das entonações da língua falada, imitarão os acentos e as entonações da frase musical.

Ou seja, privando o verso de seu valor semântico, isolamo-lo do elemento linguístico e o transferimos para o elemento musical e, com isso, o verso deixa de ser um fato linguístico.

Inversamente, podemos, transpondo as palavras, privar o verso de suas características poéticas e transformá-lo numa frase da língua falada. Basta para isso substituir certas palavras por sinônimos, introduzir entonações próprias da língua falada e normalizar a estrutura sintática. Mas depois dessa operação o verso deixa de ser uma estrutura linguística específica, fundada em certos traços da palavra que ocupam o segundo plano na linguagem ordinária.

Mais precisamente, esses traços secundários (o som e o ritmo) têm um significado diferente na língua falada e na língua poética e, introduzindo as entonações faladas na língua poética, remetemos o verso ao terreno da língua falada. O complexo linguístico edificado segundo certa lei é destruído e seu material retorna à reserva comum.

Se os campeões da língua transracional separam o verso da língua, os do "verso decorativo" não o isolam da massa verbal comum.

A postura correta é ver o verso como um complexo necessariamente linguístico, mas baseado em leis especiais que não coincidem com as da língua falada. Eis por que abordar o verso a partir da imagem geral do ritmo, sem se dar conta de que se trata não de um material indiferente, mas dos elementos da palavra humana, é uma operação tão errônea quanto crer que se trata da língua falada enfeitada com uma decoração exterior.

É preciso compreender a língua poética no que a une à língua falada e no que dela a distingue; é preciso compreender a sua natureza propriamente linguística.

1920-1927

Boris Tomachevski

Do verso[1]

I

A poética coloca o problema da matéria de duas maneiras diferentes. Por um lado, podemos tratá-lo como o problema do volume da matéria que nos propomos estudar, vale dizer, o problema da escolha das obras artísticas sobre as quais se baseia o estudo. Este aspecto do problema não nos interessa no momento.

O outro aspecto consiste em especificar os limites dos fenômenos cujo estudo buscamos.

Se designarmos com a palavra "ritmo" todo sistema fônico organizado para fins poéticos, sistema acessível à percepção do público em questão, é claro que toda produção da palavra humana será matéria para a rítmica, na medida em que parti-

1 Os trechos reunidos sob este título pertenceram originalmente a textos diferentes. (N. T.)

cipa de um efeito estético e se organiza de maneira particular em versos. Para tornar um pouco mais precisos estes traços, examinaremos duas noções: o "verso" e o "metro".

Estas noções de "verso" e de "metro" estão intimamente ligadas na história da literatura. No âmbito de certa escola poética, o metro representa a norma à qual obedece a língua poética. O metro é o traço distintivo dos versos em relação à prosa.

Mas são instáveis as normas métricas. De Meleti Smotritski a Trediakóvski, de Lomonossov a Andrei Biéli, de Blok a Maiakóvski, observamos em toda parte deformações das normas métricas. Abandonam-se certos esquemas métricos, outros são canonizados. E, no entanto, a poesia é tradicional. E, no entanto, as tradições literárias reúnem os diferentes fenômenos verbais numa única imagem, a da língua poética. Os versos dos malaios e dos antigos gregos, os versos dos japoneses e dos povos latinos baseiam-se em princípios métricos diferentes. Contudo, une-os a imagem do verso, e os tradutores de poesia, embora substituindo a norma métrica própria da língua original pela língua da tradução, procuram mesmo assim reproduzir o verso por um verso. Existe, portanto, um problema geral da forma poética, além do problema histórico transitório do verso, problema próprio a uma língua e a uma época.

A prática europeia contemporânea conserva o hábito de imprimir os versos em linhas arbitrárias iguais, e até mesmo de realçá-los com maiúsculas; inversamente, a prosa é publicada em linhas ininterruptas. Apesar do isolamento da grafia e da fala viva, este fato é significativo, pois, na fala, certas associações estão ligadas à escrita. Tal fragmentação da língua poética em versos, em períodos de potência fônica comparável e, no limite, igual é, evidentemente, o traço específico da língua poética.

Esses versos, ou, para introduzir um novo termo, esses períodos discursivos equipotenciais, dão-nos por sua sucessão a impressão de uma repetição organizada de séries semelhantes pela sonoridade, a impressão de um caráter "rítmico" ou "poético" do discurso. Percebemos séries isoláveis (versos) e é comparando-as que tomamos consciência da essência do fenômeno rítmico.

O papel das normas métricas é facilitar a comparação, revelar as características pelo exame das quais podemos avaliar o caráter equipotencial dos períodos do discurso; o objetivo de tais normas é revelar a organização convencional que rege o sistema dos fatos fônicos. Esse sistema é indispensável ao vínculo entre o poeta e seu público, ajuda a compreender o projeto rítmico colocado pelo autor em seu poema.

Tal norma métrica pode mostrar maior ou menor nitidez, isto é, servir de sinal mais ou menos explícito do fenômeno "verso". Por outro lado, ela pode corresponder em maior ou menor medida às possibilidades naturais da língua, paralisar ou favorecer em maior ou menor medida a sua expressividade. As leis do equilíbrio estético, a força da tradição e da educação poética do público literário, determinam a predominância deste ou daquele sistema métrico num dado momento. Os fatores indicados sustentam-se, em parte, um ao outro e, por outro lado, se contradizem, e o desenvolvimento do sistema métrico segue sua resultante.

O sistema métrico concreto que domina a composição do verso clássico russo reduz-se à contagem dos acentos canonizados (métricos) esperados. Como todo método de contagem, ele se revela nitidamente, não ao longo de uma leitura normal dos versos, da declamação, mas durante uma leitura especial, que ressalta a lei de distribuição dos acentos, ou seja, ao longo da escansão. O metro, esse sistema canonizado que nos ajuda a dar conta da capacidade fônica própria das unidades do verso, obriga-nos, por suas funções, a ressaltar o esquema métrico, a escandir. Tal leitura artificial, porém, não é um ato arbitrário, pois apenas revela a lei de construção utilizada nesses versos. A escansão é obrigatória. Só a primeira etapa da percepção poética exige essa leitura em voz alta. Para o leitor com um ouvido poético desenvolvido, tal leitura se torna um ato automático, subconsciente e involuntário, como a prática da escrita para o alfabetizado. Essa escansão silenciosa torna-se imperceptível, graças a seu caráter habitual. Ela, no entanto, acompanha inevitavelmente a nossa percepção dos versos, só ela nos permite reconhecê-los e dá sua cor à percepção da língua poética. Ela nos obriga a pronunciar os diferentes versos de certa maneira, que chamamos de declamação e que se opõe à pronunciação da prosa.

O metro sempre acompanha a leitura e a percepção dos versos, quer como escansão silenciosa, quer como representações motrizes. A pronúncia do metro exige que escandamos em voz alta e exige um isocronismo forçado na pronunciação das sílabas, uma distribuição periódica dos acentos no interior dos limites da unidade métrica (o verso), exige uma divisão vocálica profunda do discurso pronunciado em unidades elementares, em períodos fônicos equipotenciais.

O domínio do ritmo não é o da contagem. Está ligado não à escansão artificial, mas à pronunciação real. Não podemos ressaltar o ritmo porque, ao contrário do metro, ele não é ativo, mas passivo, não gera o verso, mas é gerado por ele. Podemos imaginar um metro abstrato, pois ele está inteiramente presente em nossa consciência e recebe dessa presença o caráter obrigatório de suas normas convencionais, graças às quais ele liga o poeta à percepção do ouvinte ou do leitor. Mas o ritmo é sempre concreto, funda-se unicamente nos elementos da pronunciação que podemos ouvir ou levar realmente em consideração, elementos que se encontram tanto num discurso rítmico quanto num discurso não rítmico. Só podemos reconhecer e reproduzir um metro, ao passo que o ouvinte pode ouvir o ritmo, mesmo se ignorar as normas subjacentes do verso, mesmo se não perceber seu metro. Eis por que nos deparamos amiúde com pessoas sensíveis ao ritmo e à "música" do verso, mas que se perdem completamente no terreno do metro, pessoas que não distinguem o iambo do troqueu e em sua leitura deformam desesperadamente a natureza métrica do verso.

Mas fica evidente que, se o ritmo é composto de elementos realmente escutados, a classificação dos fenômenos rítmicos deve basear-se na análise fonética do discurso. Todos os elementos pronunciados podem ser fatores do ritmo. A única condição obrigatória é que a forma poética deva organizar seus elementos em séries regulares, que repitam de um modo qualquer o movimento do discurso dividido em verso ou nos deixem a impressão dessa divisão.

II

Na segunda metade do século XVIII, sob a influência do estudo dos poetas latinos, começa a ser considerada a qualidade dos sons no verso como matéria de um novo problema. Os versos de inúmeros poetas demonstram essa preocupação, que levou alguns deles a criações aberrantes, como o verso lipogramático. O problema ganhou especial acuidade em nossa época: todo estudo de um poeta propõe uma estimativa não raro incoerente de sua "instrumentação", de sua "harmonia", de sua "inércia fônica" etc. Talvez o exame simplista desse problema peque por um exagero de sua importância. Mas se o círculo dos poetas contemporâneos concede uma atenção prolongada a esse problema é porque ele existe realmente na consciência poética.

Mas até agora não dispomos de nenhuma classificação integral dos fatos eufônicos na língua poética; a atenção dos investigadores volta-se principalmente para a qualidade dos sons que criam o fato eufônico, e não para a função deles no verso.

É por isso que distinguimos em maior ou menor medida a imagem do vocalismo eufônico daquela do consonantismo eufônico. Por outro lado, embora menos nitidamente, diferencia-se a noção que concede objetivos expressivos à eufonia. Concentra-se toda a atenção nos fenômenos da analogia fônica, na repetição de grupos de sons semelhantes, e se perguntam se tal repetição se deve à onomatopeia ou a outras relações fônicas associativas.[2]

É antes de tudo a análise da natureza acústica dos sons que, em geral, chama a atenção, e isso acarreta a interpretação demasiado literal da palavra eufonia. Se me for permitido propor uma hipótese a este respeito, diria que todos os sons da fala humana possuem o mesmo grau de qualidades musicais. Não é a partir das qualidades acústicas, mas das qualidades articulatórias da pronunciação, que julgamos certas sonoridades harmoniosas ou não. A percepção é acompanhada de um discurso interior, e as imagens evocadas em nossa consciência obedecem às reali-

---

2 Pode-se dizer que o estudo contemporâneo da eufonia é "amorfo", na medida em que, independentemente da posição do som no verso, ele só leva em conta a sua qualidade. (N. A.)

zações articulatórias. O discurso eufônico é um discurso fácil de pronunciar e não fácil de ouvir; o discurso não harmonioso é o que nos evocará a posição incômoda, inabitual dos órgãos da fala. Deste ponto de vista, não existe eufonia internacional, pois a articulação impõe dificuldades diferentes a locutores de línguas diferentes. A eufonia poética reduz-se à sistematização dos fenômenos articulatórios próprios da pronunciação. Quer se dificulte, quer se facilite a pronunciação, quer se mantenha a articulação no quadro das mesmas posições (a eufonia monótona) ou se alternem diferentes articulações, quer se agrupem as articulações em séries semelhantes que obedeçam à mesma repartição interna: em todos os casos, a construção é de caráter articulatório, e não acústico. As regularidades acústicas são uma consequência involuntária das regularidades articulatórias, na medida em que a passagem dos sons abertos para os fechados, das articulações posteriores às anteriores é acompanhada de uma mudança regular do ressonador, de uma alternância de maior ou menor regularidade dos harmônicos que colorem a fonia da palavra. O que aqui nos importa não é o tipo do sistema constituído por sons qualitativamente semelhantes, mas as funções da eufonia no verso.

A rima é a forma canônica, métrica da eufonia. Hoje, ao que parece, todos admitem que a rima não é um ornamento sonoro do verso, mas um fator organizador do metro. Serve não só para criar essa impressão de analogia entre os sons que a constituem, mas também para dividir o discurso em versos cujo fim ela assinala. Na medida em que a rima é, independentemente das condições fonéticas de sua realização, um fator do metro, e na medida em que, graças a associações fônicas, ela ajuda o ouvido a perceber a decomposição métrica da língua poética, os fatos eufônicos pertencem inteiramente ao verso, ou seja, ao ritmo, pois confirmam a impressão de decomposição do verso e de correspondência entre as suas partes. Com o nome de "harmonia do verso", Grammont desenvolveu uma teoria sobre a função rítmica das correspondências fônicas. Deveríamos conservar esse termo, pois une a noção de regularidade eufônica (qualitativa) à de correspondências rítmicas. No entanto, ele não afasta todo perigo de ambiguidade, em razão das analogias importunas com os fenômenos designados com esse nome em música e também do inevitável emprego metafórico desse termo; por outro lado, do fato de se aplicar esporadicamente esse termo a diversos fenômenos (assim, opõe-se às vezes a harmonia à instrumentação, designando a primeira o vocalismo, a segunda o consonantismo). Na Rússia, é o estudo de Brik ("As repetições dos sons") que aborda o problema da harmonia.

A harmonia tem dois objetivos: primeiro, divide o discurso em períodos rítmicos (dissimilação); segundo, cria a impressão de analogia entre os membros assim esboçados (assimilação).

Por conseguinte, a eufonia deve apoiar-se num sistema fechado de repetições sonoras sucessivas.

Podemos encontrar, aqui, duas situações diferentes. Ou os sons se alternam no âmbito de cada divisão rítmica, segundo a ordem da divisão inicial, e então dispomos de uma alternância de sons no interior da divisão, mas as diferentes divisões tomadas em sua entidade são idênticas (eufonia cíclica); ou cada divisão respeita uma monotonia que lhe é própria (monotonia contraste). Citarei alguns exemplos destinados a tornar concretos esses procedimentos, mas, sendo estes exemplos tomados apenas a título de ilustração, podem parecer artificiais.

Tomemos a romança de Púchkin sobre o Cavaleiro, escrita em versos trocaicos de quatro medidas. Podemos dizer *a priori* que esses versos tendem a se cindir em duas partes, que não chamarei de hemistíquios, pois tal termo pressupõe uma cesura constante. Isto se deve à estabilidade dos acentos da segunda e da quarta medida, oposta à instabilidade dos acentos da primeira e da terceira medida. Temos a impressão que a medida forte sucede regularmente a medida fraca, isto é, que a fórmula descritiva "dois terços de péon" dá uma imagem aproximada do desenho rítmico (*Molchalívyj i prostój*). É de esperar que a eufonia adote também a divisão do verso em duas partes. Com efeito, encontramos aqui exemplos de vocalismo construído segundo os princípios da eufonia cíclica.[3]

Zhíl na svéte rycar' bédnyj
y — e y — e
On imél odnó vidénje
o — e o — e
I do gróba ni s odnóju
i — o i — o
Po ravnínam Palestíny
o — i a — i

Uma construção sintática semelhante:

Lumen coelum, sancta rosa
Vsjo vljubljónnyj, vsjo pechál'nyj.

Evidentemente, o ritmo eufônico coincide tanto com a sucessão dos acentos léxicos como com a decomposição entonacional.

Fica claro que tais fenômenos não são canonizados, isto é, não são os mesmos nos diferentes versos e nem sequer estão

3 Cito a primeira redação da romança. (N. A.)

presentes em toda parte. São apenas potenciais, procuram realizar-se e se realizam em certos momentos, sustentam a inércia geral do ritmo.

Tomemos, ao contrário, os versos de Blok:

To byl osypan zvézdnym cvétom...
Kogdá obmánet svét vechérnij...

O mesmo efeito de decomposição do verso em duas partes é obtido aqui, por meio de uma monotonia de contraste.

y — y   e — e
a — a   e — e

É claro que esses dois tipos não esgotam todos os procedimentos da harmonia. Ligados às analogias estróficas, podem diferenciar-se, e a rítmica descritiva deverá classificar todos os procedimentos da harmonia. Citarei apenas um exemplo em que se obtém o efeito por uma analogia das vogais acentuadas que aparecem nas medidas pares dos versos ímpares e rimados das estrofes:

No bredjót za dál'nim póljusom   o — o
Sólnce sérdca mojegó
L'dínym skóvannoe pójasom   o — o
Beznachálja mojegó,
Tak vzojdí-zh v moróznom ínee   i — i
Nepomérnyj svét-zarjá!
Podnimí nad dálju sínej   i — i
Zhézl pomérkshego carjá.

Aqui, a composição por estrofe vê-se reforçada pela monotonia de contraste das vogais.

Não multiplicarei os exemplos, estes me parecem ilustrar suficientemente o meu pensamento.

Colocada assim a questão, o problema da "harmonia" do verso integra-se completamente na teoria do ritmo.

1922

III

Podemos assim formular o problema da versificação: em primeiro lugar, como se organiza em geral a frase, ou seja, como se cria o segmento entonacional, o padrão que nos servirá para dividir o discurso em versos? O primeiro dever do pesquisador é observar a entonação do verso.

Dado que precisamos de uma metodologia para levar adiante essa observação, a dificuldade do nosso problema vê-se consideravelmente aumentada. Contudo, só a pronunciação real, a entonação real do verso se presta a uma constatação objetiva, ou seja, só a declamação nos permite uma análise experimental. Mas podemos recitar o mesmo poema de várias maneiras, sem jamais violar a sua integridade estética. Explicamos esse fenômeno em parte pelo fato de que a realização das entonações dispõe de uma liberdade maior que a dos acentos léxicos. A frase pode chegar ao mesmo efeito servindo-se de meios diferentes: a entonação melódica é compensada por uma entonação dinâmica ou rítmica. Obtemos os efeitos de pausa por uma cadência enérgica. Existem "substituições", variantes entonacionais. Além disso, nem todos os elementos linguísticos têm igual importância para o processo de criação artística. Por conseguinte, a obra literária nem sempre contém indicações exaustivas acerca da sua realização vocal, e muitos de seus traços permitem uma livre interpretação.

O declamador vê-se obrigado a resolver arbitrariamente muitas questões sobre as quais a obra em si não dá indicações suficientes. Assim, devemos "despojar" a declamação real para obtermos os dados necessários sobre a entonação estética, ou seja, a entonação acessível à percepção estética. A análise sintática oferece-nos uma espécie de via inversa para reconstruir a entonação da obra. No entanto, as dificuldades com que aqui nos deparamos são tão grandes, senão maiores, quanto as do método experimental. Podemos, porém, reconstruir a entonação estética do verso, mesmo porque a língua poética nela se baseia e, portanto, ela existe realmente. Devemos apoiar-nos aqui não só na observação direta do ritmo entonacional do verso, mas também no estudo das formas métricas, consideradas sob o ângulo da construção sintática.

O que é o metro? Se a língua poética é uma língua dividida em segmentos entonacionais equivalentes, devemos dispor de uma medida clara e manifesta dessa equivalência. E o metro nos oferece essa medida objetiva. Assim, ele não tem valor autônomo, mas um valor auxiliar, cuja função é facilitar o reconhecimento da medida (ou da amplitude).

O metro é a medida, pois dá indicações sobre a igualdade dos segmentos entonacionais (dos versos), sobre a sua copresença.[4]

---

4 O princípio de "copresença", que introduzi na definição do metro em *A versificação russa*, provocou muitos mal-entendidos que devemos

O metro é o critério segundo o qual classificamos o grupo de palavras como admissível ou inadmissível na forma poética escolhida. Cumpre observar que, se não levarmos em conta a análise proposicional dos versos, muitos dos fenômenos da estrutura métrica nos permanecerão incompreensíveis. Assim, a constante acentuada ao fim da unidade rítmica tem, evidente-

---

esclarecer. Eis a essência do princípio proposto: convém chamar, por exemplo, "iambo de quatro medidas" todo grupo de palavras que podemos, considerando-o como verso de um poema homogêneo em seu metro, combinar com outros grupos que satisfazem a mesma exigência. Talvez fosse mais preciso falar de substituição, isto é, chamar de "iambo de quatro medidas" toda combinação que possa substituir num poema qualquer verso iâmbico de quatro medidas. Ou seja, se chamarmos convencionalmente um verso de *Eugênio Oneguin* de "iambo de quatro medidas", todo grupo de palavras pelo qual possamos substituir esse verso sem violarmos o princípio de construção da obra será também um iambo de quatro medidas. É claro que tal substituição equivale à combinação desse verso com outros versos, isto é, com o contexto de iambos de quatro medidas, e ela nos indica a possibilidade de copresença dos versos escritos nesse metro. Isso não exclui a possibilidade de ligar versos com metros diferentes numa mesma estrofe, por exemplo, em Briusov, o anfíbraco de medidas é o metro dos versos ímpares, o iambo de duas medidas, o dos versos pares (*"O kogda by ja nazval svojeju – Hot' ten' tvoju"*), mas talvez devêssemos estudar esses versos heteromorfos fora do âmbito dos metros normais, que comportam um número igual de sílabas, estudá-los como versos que não obedecem à estrutura estabelecida por Lomonossov e Púchkin.

O número de traços métricos não é o mesmo segundo as diferentes formas: podemos incluir em *Mtsyri* todo iambo de quatro medidas de rima masculina, e em *Boris Godounov* unicamente os iambos de cinco medidas e com cesura, mas independentemente da rima; aceitam-se nas fábulas todo tipo de iambo, independentemente do número de medidas. Ou seja, cada poema pode ter sua característica e sua composição métricas. (N. A.)

mente, um valor para a frase, e não para a sílaba, pois as sílabas acentuadas e não acentuadas são equivalentes no interior do verso. O número diferente das sílabas no interior do verso ou em seu fim, observado nos versos franceses ou italianos, só se explica se levarmos em conta a cadência proposicional final no verso, cadência que deforma a percepção da sílaba. Em geral, o fenômeno de sonoridade final, no sentido amplo destas palavras, se explica unicamente pela organização do verso em unidades entonacionais, ou seja, em frases.

Tomemos alguns fenômenos próprios do iambo russo. Como é sabido, os acentos não métricos são possíveis sobretudo no começo do verso:

Dúx otricánja, dúx somnénja...

No entanto, tais fenômenos também são possíveis depois de uma pausa sintática:

Drugój? Nét, nikomú na svéte...
Kák, Grandisón? A, Grandisón...
U névskoj prístani. Dní léta...

Evidentemente, os acentos não métricos são, em geral, possíveis na entonação de abertura, isto é, no início da proposição. Se aparecem com maior frequência no começo do verso ou do hemistíquio, é porque, em geral, o começo do verso coincide com o começo da frase, e se tenta ligar o aparecimento dos acentos não métricos com as condições sintáticas. Os estudos ulteriores esclarecerão o mecanismo deste vínculo, mas podemos constatar desde já a existência de tal relação.

IV

Convém encarar os fenômenos que se produzem no interior do verso de três pontos de vista: primeiro, do ponto de vista da construção individual de um verso particular (é o que A. Biéli chama de "ritmo"); segundo, do ponto de vista da realização, nesse fato individual, de uma lei métrica tradicional, indiscutível, no âmbito da forma escolhida; e, terceiro, do ponto de vista do impulso rítmico concreto que rege a escolha tipológica das formas particulares nas obras de um poeta ou de um estilo poético. O impulso rítmico é diferente do metro, primeiro porque é muito menos rígido que o metro: ele define não a escolha absoluta de formas particulares ("iambo" – "não iambo", sendo o "não iambo" estritamente proibido na série dos "iambos"), mas a preferência por certas formas em vez de outras; segundo, o impulso rítmico rege não só os fenômenos situados no campo iluminado pela consciência e, assim, objetivados na métrica tradicional, mas também todo o complexo de fenômenos que, embora sentidos confusamente, têm um valor estético potencial; terceiro, obedecendo ao impulso rítmico, o poeta respeita menos as regras tradicionais do que procura organizar o discurso segundo as leis do ritmo da fala, leis muito mais interessantes para o observador que a análise de normas métricas definitivamente estabelecidas e fixas.

O estudo do impulso rítmico reduz-se à observação das variantes características de um verso nos limites das obras unidas pela identidade da forma rítmica (por exemplo, "o troqueu de Púchkin em seus *Contos*, da década de 1830"); ao estabelecimento do grau de sua frequência; à observação dos desvios do tipo, à observação do sistema pelo qual se organizam os diversos aspectos fônicos do fenômeno estudado (os chamados traços secundários do verso), à definição das funções construtivas desses desvios ("as figuras rítmicas") e à interpretação das observações.

Esta interpretação é tanto mais fértil quanto mais autônoma e claramente age o impulso rítmico, isto é, quanto mais débil é a influência do metro, pois é justamente ele que limita as formas livres do verso. Eis por que é importante para a teoria do verso não só observar os versos métricos regulares, mas também, e sobretudo, estudar os chamados metros livres.

O termo "verso livre", pela característica negativa, une numerosas e diversas formas particulares. Os versos livres de Blok estão mais distantes dos versos livres de Maiakóvski que dos versos regulares de Fet. O termo "livre" só tem utilidade pela característica negativa: indica a ausência de uma tradição métrica rígida e, portanto, não limita de maneira precisa o número de variações possíveis. Em nosso caso, porém, essa liberdade é uma noção bastante relativa. Assim, os hexâmetros dáctilo-trocaicos russos que se vinculam ao verso livre são rigorosamente limitados pela tradição métrica. Os versos de Maiakóvski só são limitados pelo impulso rítmico e admitem, embora raramente, desvios sensíveis do tipo médio, sem darem limites precisos a tais desvios.

Além disso, conforme o caráter do impulso rítmico que rege os versos livres, podemos esboçar toda uma série de domínios autônomos do verso livre que não se confundem. Assim, o impulso rítmico do verso livre pode ser uma forma regular em que as sílabas têm um número definido. Podemos escrever versos livres que se adaptam ao tom do anfíbraco, do iambo, do troqueu e ouviremos claramente essa dominante métrica.

Eis por que, em estudos já antigos, aproximei os versos de Tiútchev, "*O kak na sklone nashix let*" [Ó, como no declínio de nossa vida"] do iambo de quatro medidas; "As canções dos eslavos ocidentais", do troqueu de cinco medidas; e a maioria dos chamados versos "*dolnik*",[5] de nossos metros ternários (ou seja, principalmente anfibráquicos).

Existem, portanto, tipos particulares de versos livres dotados de uma dominante métrica. Ao lado desses versos, conhecemos uma composição "em mosaico" (sobretudo em Khlébnikov e N. Tikhonov) onde são livremente aceitos versos que satisfazem a normas métricas diferentes, mas estão ligados de tal maneira que percebamos a norma métrica de cada verso. Assim, a redação original de *Silentium*, de Tiútchev, contém iambos e anfíbracos que comportam igual número de sílabas. Enfim, existe uma grande classe de versos livres que não admitem nenhum vínculo com os ritmos habituais dos versos regulares e dependem de um princípio autônomo de construção.

Infelizmente, não dispomos de nenhuma classificação científica do verso livre. É claro que tal classificação deve basear-se no número máximo de traços rítmicos de um verso, e não no número mínimo. A tradição dos velhos manuais de métrica, porém, dirigia os investigadores para uma fórmula a que obedeceriam todas as variações do verso livre. É perfeitamente natural que tal fórmula se revele ampla o bastante (e, portanto, neutra, impessoal, amorfa) para que possamos nela colocar não só todos os casos possíveis de verso livre, mas também todos os versos regulares, dos iambos aos anapestos e até, por vezes,

5 *Dolnik* (russo): verso tônico. (N. T.)

a prosa. Essa fórmula era ruim, porque não dava nenhuma indicação sobre o ritmo concreto do verso estudado. Era fictícia a sua universalidade, na medida em que estabelecia leis gerais do verso, ignorando o ritmo poético. Na maioria dos casos, essas fórmulas eram completamente estéreis, em razão de seu caráter simbólico, cuja grafia nos ocultava o conteúdo fônico do verso.

A análise do verso livre não deve buscar estabelecer uma fórmula geral, mas deve encontrar formas particulares. Além disso, já que o verso livre se baseia na violação da tradição, é inútil buscar uma lei rígida que não admita exceção. Cumpre apenas buscar a norma média e estudar a amplitude do desvio que situa cada forma em relação a essa média. Não insistiremos mais uma vez sobre o dano que traz um "objetivismo" ilusório ao estudo dos versos e sobre a necessidade de estudar o verso em sua dicção, e não nos textos. Nenhum estudo óptico ou até mesmo cinegráfico poderá esclarecer-nos um terreno constituído por atos puramente psíquicos da apercepção rítmica.

1927

Victor Chklóvski

A construção da novela e do romance

I

Ao dar início a este capítulo, devo dizer, antes de mais nada, que ainda não encontrei uma definição para a novela. Isto quer dizer que ainda não posso dizer que qualidade deve caracterizar o motivo, nem como os motivos devem combinar-se para que se obtenha um enredo. Não basta uma simples imagem, um simples paralelo ou mesmo a simples descrição de um evento para que tenhamos a impressão de nos encontrar diante de uma novela.

No artigo anterior, tentei mostrar a ligação que existe entre os procedimentos de composição e os procedimentos estilísticos gerais. Esbocei, em especial, o tipo de construção em que os motivos se acumulam em patamares sucessivos. Esse gênero de acúmulo é efetivamente interminável, como o são os romances de aventuras que dele se valem. É isso que nos explica os incontáveis volumes de *Rocambole*, bem como os volumes de *Vinte anos depois* e do *O Visconde de Bragelonne*, de Alexandre Dumas. É isso que explica também que esse tipo precise de um epílogo. Não se pode concluir sem acelerar o desenvolvimento da narrativa, sem mudar sua escala temporal.

Toda a série de novelas costuma ver-se encerrada numa novela-quadro. No romance de aventuras, o rapto, o reconhecimento e também o casamento que se realiza apesar dos obstáculos servem muitas vezes de armação para a novela principal. Eis por que, no fim de *As aventuras de Tom Sawyer*, Mark Twain declara que não sabe como terminar sua história, pois a narrativa que trata de um menininho não pode terminar com o casamento, que conclui em geral o romance sobre adultos. É por isso que ele indica que terminará o livro quando a ocasião se apresentar. Como sabemos, a história de Tom Sawyer é prolongada pela história de Huck Finn (um personagem secundário torna-se o herói principal), depois por outro romance que se vale dos procedimentos do romance policial e, finalmente, por um terceiro, que tomava seus procedimentos emprestados às *Cinco semanas em um balão*, de Júlio Verne.

Mas o que é necessário para que vejamos a novela como acabada?

Numa análise, é fácil constatar que a construção em patamares é duplicada por uma construção circular, ou melhor, em laço. A descrição de um amor correspondido e feliz não pode dar origem a uma novela; se o conseguir, será apenas em contraposição às novelas tradicionais, que descrevem um amor prejudicado por obstáculos. Por exemplo, A ama B, B não ama A; quando B começa a amar A, A não ama mais B. As relações de Eugênio Oneguin e de Tatiana são construídas segundo esse esquema; uma motivação psicológica complexa explica por que os heróis não se sentem atraídos no mesmo momento um pelo outro. Boiardo motiva o mesmo procedimento por sortilégios. Em seu *Orlando enamorado*, Orlando ama Angélica, mas bebe por acaso a água de uma fonte enfeitiçada e se esquece bruscamente do seu amor. Nesse meio tempo, Angélica, tendo bebido a água de outra fonte dotada das qualidades contrárias, passa a sentir, em vez do velho ódio, um amor ardente por Orlando. Temos o seguinte quadro: Orlando foge de Angélica, que o persegue de país em país. Depois de ter assim percorrido o mundo inteiro, Orlando e Angélica se veem de novo na mesma floresta de águas encantadas, bebem mais uma vez da água e trocam assim de papel: Angélica começa a odiar Orlando, enquanto este começa a amá-la. Neste caso, a motivação é quase desnudada. Desta maneira, a novela exige não só a ação, mas também a reação, exige uma falta de coincidência. Isto aproxima o motivo do tropo e do trocadilho. Como já observei no artigo sobre a singularização erótica, os enredos dos contos eróticos são amiúde metáforas desenvolvidas; Boccaccio, por exemplo, compara os órgãos sexuais do homem e da mulher ao pilão e ao almofariz. Esta comparação é motivada por uma história inteira, e obtemos, assim, um motivo. Observa-se o mesmo fenômeno na novela sobre o Diabo e o Inferno, mas, neste caso, o processo de desenvolvimento é ainda mais evidente, pois o fim nos indica diretamente que existe tal expressão popular. A novela, evidentemente, é apenas o desenvolvimento dessa expressão.

Existem muitas novelas que são apenas um desenvolvimento de trocadilhos. As narrativas sobre a origem dos nomes fazem parte, por exemplo, desse tipo de novela. Eu, pessoalmente, ouvi um velho morador dos arredores de Ohta afirmar que o nome de Ohta se deve à exclamação de Pedro, o Grande: "Oh!

Ta!"[1] Quando o nome não se presta a uma explicação por trocadilho, é dividido em nomes próprios inexistentes. Por exemplo, Moscou (*Moskva*) derivando dos nomes Mos e Kva, Iaousa de Ia e de Ousa (na narrativa da fundação de Moscou).

O motivo está longe de ser sempre o desenvolvimento de uma fórmula linguística. A contradição dos costumes também pode servir de motivo. Eis aqui um pormenor do folclore militar (nele também se faz sentir a influência dos elementos linguísticos): o buraco da baioneta chama-se virola, e contam que os jovens soldados se queixam: "Perdi a minha virola". O aparecimento de luz que não faz fumaça (a eletricidade) gerou um motivo parecido, que encontramos em outra narrativa militar: tendo alguns soldados fumado na caserna, convenceram o sargento de que a fumaça vinha das lâmpadas.

O motivo da falsa impossibilidade baseia-se também numa contradição. Numa predição, por exemplo, tal contradição se estabelece entre as intenções dos personagens que buscam evitar a predição e o fato de que ela se realiza (o motivo de Édipo). No caso do motivo de falsa impossibilidade, a predição se cumpre, embora isso nos tivesse parecido impossível; mas se cumpre graças a um jogo de palavras. Por exemplo: as bruxas prometem a Macbeth que ele não será derrotado enquanto a floresta não começar a marchar contra ele e não receberá a morte de ninguém "nascido de mulher". Quando os soldados atacam o castelo de Macbeth, avançam por trás de ramos que seguram nas mãos; aquele que mata Macbeth não "nasceu", mas foi arrancado do ventre da mãe. O mesmo ocorre no romance sobre Alexandre: predizem-lhe que só morrerá numa terra de ferro sob um céu de

1 *Ta* (russo): aquela. (N. T.)

ossos. Morre sobre o escudo, sob um teto de marfim. O mesmo em Shakespeare: predizem ao rei que morrerá em Jerusalém, e ele morre numa cela do mosteiro chamado Jerusalém.

Podemos descobrir outros motivos derivados do contraste: "o combate do pai e do filho", "o pai, marido de sua própria irmã" (Púchkin torna mais complexo esse motivo, em sua variante da canção popular), "o marido no casamento de sua mulher". O motivo do "criminoso que não se deixa apanhar", incluído por Heródoto em sua *História*, baseia-se no mesmo procedimento: é-nos primeiro apresentada uma situação sem saída e, em seguida, uma solução espiritual. Os contos onde se propõe e se decifra um enigma estão ligados ao mesmo caso, assim como aqueles nos quais se resolvem problemas e se executam façanhas. Mais tarde, a literatura acusa uma tendência especial para o motivo do falso criminoso, do criminoso inocente. Esse tipo de motivo implica a seguinte sucessão: o inocente está exposto a ser acusado, é acusado e, por fim, é absolvido. Por vezes se chega a essa absolvição mediante o confronto de falsos testemunhos (como no caso de Suzanne, ou nos contos de Camões, de Minaev); outras vezes, intervém uma testemunha de boa-fé.

Se o desfecho não nos for apresentado, não temos a impressão de nos achar diante de um enredo. O que pode ser facilmente observado em *O diabo manco*, de Lesage, onde certos quadros não têm enredo. Eis aqui um trecho desse romance:

> Venhamos a esse edifício novo que contém duas construções separadas. Uma é ocupada pelo proprietário, que é esse velho cavalheiro que ora passeia pelo seu apartamento, ora se deixa cair na poltrona. – Acho – diz Zambullo – que está tramando algum

grande plano. Quem é aquele homem? Pela riqueza que reluz na casa, deve ser um figurão de primeira classe. – Não passa de um contador – respondeu o demônio. Envelheceu em empregos muito lucrativos. Sua fortuna é de quarenta milhões. Como não deixa de ter certa preocupação com os meios de que se serviu para juntá-la e está a ponto de prestar contas no outro mundo, se tornou escrupuloso. Está pensando em construir um mosteiro. Gaba-se de que depois de executar tão boa obra terá a consciência tranquila. Já obteve permissão para construir um convento; mas quer que o convento só abrigue religiosos castos, sóbrios e de extrema humildade. Está tendo muitos problemas na escolha.

A segunda construção é habitada por uma bela dama que acaba de tomar banho de leite e ir para a cama. Essa voluptuosa pessoa é viúva de um cavaleiro de Santiago, que só lhe deixou um belo nome. Mas, felizmente, ela tem como amigos dois conselheiros do Conselho de Castela, que racham as despesas da casa.

– Ah! Ah! – exclamou o estudante. – Ouço ressoarem nos ares gritos e lamentos! Terá acontecido alguma desgraça?

– Foi o seguinte – diz o espírito – dois jovens cavalheiros estavam jogando baralho, nesse cassino onde se veem tantas lâmpadas e candelabros acesos. Enfezaram-se com uma rodada, sacaram a espada e se feriram mortalmente um ao outro. O mais velho é casado e o mais moço, filho único. Vão morrer. A mulher de um e o pai do outro, informados deste funesto acidente, acabam de chegar. Enchem de gritos toda a vizinhança. – Desgraçado rapaz – diz o pai, apostrofando o filho, que não podia ouvi-lo –, quantas vezes te exortei a deixar de jogar? Quantas vezes te predisse que ele te custaria a vida? Declaro que não é culpa minha se morres miseravelmente. Por sua vez, a esposa se desespera. Embora o marido tivesse perdido no jogo tudo o que ela lhe trouxera pelo

> casamento; embora ele tivesse vendido todas as joias que ela possuía, e até as roupas, ela está inconsolável com a perda. Amaldiçoa as cartas, que são sua causa; amaldiçoa quem as inventou; amaldiçoa o cassino e todos os que lá andam.

É claro que os trechos citados não são novelas; esta impressão não depende de suas dimensões. Em contrapartida, a leitura da pequena cena que interrompe a novela contada por Asmodeu dá a impressão de um todo acabado:

> Por mais interessante que seja a história que me contas, uma coisa que noto impede-me de escutar-te com a atenção desejada. Descubro numa casa uma mulher que parece delicada, entre um homem e um velho. Bebem juntos, aparentemente bebidas finas; e enquanto o cavalheiro idoso beija a dama, a safada, por trás, dá uma das mãos para que o jovem a beije, provavelmente seu amante. – É exatamente o contrário – respondeu o manco –; um é o marido dela e o outro, o amante. Esse velho é um homem respeitável, comendador da ordem militar de Calatrava. Ele se arruína por essa mulher, cujo marido tem um empreguinho na corte. Ela acaricia por interesse seu velho apaixonado e comete infidelidades em prol do marido, por inclinação.

Esse caráter acabado deve-se ao fato de que, depois de nos ter enganado com um falso reconhecimento, a verdadeira situação nos é revelada. Assim, é respeitada a fórmula.

Em compensação, novelas bem longas podem parecer-nos inacabadas. Encontramos uma delas ao fim do décimo capítulo. Ela tem início com a narrativa de uma serenata em que se intercalam versos:

Mas deixemos de lado essas quadrinhas – prosseguiu ele. – Vais ouvir outra música.

Vê só esses quatro homens que aparecem de repente na rua. Vê que atacam os músicos. Estes transformam os instrumentos em escudos, os quais, não resistindo aos golpes, se espatifam. Vê que chegam em seu auxílio dois cavalheiros, um dos quais é quem encomendou a serenata. Com que fúria atacam os agressores! Mas estes últimos, que não lhes cedem em habilidade e valentia, recebem-nos sem tremer. Que fogo sai de suas espadas! Observa que um dos defensores da sinfonia tomba. É o que deu o concerto. Está mortalmente ferido. Seu companheiro, ao perceber, foge; os agressores, por sua vez, saem correndo, e todos os músicos desaparecem. Só permanece no lugar o infeliz cavalheiro, cuja morte é o preço da serenata. Observa, ao mesmo tempo, a filha do alcaide. Está entregue aos ciúmes, de onde observou tudo o que acaba de se passar. Essa dama é tão orgulhosa e vaidosa com sua beleza, embora bastante comum, que, em vez de deplorar os efeitos funestos dela, deles se gaba e se julga mais amável por isso.

E isso não é tudo – acrescenta ele –; vê outro cavalheiro que para na rua, junto ao que está mergulhado em seu próprio sangue, para socorrê-lo, se possível. Mas enquanto se entrega a cuidados tão caridosos, é surpreendido pela ronda que acaba de chegar. Ela o leva para a cadeia, onde ficará por muito tempo, e não lhe custará menos do que se fosse o assassino do falecido.

– Quantas desgraças acontecem esta noite! – diz Zambullo.

Temos a impressão de que a novela não terminou. Às vezes se acrescenta a esses quadros-novelas o que chamaria de fim ilusório. Normalmente, são descrições da natureza e do tempo que fornecem a matéria para esses fins ilusórios, tais como os encontramos nos contos de Natal que o *Satíricon* tornou célebre: "O frio batia mais forte." Quanto ao trecho de Lesage, proponho ao leitor inventar pelo menos uma descrição da noite de Sevilha ou do céu indiferente e acrescentá-la a ele.

Em *A briga dos dois Ivans*, de Gógol, a descrição do outono e a exclamação "É tedioso viver neste mundo, senhores!" são um exemplo típico desse fim ilusório.

Esse novo motivo inscreve-se paralelamente à narrativa precedente, e com isso a novela parece acabada.

Classificaremos à parte as novelas de fim negativo. Antes de mais nada, explico o termo. Nas palavras *stola* e *stolu*, os sons *a*, *u* são terminações, desinências, a raiz *stol* é o radical. No nominativo singular, encontramos a palavra *stol* sem desinência, mas percebemos essa ausência de desinência em comparação com as outras formas flexionadas, e ela é o índice de um caso. Podemos chamá-la forma negativa (o termo de Fortunatov) ou desinência zero (na terminologia de Baudouin de Courtenay). Essas formas negativas são bastante frequentes na novela e, sobretudo, na de Maupassant.

Por exemplo, a mãe vai visitar o filho natural, entregue a uma família do interior. O filho tornou-se um camponês grosseiro. Desesperada, a mãe sai correndo e cai no rio. O filho, que não sabe disso, escava o leito do rio com uma vara e, tendo a roupa da mãe se enganchado na vara, ele a retira. A novela acaba aqui. O leitor compara inconscientemente essa novela às de tipo tradicional que possuem uma "conclusão". A este respeito, notaremos (é mais uma opinião que uma afirmação) que o romance francês de costume da época de Flaubert se valeu generosamente, como procedimento, da descrição de uma ação que não se dá jamais (*A educação sentimental*).

Em geral, a novela é uma combinação de construções em laço e em patamares e, ademais, complicada por diversos desenvolvimentos.

Nas obras completas de Tchekhov, o volume das novelas é sempre o mais surrado. O grande público lê sobretudo suas primeiras narrativas, as novelas que o autor chama de "variadas". Se tentarmos contá-las, os temas de Tchekhov parecerão muito banais. O autor conta a vida de pequenos funcionários, pequenos comerciantes. Esses costumes já eram familiares ao leitor. Tinham sido descritos por Leikin, por Gorbunov. Para o leitor contemporâneo, eles cheiram a loja de antiguidades.

Podemos explicar o bom êxito das novelas de Tchekhov pela construção de seu enredo. A literatura russa pouco trabalhou os enredos da novela. Durante anos, Gógol aguardava anedotas para desenvolvê-las em romance ou novela.

Do ponto de vista do enredo, as construções de Gontcharóv são bastante fracas. Na exposição de *Oblómov*, Gontcharóv leva gente muito diferente a visitar o herói no mesmo dia; o leitor poderia crer que tal personagem leva uma vida muito agitada.

Rúdin, de Turguêniev, não passa de uma novela, um único episódio seguido da confissão de Rúdin.

Só as novelas de Púchkin têm enredos bem construídos. Novelas mundanas monótonas, como as de Marlinski, Kalachnikov, Vonliarliarski, Sologub e Lérmontov, constituem quase a metade da produção literária do século XIX.

As novelas de Tchekhov rompem bruscamente com essa tradição. Pouco originais quanto ao tema, distinguem-se claramente dos inúmeros estudos "fisiológicos" que rivalizam com a novela mundana pelo primeiro lugar. Tchekhov organiza as suas novelas num enredo preciso e nítido, ao qual dá uma solução inesperada.

A confusão serve de procedimento fundamental para a composição. A narrativa *No banho* ganha todo o seu valor quando se sabe que, na velha Rússia, os niilistas[2] e o clero usavam cabelo comprido. Foi preciso afastar todas as características secundárias para que a confusão pudesse acontecer. Eis por que a ação se passa nos banhos. Para reforçar o conflito, o autor escolheu a época do jejum, em que os problemas do clero têm atualidade. As réplicas do padre diácono tomado como niilista são arranjadas de tal maneira que o leitor se surpreende ao saber que se trata de um diácono, e não de um niilista. Achamos, porém, legítima essa revelação, pois nos esclarece o balbucio obscuro do diácono. Para incluir o desfecho na narrativa, para acentuar o reconhecimento, é preciso que os personagens se interessem por esse desfecho. Em nosso caso, o barbeiro fica nervoso, pois, respeitando o jejum em vista da confissão, insultou um eclesiástico, enganando-se sobre ele por causa dos cabelos e crendo que este último tivesse ideias estranhas na cabeça.

Deparamo-nos aqui com uma equação estabelecida regularmente e cujas partes estão todas ligadas funcionalmente.

A novela *O gordo e o magro* ocupa duas páginas. Baseia-se o enredo na desigualdade social que separa dois ex-colegas de escola. A situação é perfeitamente elementar, mas se desenvolve mediante um artifício inesperado e adequado. Primeiro, os amigos se abraçam e se encaram, os olhos cheios de lágrimas; ambos estão agradavelmente surpresos. O magro apressa-se em dar notícias da família, num estilo simpático e prolixo. No meio da novela, ou seja, no fim da primeira página, o magro fica

2 Apelido dado à juventude radical na Rússia (segunda metade do século XIX). (N. T.)

sabendo que o gordo se tornou conselheiro secreto. Abre-se um abismo de desigualdade social; ele nos parece ainda mais profundo porque os dois amigos nos foram apresentados como que nus, fora de toda conjuntura. Recomeçando a falar da família, o magro diz, gaguejando, quase as mesmas frases, mas adota um tom de relatório. Essa repetição das réplicas mostra a diferença, graças à sobreposição que delas podemos fazer, e, assim, ilumina a construção da novela.

O paralelismo está presente ao longo de toda a narrativa, que se encerra num duplo desenlace segundo a sensibilidade dos dois amigos em presença um do outro. O gordo sente quase náusea pela polidez do ex-amigo, volta-se e estende a mão antes de partir. O magro lhe aperta três dedos, saúda-o como um chinês e começa a rir como um chinês, hi-hi-hi. Sua mulher sorri. Nathaniel, o filho, bate os pés e deixa cair o boné. Os três estão agradavelmente surpresos.

Muitas vezes, Tchekhov viola a forma estereotipada, tradicional.

Uma de suas novelas, *Uma noite terrível*, conta-nos como uma pessoa encontra caixões de defunto em todos os apartamentos onde entra, até mesmo no seu próprio.

Colore o começo da novela uma mística elementar. O nome do narrador é Panikhidin.[3] Vive em Ouspenie,[4] perto de Moguiltsi,[5] na casa de um funcionário, Troupov.[6] Para atenuar a evidenciação do procedimento, acrescenta o autor: "Ou seja, num dos lugares mais remotos de Arbate".

---

3 *Panikhida* (russo): ofício dos mortos. (N. T.)

4 *Ouspenie* (russo): a festa dos mortos. (N. T.)

5 *Moguila* (russo): túmulo. (N. T.)

6 *Troup* (russo): cadáver. (N. T.)

Esse acúmulo de pavores estereotipados faz que o fim da narrativa seja completamente inesperado para nós. Esse fim se vale da contradição entre o caixão, objeto místico, atributo da novela de terror, e o caixão, mero artigo de funerária.

O dono da funerária, fugindo do confisco, escondeu os caixões nas casas de amigos.

A novela *Uma natureza enigmática* está repleta de ironia contra os epígonos da novela mundana. Para revelar seu procedimento, Tchekhov põe em cena a heroína, que conta diretamente a história a um escritor. Desenrola-se a ação num compartimento de primeira classe, situação que se tornou tradicional para a introdução de personagens mundanos:

"Diante dela está sentado um funcionário encarregado das missões especiais do governador, jovem escritor iniciante que publica pequenas narrativas nos *Mensageiros* do governo, ou, como ele mesmo as chama, novelas da vida da alta sociedade."[7]

A mulher conta sua história, que, no começo, é totalmente tradicional. Foi pobre; em seguida, "a absurda educação dada num colégio, a leitura de romances idiotas, os erros de juventude, o primeiro amor tímido". Ela ama um rapaz e quer ser feliz. É o início de um novo pastiche de romance psicológico.

"Sensacional, murmura o escritor, beijando a mão da senhorinha ao redor do bracelete. Não é a ti que beijo, mas ao sofrimento humano!"

A jovem casa-se com um velho; em tom paródico, é-nos descrita brevemente a sua vida. O velho morre e a deixa rica. A felicidade parece próxima, mas eis que surge um novo obstáculo. "O que há, então, em teu caminho? Outro velho rico."

---

7 A. Tchekhov, Ma femme [Minha mulher], *Oeuvres complètes*. Paris: Plon, 1924, t.4, trad. francesa de Denis Roche.

Essa repetição priva o motivo de sua motivação primeira, e os temas da novela mundana aparecem nessa narrativa de um mero caso de prostituição.

A novela *Então era ela* é menos perfeita quanto à qualidade. Essa novela serve-se da inércia própria dos contos de Natal, a saber, o encontro do herói e de uma mulher desconhecida. Não nos afirma o narrador que essa mulher é desconhecida, mas o leitor ou o ouvinte o adivinha. No fim, descobrimos que essa mulher é a esposa do narrador, os ouvintes protestam e o narrador se vê obrigado a recorrer ao fim tradicional.

A notável novela de Tchekhov, *Um homem conhecido,* baseia-se numa dupla relação com o mesmo objeto; não se vale da inércia de outro gênero. Uma prostituta sai do hospital. Sem as roupas profissionais, a curta jaqueta de moda, o grande chapéu e os sapatinhos bronze, ela se sente nua, não a profissional Wanda, mas Anastásia Kanavkin, como consta em sua carteira de identidade. Precisa arrumar dinheiro. Depois de ter posto no prego seu último anel por um rublo, Wanda-Anastásia, essa mulher dupla, vai até o dentista Finkel, uma de suas boas relações. No caminho, elabora o plano: entrará alvoroçada no gabinete do dentista e exigirá, rindo, vinte e cinco rublos. Mas está vestindo uma roupa comum. Ela entra e pergunta timidamente: "O doutor está?" A escadaria parece-lhe luxuosa, ela vê um espelho. Ele lhe devolve a sua imagem sem grande chapéu, sem jaqueta de moda, sem sapatinhos bronze. Wanda entra no consultório do dentista e, intimidada, diz que está com dor de dentes. Com seus dedos amarelecidos pelo tabaco, Finkel suja-lhe os lábios e as gengivas e lhe arranca um dente; Wanda lhe dá seu último rublo.

A ideia diretriz da novela é que cada qual tem uma dupla existência. Estamos diante de profissões diferentes, prostituta e dentista, e a mulher se apresenta como uma não profissional para um profissional. Pelo fato de Wanda estar com roupas diferentes, somos lembrados sem cessar da mudança da sua situação. No fundo de tudo isso, encontramos a vergonha, a vergonha de dizermos quem somos, a vergonha que nos faz escolher a dor. A novela inteira reduz-se a este tema.

> Na rua, ela se sentiu ainda mais envergonhada, mas não mais por causa da pobreza. Já não via que lhe faltavam um grande chapéu e uma jaqueta na moda. Caminhava pela rua e cuspia sangue, cada cusparada lhe falava de sua vida má, difícil, das afrontas que sofrera e sofreria mais uma vez amanhã, na semana que vem, a vida inteira, até morrer.[8]

Raramente Tchekhov se serve da "narrativa direta" pura. Mas escreveu uma excelente novela, *Polinka*, em que recorre aos diferentes estilos do discurso para fins de composição.

O vendedor fala à modista do seu amor por ela e explica que o estudante por quem ela está apaixonada certamente a enganará com outra. A conversa acontece enquanto o vendedor lhe vende os artigos, e as entonações próprias de uma loja de moda contradizem o drama que se produz. A venda torna-se deliberadamente lenta, pois um dos personagens ama e o outro se sente culpado.

> Os que estão mais na moda são os com plumas de pássaro. A cor hoje é o heliotrópio ou o violáceo, ou seja, roxo com amarelo.

---

8 A. Tchekhov, *Oeuvres (1886)*. Paris: Les Éditeurs Français Réunis, 1956, t.8, trad. francesa de M. Durand e E. Parayre.

Temos vários modelos. E aonde essa história toda vai te levar? Não entendo, sinceramente!

A mulher está pálida, chora e escolhe os botões.

– É para uma vendedora, me dá alguma coisa não comum...

– É, para uma vendedora, é preciso algo berrante. Aqui estão os botões, senhorita, uma mistura de azul escuro, vermelho e dourado, bem na moda. É o que há de mais berrante. Os nossos clientes de mais alta classe preferem botões pretos com um pequeno círculo brilhante. Só que eu não te entendo; não consegues raciocinar sozinha? A que podem levar esses passeios?

– Nem eu sei – murmura Polinka, debruçando-se sobre os botões. – Não sei, Nicolai Timofeitch, o que se passa comigo.

Encerra-se a novela com uma série de palavras sobre quinquilharias quase sem sentido e entrecortadas pelas lágrimas.

Nicolai Timofeitch esconde Polinka e, procurando também ele dissimular a emoção, crispa-se ao tentar sorrir e diz em voz alta:

– Há dois tipos de rendas, senhorita, de algodão e de seda. As rendas orientais, bretãs, valencianas e crochê são de algodão, e as rendas rococó, com sutache e de Cambrai, são de seda... Pelo amor de Deus, enxuga as lágrimas! Vem vindo gente!

E vendo que as lágrimas continuam a rolar, continua ainda mais alto:

– Espanholas, rococó, com sutache, de Cambrai... Meias de fio de Escócia de algodão, de seda...[9]

As novelas de Tchekhov pertenciam inicialmente à série inferior da literatura, foram publicadas em jornais humorísticos.

---

9 A. Tchekhov, Trois Ans [Três anos], *Oeuvres complètes*, t.V, 1925, trad. francesa de D. Roche.

A grande glória literária de Tchekhov começa com a publicação das peças de teatro e das novelas longas. Hoje, devemos não só reeditar, mas também reexaminar Tchekhov; é provável que nesse reexame todos reconheçam que o Tchekhov mais lido é o Tchekhov perfeito do ponto de vista formal.

II

O paralelismo é outro procedimento usado na construção da novela. Observamo-lo em textos de Tolstói.

Para fazer de um objeto um fato artístico, é preciso extraí-lo da série dos fatos da vida. E, para isso, é preciso antes de tudo "mexer com os objetos", como Ivã, o Terrível, passava seus homens "em revista". É preciso extrair o objeto de seu invólucro de associações habituais. É preciso revirar o objeto, como se revira a lenha no fogo. Na caderneta de Tchekhov, encontramos o seguinte exemplo: alguém passava durante quinze ou até trinta anos na mesma rua e lia todos os dias a placa: "Grande variedade de lagartos", e todos os dias se perguntava: "Mas quem precisa de uma grande variedade de lagartos?" Um dia, retiram a placa e a colocam ao lado do muro; então ele lê: "Grande variedade de cigarros."[10] O poeta troca de lugar todas as placas, o artista é o instigador da revolta dos objetos. Com os poetas, os objetos revoltam-se, rejeitando seus velhos nomes, e ganham um sentido suplementar com o nome novo. O poeta serve-se das imagens, dos tropos para fazer comparações; denomina, por exemplo, a chama de flor vermelha, ou aplica um novo epíteto à velha palavra, ou diz, como Baudelaire,

---

10 Em russo *sigar* e *sigov*. (N. T.)

que o cadáver estava com os pés no ar como uma mulher lúbrica. O poeta opera, assim, um deslocamento semântico, tira a noção da série semântica de onde ela se achava e a coloca, mediante outras palavras (um tropo) em outra série semântica; sentimos, assim, a novidade, a colocação do objeto em uma nova série. A nova palavra é colocada sobre o objeto como uma nova roupa. O cartaz é retirado. É um dos modos de tornar perceptível o objeto, de transformá-lo num elemento de obra de arte. A criação de uma forma em patamares é outra. O objeto duplica-se e triplica-se graças às suas projeções e oposições.

ó maçãzinha, para onde rolas?
ó mãezinha, quero me casar

canta o vagabundo de Rostov, dando continuidade, sem dúvida, à tradição das canções do tipo:

A maçãzinha quer cair da ponte,
A Katiazinha quer sair da mesa.

Dispomos aqui de duas noções que não coincidem, mas se excluem mutuamente das séries das associações costumeiras.

Às vezes se duplica ou divide o objeto. Aleksandr Blok divide a palavra "estrada de ferro" em "tristeza de estrada, tristeza de ferro". Em suas obras, formalizadas como peças musicais, L. Tolstói deu exemplos tanto do tipo de singularização que consiste em designar o objeto por um nome pouco habitual quanto do tipo da construção em patamares.

Já escrevi acerca da singularização em Tolstói. Esse procedimento tem uma variante que consiste em se deter num pormenor do quadro e acentuá-lo; isso provoca uma deformação das proporções habituais. Assim, ao descrever uma batalha, Tolstói desenvolve o pormenor de uma boca úmida a mastigar. A ênfase dada a esse detalhe cria uma deformação particular. Em seu livro sobre Tolstói, Konstantin Leontiev não compreendeu esse procedimento.

Mas com maior frequência Tolstói se vale de outro procedimento: recusa-se a reconhecer os objetos e os descreve como se os visse pela primeira vez, designa as decorações como pedaços de cartão pintado, o Santíssimo Sacramento como um pãozinho ou então nos garante que os cristãos comem seu Deus. Suponho que tal procedimento venha da tradição literária francesa, talvez do *Huron, dito o Ingênuo*, de Voltaire, ou da descrição da corte real feita pelo selvagem de Chateaubriand. Em todo caso, Tolstói tornou singulares as obras de Wagner, descrevendo-as do ponto de vista de uma pessoa que, como os selvagens franceses, não pode referir-se às associações habituais. O antigo romance grego, aliás, também conhecia esse procedimento quando descrevia a cidade do ponto de vista de um camponês (Vesselovski).

L. Tolstói se serviu do segundo procedimento, a construção em patamares, de maneira muito particular.

Não tentarei fazer um estudo, nem mesmo conciso, desse procedimento na poética de Tolstói, e me limitarei a indicar alguns exemplos. O jovem Tolstói estabelecia o paralelismo de modo bastante ingênuo. Acreditou ser necessário introduzir três variantes para nos apresentar um tema: a morte da dama, a do mujique e a da árvore. Refiro-me à novela *Três mortes*. Certa motivação une as partes dessa narrativa: o mujique é o cocheiro da dama e a árvore é derrubada para fazer-lhe uma cruz.

Na poesia folclórica recente, às vezes o paralelismo é justificado; assim, o difundido paralelismo "amar-pisar na grama" explica-se pelo fato de os amantes pisarem na grama ao passearem.

A seguinte frase reforça o paralelismo cavalo-homem em *Kholstomér*: "O corpo de Serpukhovskoi, que ia pelo mundo comendo e bebendo, foi enterrado bem mais tarde. Nem a pele, nem a carne, nem os ossos serviram para nada."

O elo entre os dois elementos do paralelo justifica-se pelo fato de que Serpukhovskoi foi outrora proprietário de Kholstomér. Em *Dois Hussardos*, exprime-se o paralelismo pelo título e vários detalhes: o amor, o jogo de cartas, a atitude para com os amigos. O elo entre as partes é motivado pelo parentesco dos personagens.

Se compararmos os procedimentos técnicos de Tolstói com os de Maupassant, podemos observar que o mestre francês omite o segundo membro do paralelo. Em suas novelas, Maupassant silencia sobre esse segundo elemento, como se o deixasse subentendido. Esse segundo membro pode ser quer a estrutura tradicional da novela (deformada por Maupassant em suas novelas "sem fim"), quer a atitude convencional da burguesia francesa perante a vida. Por exemplo, em diversas novelas, descreve ele a morte do camponês; tal descrição é simples, mas muito peculiar; o critério de comparação é, evidentemente, a descrição da morte de um homem da cidade, mas tal descrição não está presente na mesma novela. Às vezes, esse elemento complementar é introduzido na forma de uma relação emocional do narrador. Pode-se dizer que, deste ponto de vista, Tolstói é mais primitivo que Maupassant, precisa de um paralelo manifesto; assim, em *Os frutos da civilização*, são-nos mostrados a cozinha e o salão. Creio que podemos explicar esse fenômeno pela maior nitidez, própria da tradição literária francesa, comparada à da Rússia; o leitor francês sente mais nitidamente a violação do cânone, encontra mais facilmente o paralelo, ao passo que o nosso leitor tem uma imagem bem vaga do que seja normal.

Gostaria de observar, aliás, que me parece impossível assimilar a tradição literária aos empréstimos que um escritor toma de outro. Imagino que, para o escritor, respeitar a tradição seja depender de um conjunto de normas literárias, conjunto que, como a tradição das invenções, é formado pelas possibilidades técnicas do momento.

As oposições entre certos personagens ou certos grupos de personagens nos romances de Tolstói representam um exemplo mais complexo de paralelismo. Assim, em *Guerra e paz*, sentimos nitidamente as oposições: 1) Napoleão-Kutuzov; 2) Pedro Bezukhov-André Bolkonski e, ao mesmo tempo, Nicolau Rostov, que serve de eixo de referência para ambos. Em *Anna Karenina*, opõe-se o grupo Anna-Vronski ao grupo Levin-Kitty; a ligação desses dois grupos é motivada pelo parentesco. Esta é uma motivação habitual em Tolstói e, talvez, em todos os romancistas; o próprio Tolstói escrevia que transformara o velho Bolkonski "no pai do rapaz brilhante (André)" porque lhe seria "embaraçoso descrever um personagem que não está ligado ao romance". Existe outro procedimento de que Tolstói quase não se serviu e que consiste em fazer um mesmo personagem participar de combinações diferentes (o procedimento predileto dos romancistas ingleses). O episódio de Petruchka e Napoleão, em que tal procedimento serve para a singularização, é antes uma exceção. Em todo caso, em *Anna Karenina*, os membros do paralelo estão tão pouco unidos que só a necessidade estética pode explicar a ligação.

Vale-se Tolstói do parentesco não só para estabelecer um paralelismo, mas também para assentar a construção em patamares. São-nos apresentados os dois irmãos Rostov e sua irmã, que são diferentes realizações de um mesmo tipo. Às vezes Tolstói os compara, como na passagem que antecede a morte de Pétia. Nicolau Rostov é o retrato simplificado, enrijecido, de Natasha. Stiva Oblonsky revela-nos um aspecto da estrutura mental de Anna Karenina; o elo nos é dado pela palavra "um pouquinho", pronunciada por Anna com a voz de Stiva. Stiva situa-se num patamar inferior em relação à irmã. Aqui, o parentesco não serve para ligar os caracteres: em seu romance, Tolstói relacionou tranquilamente personagens que concebera separadamente. Aqui, ele precisa do parentesco para construir os patamares.

O procedimento tradicional, que consiste em descrever um irmão nobre e o outro criminoso, mostra bem que, na tradição literária, a apresentação dos parentes não implica obrigatoriamente projeções diferentes de um mesmo caráter. Às vezes, aliás, é introduzida uma motivação: um deles acaba revelando-se bastardo (Fielding).

Como sempre na arte, tudo aqui é apenas uma motivação imposta pelas regras do ofício.

III

A coletânea de novelas precedeu o romance contemporâneo: esta afirmação não implica a existência de um laço causal; estabelece-se, antes, um fato cronológico.

Normalmente, tenta-se vincular, mesmo que só de maneira formal, as partes que constituem uma coletânea. Novelas particulares são colocadas dentro de outra novela, cujas partes supostamente representam. As coletâneas *Panchatantra*, *Calila e Dimna*, *Hitopadesha*, os *Contos do papagaio*, *Os sete vizires*, *As mil e uma noites*, o corpo georgiano de novelas do século XVIII, *Livro da sabedoria e da mentira* e muitos outros são compostos da mesma maneira.

Podemos estabelecer diversos tipos de novelas que servem de quadro a outras novelas, ou melhor, que são um modo de incluir uma novela em outra. O meio mais difundido é contar novelas ou contos para retardar o desfecho de uma ação qualquer. Assim, é por seus contos que os sete vizires retardam a execução de seus filhos pelo rei; em *As mil e uma noites*, Sherazade adia com seus contos a hora de sua própria execução; na coletânea de contos mongóis de origem budista, *Ardji Bardji*, as estátuas de madeira, que são os degraus de uma escada, impedem com seus contos a chegada ao trono do rei, e o segundo conto inclui dois outros; nos *Contos do papagaio*, o pássaro ocupa com seus contos a mulher que quer enganar o marido e a retém, assim, até a chegada deste último. Os ciclos de contos dentro de *As mil e uma noites* são construídos segundo o mesmo sistema de retardo: são contos anteriores à execução.

Podemos considerar a discussão por meio de contos uma segunda maneira de introduzir uma novela em outra: os contos são citados para provar uma ideia e o novo conto serve de objeção ao precedente. Tal procedimento nos interessa pelo fato de se estender também a outras matérias que podem ser incluídas na narrativa. Introduzem-se, assim, versos e aforismos.

Convém notar que tais procedimentos são puramente livrescos, a extensão do texto não permite à tradição oral ligar as partes por semelhantes meios. O laço entre as partes é tão formal que só um leitor pode percebê-lo. A chamada criação popular, isto é, anônima, carente de consciência pessoal, só pôde conhecer um tipo elementar de ligação. A partir do momento que o romance apareceu como gênero, e mesmo antes disso, ele tende à expressão escrita.

Na literatura europeia, encontramos bem cedo coletâneas de novelas apresentadas como um todo e unidas por uma novela que lhes serve de quadro.

As coletâneas de origem oriental que devemos aos árabes e aos judeus permitiram aos europeus conhecer inúmeras narrativas estrangeiras, colocadas, assim, na presença de novelas parecidas escritas pelos indígenas.

Cria-se ao mesmo tempo na Europa um jeito original de enquadrar as novelas, um jeito no qual a narração é um fim em si.

Refiro-me aqui ao *Decamerão*.

O *Decamerão*, assim como sua posteridade literária, ainda é muito diferente do romance europeu dos séculos XVIII e XIX, porque os mesmos personagens não ligam os diferentes episódios. Melhor ainda: aqui, não encontramos o personagem; a atenção concentra-se na ação, o agente não é senão a carta de baralho que permite ao enredo desenvolver-se.

Afirmo, sem procurar por enquanto provar esta afirmação, que tal situação se prolongou por muito tempo: o Gil Blas, de Lesage, tem tão pouco caráter que leva os críticos a pensarem que o objetivo do autor foi apresentar um homem médio. Não é verdade. Gil Blas não é um homem, é um fio que liga os episódios do romance; e esse fio é cinza.

Em *Os contos de Canterbury*, o elo entre a ação e o agente é muito mais forte.

Os romances picarescos valem-se amplamente do procedimento de enquadramento.

É interessante seguir o destino desse procedimento na obra de Cervantes, Lesage, Fielding e, depois de sua deformação em Sterne, no romance europeu moderno.

A estrutura do conto *História de Camaralzaman com a princesa Budur* oferece-nos um exemplo especialmente curioso. Passa-se o conto na centésima septuagésima noite e dura até a ducentésima quadragésima nona. Divide-se de imediato em diversos contos:

1. A história do príncipe Camaralzaman (filho de Sherazade) e seus demônios auxiliares, que tem uma composição muito complexa e se encerra pelo casamento dos namorados, enquanto a rainha Budur se afasta do pai.
2. A história de dois príncipes, Amgiad e Assad. Só o fato de serem esses príncipes filhos das mulheres do rei Camar liga essa história à anterior. O rei quer executá-los, eles fogem e passam por diversas aventuras. A princesa Margiane apaixona-se por Assad, que ela descobre disfarçado com o nome de Mamelik entre os seus escravos. Ele passa de aventura em aventura, caindo o tempo todo nas mãos do mesmo mago, Behram. Por fim, os dois se encontram. O mago, que se converteu ao Islã, conta nessa ocasião a história de Neameh e de Noam. É uma narrativa muito complicada, e ele não é interrompido em momento nenhum pela história dos dois irmãos. "Tendo ouvido essa narrativa, os dois príncipes se admiraram." Chega nesse momento o exército da princesa Margiane, que pede que lhe entreguem Mamelik, o imberbe, que

lhe haviam retirado. Chega em seguida o exército do rei El Ganer, que acaba revelando-se o pai da rainha Budur, ela mesma mãe de Amgiad. Mais tarde, chega um terceiro exército, o de Camar, em busca de seus filhos, de cuja inocência se inteirou; vemos, por fim, o exército de Schahzaman, que tínhamos esquecido completamente e também está atrás de seu filho. Vários contos são, assim, unidos por este recurso artificial.

O enredo do drama popular *O rei Maximiliano* é outro caso interessante. O enredo é muito simples: o filho do rei Maximiliano casou com Vênus, não quer adorar os ídolos e, por isso, morre nas mãos do pai. O pai e toda a sua corte são dizimados pela morte. Esse texto é tratado como um cenário: acrescentam-se-lhe motivos que lhe são exteriores e, para tanto, recorre-se a motivações muito diferentes. Existem, por exemplo, outros dramas populares: *O barco* e *O bando*. Às vezes, sem nenhuma motivação, eles são introduzidos em *O rei Maximiliano*, assim como são inseridas as cenas pastoris no *Dom Quixote* ou versos de *As mil e uma noites*. Sua presença é às vezes justificada assim (acho que estes são fenômenos tardios): Adolfo, revoltado, foge do pai e entra para um bando. O episódio de Anika e a Morte foi introduzido antes no texto. Essa adição talvez tenha ocorrido quando o texto apareceu pela primeira vez na aldeia, sob a forma de uma variante que, para simplificar, podemos chamar, incorretamente, de texto inicial. O episódio do ofício dos mortos ridicularizado, também conhecido fora dessa peça, foi introduzido muito mais tarde. Muitas vezes, os novos episódios, e sobretudo os jogos de palavras (acúmulo de homônimos motivados pela surdez), ganharam tal desenvolvimento que acabaram expulsando Maximiliano de sua peça. O caminho entre *O rei Maximiliano* inicial, derivado, talvez, de um drama da Rússia do Sul, e o texto recente destruído pelos trocadilhos e que se desenvolve segundo um princípio completamente diferente, esse caminho não é mais curto que o que vai de Derzhavin a Andrei Biéli. Note-se que certos versos de Derzhavin aparecem, às vezes, no texto do drama. É esta, aproximadamente, a história dos procedimentos que servem para desenvolver a ação no texto de *O rei Maximiliano*. Para cada variante particular, o texto era modificado e completado com material local.

IV

Já disse que se tomarmos uma novela-anedota bem representativa, veremos que ela tem um caráter acabado. Se, numa novela, a situação difícil puder ser produzida pela resposta feliz a um enigma, teremos todo o complexo de elementos complementares: a motivação dessa situação, a resposta do herói e certa solução: é este, em geral, o caso das novelas "de astúcia". Por exemplo, cortaram uma mecha de cabelo de uma pessoa que cometeu um crime; o criminoso também corta uma mecha de cabelo de todos os companheiros e, assim, sua cabeça é salva; o mesmo procedimento presente em um conto semelhante sobre a casa marcada com giz (*As mil e uma noites*, Andersen). O enredo forma, aqui, um laço, sobre o qual foram bordadas quer descrições, quer digressões psicológicas, mas continua ele mesmo sendo um objeto acabado. Como disse nas passagens precedentes, podemos agrupar diversas novelas dentro de uma construção mais complexa, incluindo-as num quadro ou unindo-as ao mesmo tronco.

Mas o procedimento de composição em "colar" é ainda mais difundido. Neste caso, sucedem-se várias novelas, cada uma formando um todo, e elas se reúnem por um personagem comum. O conto polissilábico, que impõe diversas tarefas ao herói, já adota uma composição em colar. Um conto integra os motivos de outro justamente por meio de um fio que os une. Obtemos, então, contos que compreendem dois ou mesmo quatro contos. Podemos de imediato estabelecer dois tipos de enfiada. No primeiro, o herói tem um papel neutro, são as aventuras que o perseguem, ele mesmo não as busca. Deparamo-nos amiúde com tal fenômeno nos romances de aventura, em que os piratas se roubam uns aos outros uma mocinha ou um adolescente, enquanto seus barcos, não podendo chegar ao destino, passam durante esse tempo por inúmeras aventuras. Outras composições já tentam ligar a ação e o agente e motivar as aventuras. As aventuras de Ulisses são motivadas, embora de maneira bastante superficial, pela cólera dos deuses, que não dão descanso ao herói. O irmão árabe de Ulisses, Simbad, o Marujo, traz em si mesmo a explicação da grande quantidade de aventuras: é apaixonado pelas viagens, e é por isso que as suas sete partidas permitem encadear ao seu destino todo o folclore turístico da época.

A motivação da composição em colar em *O asno de ouro* (*As metamorfoses*), de Apuleio, é a curiosidade de Lucius, que passa o tempo todo espiando e escutando atrás das portas. Observo a este respeito que *O asno de ouro* opera uma combinação de dois procedimentos, de enquadramento e em colar. Reúne-se em colar o episódio do combate com os outros, as narrativas sobre as metamorfoses, as aventuras dos bandidos, a anedota sobre o asno no celeiro etc.; introduz-se mediante enquadramento as narrativas sobre a bruxa, o célebre conto de Amor e Psiquê e muitas outras novelas breves. Sentimos muitas vezes que as partes das obras construídas em colar tiveram outrora uma vida autônoma. Assim, quando, depois do episódio do asno escondido no celeiro, explicam ao leitor que essa história está na origem de tal provérbio, pressupõe-se no leitor o conhecimento da história ou, pelo menos, de seu esquema.

Mas muito cedo a viagem se tornou a motivação mais frequente da composição em colar e, em particular, a viagem em busca de emprego. Um dos mais velhos romances espanhóis, *Lazarillo de Tormes*, foi construído dessa maneira. Lazarillo procura emprego e vive, assim, toda espécie de aventuras. Observa-se muitas vezes que alguns episódios, algumas frases do *Lazarillo* se tornaram proverbiais; creio que já o fossem antes de serem incluídas no romance. Encerram o romance aventuras fantásticas e metamorfoses: é um fenômeno bastante disseminado, porque aos autores faltam, na maioria das vezes, ideias construtivas para a segunda parte dos romances, os quais são amiúde construídos segundo um princípio completamente novo: é o caso do *Dom Quixote*, de Cervantes, e do *Gulliver*, de Swift.

Às vezes se utiliza o procedimento de composição em colar fora do enredo. Em *O licenciado Vidraça*, de Cervantes, a curta novela sobre um erudito que vive isolado do povo e depois, tendo bebido uma poção, enlouquece, o insensato monologa durante páginas inteiras:

> Dos apresentadores de marionetes, falava os piores horrores: que eram gente vagabunda e tratam com indecência das coisas divinas, pois, com as figuras que mostravam sobre o retábulo, ridicularizavam a devoção e metiam num saco todas ou quase

todas as figuras do Velho e do Novo Testamentos e se sentavam sobre elas para comer e beber nos bares e nas tabernas. Enfim, admirava-se que não lhes impusessem um silêncio perpétuo em suas barracas ou os banissem do reino.

O acaso fez passar perto dele um comediante vestido como um príncipe.

– Ei! – exclamou ele ao vê-lo – Eu me lembro de ter visto esse sujeito sair do teatro, com a cara enfarinhada e uma peliça ao contrário nas costas e, no entanto, a cada passo que dá fora dos palcos, dá sua palavra de fidalgo!

– Deve ser fidalgo mesmo – observou alguém – pois há muitos comediantes fidalgos, gente de berço.

– Não é impossível – replicou Vidraça. – No entanto, aquilo de que a farsa menos precisa é de gente de qualidade. Devassos, isso é que são! E homens adoráveis e de língua bem comprida. Direi também desses sujeitos que eles ganham seu pão com o suor de sua testa, e ao preço de trabalhos insuportáveis, sempre fazendo funcionar a memória e correndo de aldeia em aldeia e de albergue em taberna, como eternos ciganos, consagrando suas vigílias a contentar os outros, pois seu próprio bem está no prazer dos outros. Além disso, com sua arte, não enganam ninguém, pois têm de mostrar a mercadoria em praça pública, ante os olhos e os juízos de todos. O trabalho de seus diretores é incrível e seu sofrimento, extraordinário; precisam ter enormes receitas para, no fim do ano, não se verem às voltas com dívidas e processos. No entanto, são necessários numa república, como as matas, as veredas, os jardins artísticos e todas as coisas que dão honesto divertimento à vista e à inteligência.

Citava a opinião de um amigo de que aquele que serve a uma comediante serve a muitas mulheres ao mesmo tempo, uma rainha, uma ninfa, uma deusa, uma lavadora de pratos, uma pastora, e não raro o destino queria que nela servisse um pajem ou um lacaio."[11]

Essas frases suplantam completamente a ação na novela. No fim da novela, o licenciado é curado. Mas nos deparamos aqui com um fenômeno muito comum na arte: o procedimento subsiste, embora sua motivação tenha desaparecido: o licenciado, mesmo curado, falando da corte, pronuncia frases do mesmo tipo que as anteriores.

Assim, em *Kholstomér*, mesmo depois da morte do cavalo, Tolstói continua a descrever a vida do ponto de vista deste último; em *Kotik Letaev*, Andrei Biéli constrói imagens deformadas, motivadas pela percepção da criança, mesmo quando se trata de matéria desconhecida para a criança.

Volto ao tema. Pode-se dizer em geral que tanto o procedimento de enquadramento quanto o procedimento de composição em colar ajudaram a integrar cada vez mais as matérias exteriores ao corpo do romance. É facílimo observar este fenômeno no exemplo notório de *Dom Quixote*.[12]

---

11 M. de Cervantes Saavedra, Le Licencié de Verre, *L'Ingénieux Hidalgo Don Quichotte de la Manche. Nouvellles exemplaires.* Paris: Bibl. de la Pléiade, 1956, trad. francesa de Jean Cassou. [Ed. bras.: O licenciado Vidraça, *Quatro novelas exemplares.* Curitiba: Arte e Letra, 2009.]

12 É o tema do capítulo seguinte do livro de Chklóvski, *Sobre a teoria da prosa.* (N. A.)

Boris Eichenbaum

Teoria da prosa[1]

I

Já indicava Otto Ludwig, segundo a função da narração, a diferença entre duas formas de narrativa: "a narrativa propriamente dita" (*die eigentliche Erzählung*) e "a narrativa cênica" (*die szenische Erzählung*). No primeiro caso, o autor ou o narrador imaginário dirige-se aos ouvintes: a narração é um dos elementos que determinam a forma da obra, às vezes o elemento principal; no segundo caso, o diálogo dos personagens está no primeiro plano e a parte narrativa se reduz a um comentário que cerca e explica o diálogo, isto é, se limita, na realidade, a indicações cênicas. Este gênero de narrativa faz lembrar a forma dramática, não só pela ênfase dada ao diálogo, mas também pela preferência concedida à apresentação dos fatos, e não à

1 Os trechos reunidos sob este título pertenceram originalmente a textos diferentes. (N. T.)

narração: percebemos as ações não como contadas (a poesia épica), mas como se aparecessem diante de nós sobre o palco.

Enquanto a teoria da prosa se limita ao problema da composição da obra, essa diferença parece insignificante. Mas ganha importância fundamental assim que se toca em certos problemas primordiais que estão ligados naturalmente à teoria da prosa literária. Esta está, por enquanto, em estado embrionário, porque não foram estudados os elementos que determinam a forma da narrativa. A teoria das formas e dos gêneros poéticos que se fundamenta no ritmo possui princípios teóricos estáveis que faltam à teoria da prosa. A narrativa composta não está suficientemente ligada à palavra para servir de ponto de partida para a análise de todos os tipos de prosa literária. Neste sentido, ao que me parece, só o problema da forma da narrativa tem as credenciais para isso.

A relação entre a narração literária e a narrativa oral ganha, neste caso, uma importância fundamental. Foi a prosa literária que sempre se valeu amplamente das possibilidades da tradição escrita e criou formas impensáveis fora do quadro da tradição. A poesia é sempre, em maior ou menor medida, destinada a ser falada; com isso, ela vive fora do manuscrito, do livro, enquanto a maior parte das formas e dos gêneros prosaicos está completamente isolada da fala e tem um estilo próprio à linguagem escrita. A narrativa do autor orienta-se quer para a forma epistolar, quer para as memórias ou notas, quer para os estudos descritivos, o folhetim etc. Todas essas formas de discurso estão expressamente vinculadas à linguagem escrita; se dirigem ao leitor, e não ao ouvinte; se constroem a partir de signos escritos, e não a partir da voz. Por outro lado, nos casos em que os diálogos são construídos segundo os princípios da conversação oral e se colorem de um matiz sintático e lexical correspondente, eles introduzem na prosa elementos falados e narrativas orais: em geral, o narrador não se limita a uma narrativa, mas também relata falas.[2]

Se em tal diálogo for reservado um lugar de destaque a um dos locutores, aproximamo-nos mais da narrativa oral. Às vezes, a novela bordeja a fala; daí a introdução de determinado narrador, cuja presença é motivada pelo autor ou deixada sem explicação.

Obtemos, assim, uma imagem global da variedade das formas na prosa literária. Este ponto de vista lança uma luz completamente nova sobre os problemas do romance. A novela italiana dos séculos XIII e XIV desenvolveu-se diretamente a partir do conto e da anedota e não perdeu sua ligação com essas formas primitivas de narração. Sem imitar intencionalmente o discurso oral, ela se dobrou à maneira do narrador despretensioso que procura dar-nos a conhecer uma história, servindo-se apenas de palavras simples. Tal novela não contém nem descrições exaustivas da natureza, nem caracterizações detalhadas dos personagens, nem digressões líricas ou filosóficas. Nela não encontramos diálogo, pelo menos não sob a forma a que a novela e o romance contemporâneos nos habituaram. No velho romance de aventuras, a ligação dos episódios que

---

2 Cf. no livro de R. Hirzel (*Der Dialog, Ein literarhistorischer Versuch*, 1895) indicações sobre o papel importante do diálogo como gênero prosaico; ele destrói as formas fixas da língua literária e introduz elementos da linguagem familiar, falada. Citam-se como exemplo os diálogos de Maquiavel, o célebre diálogo de Castiglione, que se insurge contra o dialeto toscano então dominante na literatura italiana, os diálogos dirigidos contra o latim etc. (t.1, p.87ss.). (N. A.)

a fábula justapõe uns aos outros se fazia mediante um herói sempre presente. Esse romance desenvolveu-se a partir de uma coletânea de novelas como o *Decamerão*, sendo a ênfase posta no enquadramento da narrativa e nos procedimentos de motivação (V. Chklóvski). Aqui, o princípio de narração oral ainda não foi destruído, a ligação com o conto e a anedota não foi definitivamente rompida.

A partir de meados do século XVIII e, sobretudo, no século XIX, o romance assume outro caráter. A cultura livresca desenvolve as formas literárias de estudos, artigos, narrativas de viagem, memórias etc. A forma epistolar permite descrições minuciosas da vida mental, da paisagem observada, dos personagens etc. (por exemplo, em Richardson). A forma literária de notas e recordações dá livre curso às descrições ainda mais minuciosas dos costumes, da natureza, dos hábitos etc. No começo do século XIX, produz-se uma ampla expansão dos estudos dos costumes e do folhetim, que mais tarde ganharão a forma dos chamados estudos "fisiológicos", estudos carentes de todo caráter moralizante e centrados na descrição da vida urbana, com toda a variedade das suas classes, de seus grupos, de seus jargões etc. O romance do século XIX deriva, em Dickens, Balzac, Tolstói e Dostoiévski, desses estudos descritivos e psicológicos. Os estudos ingleses do tipo de *Life in London* (P. Egan), as descrições francesas de Paris (*Le Diable à Paris* [O diabo em Paris], *Les Français peints par eux-mêmes* [Os franceses pintados por eles mesmos] etc.), os "estudos fisiológicos" russos: eis aí as fontes desse romance. Existe, porém, um romance que remonta ao tipo antigo do romance de aventuras e que ora assume uma forma histórica (W. Scott), ora utiliza as formas do discurso oratório, ora se torna uma espécie de narração lírica ou poética (V. Hugo). Conserva-se aqui o elo com a fala, que, porém, se aproxima da declamação, e não da narração; os romances de tipo descritivo e psicológico de caráter puramente livresco perdem até mesmo esse elo atenuado.

O romance do século XIX caracteriza-se por um amplo emprego das descrições, dos retratos psicológicos e dos diálogos. Às vezes, esses diálogos são apresentados como uma simples conversa, que nos traça o retrato dos personagens através de suas réplicas (Tolstói) ou que é simplesmente uma forma disfarçada de narração e, portanto, sem caráter "cênico"; às vezes, porém, esses diálogos ganham uma forma puramente dramática e têm menos a função de caracterizar os personagens com suas réplicas do que a de fazer progredir a ação. Tornam-se, assim, o elemento fundamental da construção. O romance rompe, assim, com a forma narrativa e se torna uma combinação de diálogos cênicos e de indicações pormenorizadas que comentam o cenário, os gestos, a entonação etc. As conversas ocupam páginas e capítulos inteiros; limita-se o narrador a observações explicativas, do tipo "disse ele", "respondeu ele". Sabe-se bem que os leitores procuram nesse tipo de romance a ilusão da ação cênica e amiúde só leem essas conversações, omitindo todas as descrições ou considerando-as unicamente como indicações técnicas. Alguns escritores, conscientes do fato, substituem as descrições por uma forma dramática. Escreve Zagoskin: "Quando todos falam, a narrativa não está em seu lugar. Estas palavras explicativas, 'fulano disse, sicrana interrompeu, beltrano objetou', apenas confundem e desconcertam o leitor; por isso, permitam-me recorrer à forma dramática comum. É mais claro e mais simples." (*Moscou e os moscovitas*). Ou, em outro lugar:

> Reproduzindo uma conversa particular, sobretudo quando toda uma sociedade dela participa, somos obrigados, contra a vontade, a nomear com frequência os interlocutores e, além disso, repetir sem cessar: "Fulano disse, sicrana respondeu..."; para evitar tais repetições completamente inúteis, mais vale, salvo em certas narrativas, utilizar a forma dramática.

Assim, o romance europeu do século XIX é uma forma sincrética que só contém alguns elementos de narração e, às vezes, se separa completamente deles.[3]

O desenvolvimento desse romance chegou ao seu apogeu por volta da década de 1870; desde então, não nos livramos dessa impressão de definitivo, crendo que não existe forma ou gênero novo na prosa literária. O romance desse tipo, no entanto, desagrega-se ante nossos olhos e se diferencia. Por um lado, cultivam-se as pequenas formas próximas da mera narração; por outro lado, temos memórias, narrativas de viagem, correspondências, estudos de costumes; ao mesmo tempo, os elementos vinculados à efabulação do romance passam cada vez mais para os roteiros de cinema: fato muito significativo,

---

3 É curioso observar que a noção do romance como nova forma sincrética já era bem conhecida da velha crítica. Citarei como exemplo as palavras de S. Chevirev: "A nosso ver, o romance é o fruto de uma mistura nova e contemporânea de todos os gêneros poéticos. Aceita igualmente os elementos épicos, dramáticos e líricos. O elemento dominante dá o caráter do romance: assim, podemos indicar romances épicos, por exemplo, *Wilhelm Meister*, de Goethe, ou *Dom Quixote*, de Cervantes; há romances líricos: citarei *Werther*, do mesmo Goethe; podemos chamar de 'dramáticos' os romances de Walter Scott, porque se baseiam no drama, sem que os demais elementos estejam excluídos." (*Moskvitianine*, 1843, t.I, p.574.) (N. A.)

pois prova a possibilidade de traduzir uma obra verbal desse gênero para uma língua "muda". Pode-se observar, também, o fato de que, depois de *Anna Karenina*, L. Tolstói escreveu peças de teatro e "narrativas populares". A prosa russa do século XIX mostra-nos um fenômeno ainda mais significativo e mais notável: a existência de escritores como Dal, Gógol, Leskov, os escritores etnógrafos, como A. Melnikov-Pechersky, P. Yakuchkin, S. Maximov etc. Tais fenômenos, ocultos pelo desenvolvimento do romance e pela inércia por ele provocada, reaparecem agora como uma nova tradição: a prosa contemporânea tornou de novo atual o problema da forma e, com isso, o problema da narração. Temos prova disso nos contos e novelas de Remizov, Zamiatin, nas últimas obras de Gorki, nos estudos de Prichvin, nas novelas de Zochtchenko, V. Ivanov, Leonov, Fedin, Nikitin, Babel etc.

II

O romance e a novela não são formas homogêneas, mas, ao contrário, formas profundamente estranhas uma à outra. Eis por que não se desenvolvem simultaneamente, nem com a mesma intensidade, numa mesma literatura. O romance é uma forma sincrética (pouco importa se se desenvolveu diretamente a partir da coletânea de novelas ou se se complicou, integrando descrições de costumes); a novela é uma forma fundamental, elementar (o que não significa primitiva). O romance vem da história, da narrativa de viagens; a novela vem do conto, da anedota. Na realidade, trata-se de uma diferença de princípio, determinada pela extensão da obra. Diversos escritores e diferentes literaturas cultivam ou o romance ou a novela.

Constrói-se a novela com base numa contradição, numa falta de coincidência, num erro, num contraste etc. Mas isso não basta. Tudo na novela, como na anedota, tende para a conclusão. A novela deve lançar-se com impetuosidade, como um projétil disparado de um avião para golpear de bico e com toda a força o objetivo visado. Naturalmente, não trato aqui senão da novela de intriga, deixando de lado a novela de descrição, que caracteriza a literatura russa, bem como a "narrativa direta". *Short story* é um termo que sempre subentende uma história e que deve satisfazer a duas condições: as dimensões reduzidas e a ênfase dada à conclusão. Tais condições criam uma forma que, em seus objetivos e procedimentos, é completamente diferente da do romance.

São outros fatores que desempenham um papel primordial no romance, a saber, a técnica utilizada para tornar mais lenta a ação, para combinar e soldar elementos heterogêneos, a habilidade em desenvolver e ligar episódios, em criar centros de interesse diferentes, em desenvolver intrigas paralelas etc. Tal construção exige que o fim do romance seja um momento de enfraquecimento, e não de reforço; o ponto culminante da ação principal deve encontrar-se em algum ponto antes do fim. Caracteriza-se o romance pela presença de um epílogo: uma falsa conclusão, um balanço que abre uma perspectiva ou conta ao leitor a *Nachgeschichte* dos personagens principais (cf. *Rúdin*, de Turguêniev, *Guerra e paz*). Eis por que é natural que um fim inesperado seja um fenômeno raríssimo no romance (e, se o encontramos, só demonstra a influência da novela): as grandes dimensões e a diversidade dos episódios impedem tal modo de construção, ao passo que a novela tende justamente ao inesperado do final, onde culmina o que o antecede. No romance, certo declive deve suceder ao ponto culminante, ao passo que na novela é mais natural deter-se no ápice que já se atingiu. Pode-se comparar o romance a um longo passeio por diferentes lugares, que supõe um retorno tranquilo; a novela, à escalada de uma colina, que tem como objetivo oferecer-nos a vista que se descortina daquela altitude.

Tolstói não pôde terminar *Anna Karenina* com a morte de Anna: viu-se obrigado a escrever uma parte suplementar, embora isso fosse muito difícil, pois o romance estava centrado no destino de Anna. A lógica da forma romanesca exigia um prolongamento: caso contrário, o romance separeceria com uma novela diluída, com personagens e episódios totalmente inúteis. Tal construção foi uma espécie de proeza: matam o personagem principal antes que o destino dos demais personagens esteja decidido. Não é por acaso que normalmente os heróis cheguem ao fim do romance, salvos depois de estarem a dois dedos da morte (só seus companheiros morrem). O paralelismo da construção ajudou Tolstói: desde o começo, Levin disputa o primeiro lugar com Anna. Por outro lado, em *Contos de Belkin*, Púchkin procura justamente fazer coincidir a conclusão da novela com o ápice da intriga, para obter o efeito de um desenlace inesperado (cf. *A tempestade, O fazedor de caixões*).

A novela faz lembrar o problema que consiste em colocar uma equação de uma só incógnita; o romance é um problema com regras diversas, resolvido mediante um sistema de equações de várias incógnitas, sendo as construções intermediárias mais importantes que a resposta final. A novela é um enigma; o romance corresponde à charada ou ao rébus.

Na América, muito mais que em outros lugares, cultivou-se a novela breve (*short story*). Até a metade do século XIX, a literatura americana confunde-se com a literatura inglesa na consciência dos escritores e dos leitores e é absorvida em boa medida por esta última, sendo considerada uma literatura provinciana. Escreve Washington Irving com amargura, no prefácio de seus estudos sobre a vida inglesa:

> Ficaram surpresos com o fato de um homem vindo dos desertos da América se exprimir num inglês suportável. Fui considerado um fenômeno estranho na literatura, uma espécie de semisselvagem, com uma pluma na mão em vez de na cabeça, e ficaram curiosos em saber o que um ser desse tipo podia ter a dizer sobre a sociedade civilizada.[4]

No entanto, ele mesmo reconhece ter sido criado no espírito da cultura e da literatura inglesas, e seus estudos estão intimamente ligados à tradição dos estudos dos costumes ingleses:

> Nascido num país novo, mas familiarizado desde a infância com a literatura de um país antigo, minha mente logo se encheu de ideias históricas e poéticas que estavam ligadas aos lugares, aos costumes e aos usos da Europa, mas raramente podiam aplicar-se aos de minha pátria... Para um americano, a Inglaterra é uma terra tão clássica como a Itália para um inglês, e a velha Londres lhe inspira tantas ideias históricas como a Roma antiga.

É verdade que em seu primeiro livro de estudos (*The Sketch Book*, 1819), tenta usar um material americano, por exemplo,

---

4 W. Irving, *Le Château de Bracebridge* [O castelo de Bracebridge], trad. francesa de J. Cohen, P., 1822.

em *Rip Van Winkle*, *Philip of Pokanoket*; esta última obra começa com um lamento: "Os velhos autores que descreviam o descobrimento e a colonização da América não nos deixaram descrições suficientemente minuciosas e objetivas dos notáveis costumes que floresciam entre os selvagens." O tipo mesmo desses estudos, porém, permanece tradicional pela maneira e pelo estilo: nele nada encontramos de "americano", no sentido atual da palavra.

As décadas de 1830 e 1840 mostraram claramente a tendência da prosa americana de desenvolver o gênero da novela (*short story*), ao passo que a literatura inglesa cultiva, na época, o romance. Multiplicam-se diferentes periódicos (revistas), que começam a desempenhar um papel importante na Inglaterra e na América, mas cumpre observar que os periódicos ingleses contêm de preferência os grandes romances de Bulwer, Dickens, Thackeray, ao passo que os periódicos americanos dão o lugar central às *short stories*. Esta, aliás, é uma boa ilustração do fato de não podermos considerar o desenvolvimento da novela na América como mera consequência do aparecimento dos jornais: aqui como alhures, não existe causalidade simples. A propagação dos jornais está ligada à afirmação do gênero *short story*, mas não o gera.

É natural que apareça nessa época um interesse especial pela novela na crítica americana; ele está, aliás, vinculado a uma aparente malevolência em relação ao romance. Neste sentido, os raciocínios de Edgar Allan Poe, cujas novelas também dão testemunho da afirmação do gênero, são particularmente interessantes e indicativos. Seu artigo sobre as novelas de Nathaniel Hawthorne é uma espécie de tratado sobre as particularidades construtivas da novela. Escreve Poe,

> Existiu na literatura por muito tempo um preconceito nefasto e infundado e será a tarefa de nosso tempo rejeitá-lo, a saber, que o mero comprimento da obra deve em ampla medida entrar na avaliação dos seus méritos. Duvido que um crítico, por mais medíocre que seja, sustente a ideia de que há algo que provoque necessariamente a nossa admiração no comprimento ou na massa de uma obra, considerados de maneira abstrata. Assim, graças à mera sensação de grandeza física, a montanha atiça o nosso senso do sublime; mas não podemos admitir que o mesmo se passe com a apreciação de *A Columbíada*.

Em seguida, Poe desenvolve a sua original teoria sobre o poema, que para ele é superior a todos os outros gêneros, do ponto de vista estético (trata-se do poema cujas dimensões não superam o que se possa ler em uma hora. "[...] A unidade de efeito ou de impressão é uma questão da maior importância".[5] Para ele, um poema longo é um paradoxo). "As epopeias eram fruto de um senso artístico imperfeito, e seu reino não mais existe." A novela é o que mais se aproxima do tipo ideal, que é o poema: desempenha o mesmo papel que o poema, mas em seu próprio terreno, que é o da prosa. Poe crê ser possível recuar o limite de extensão para até duas horas de leitura em voz alta (ou seja, até duas folhas impressas); considera o romance um gênero "inconveniente", em razão do tamanho: "Como não pode ser lido de uma só vez, ele se priva, naturalmente, da imensa força conferida pela totalidade (o conjunto)."

---

5 E. A. Poe, Les Contes deux fois contés de Hawthorne [Os contos contados duas vezes de Hawthorne], *Choix de contes.* Paris: Aubier, Éditions Montaigne, 1958, trad. francesa de R. Asselineau.

No final, Poe caracteriza o gênero da novela:

> Um escritor habilidoso está criando um conto. Se ele conhece sua profissão, ele não modelou seus pensamentos em seus incidentes, mas, depois de haver conhecido com cuidado e reflexão certo efeito único que ele se propôs a produzir, inventa incidentes – combina eventos – que lhe permitem obter de uma forma melhor tal efeito preconcebido. Se sua primeira frase não tende ela mesma a produzir esse efeito, então ele a descarta logo no primeiro passo. Em toda a obra, não deve haver uma só palavra escrita que não tenda direta ou indiretamente a realizar esse plano preestabelecido. E, graças a esse método, a seu cuidado e à sua arte, é finalmente pintado um quadro que permanece no espírito daquele que o contempla com um senso artístico análogo a um sentimento de completa satisfação. A ideia da narrativa foi apresentada em toda a sua pureza porque nada veio se misturar a ela; eis aí um objetivo que o romance não pode atingir.

Poe dizia que tinha o hábito de escrever suas novelas começando pelo fim, como os chineses escrevem seus livros.

Portanto, atribui Poe uma importância especial a um efeito principal a que contribuem todos os pormenores, bem como à parte final, que deve esclarecer o que a precede. O sentimento da importância especial que deve ser dada ao acento final reencontra-se em toda a novela americana, ao passo que, para o romance (e sobretudo para o tipo de romance de Dickens e Thackeray), a parte final desempenha mais o papel de epílogo do que o de desenlace. Escrevia Stevenson em 1891 a um amigo a respeito de uma de suas novelas:

> Que fazer? [...] Inventar uma nova conclusão? Sim, claro, mas não escrevo assim; essa conclusão está subentendida ao longo de toda a novela; jamais uso um efeito se posso guardá-lo para o momento em que me servirá para introduzir efeitos ulteriores; é nisso que consiste a essência da novela (*a story*). Criar outro fim significa mudar o começo. O desenlace de uma longa novela não é nada; é apenas uma conclusão (*coda*), que não é um elemento essencial do seu ritmo; mas o conteúdo e o fim da novela breve (*short story*) são a carne da carne e o sangue do sangue de seu começo.

É esta a imagem geral das particularidades da novela na literatura americana. Todas as novelas americanas, a começar pelas de Edgar Allan Poe, são construídas, em maior ou menor medida, sobre estes princípios. Isto leva a ter um cuidado especial com as surpresas finais e a construir a novela com base num enigma ou num erro, que conservará até o fim o papel motor na intriga. No começo, essa novela se leva totalmente a sério; alguns escritores reduzem o efeito de surpresa com tendências moralizadoras ou sentimentais, mas sempre conservam esse princípio de construção. É o que acontece em Bret Harte: a proposta do enigma é em geral mais interessante que a sua solução. Tomemos a novela *A herdeira*. Baseia-se num enigma ou até dois: por que o velho deixou o dinheiro justamente para essa mulher, feia e estúpida, e por que ela dele dispõe com tanta parcimônia? Mas a solução nos decepciona: o primeiro enigma permanece sem solução, enquanto o segundo recebe uma solução insuficiente, pálida (o velho mandou que ela não desse dinheiro a quem viesse a amar). As soluções moralizadoras e sentimentais de narrativas como *O tolo, Miggles, O homem com o fardo pesado* deixam a mesma impressão. Dir-se-ia que Bret Harte teme a intensificação da parte final, para não dispensar essa ingenuidade sentimental que caracteriza o tom do narrador.

Na evolução de cada gênero, há momentos em que o gênero utilizado até então com objetivos totalmente sérios ou "elevados" degenera e assume uma forma cômica ou paródica. O mesmo fenômeno aconteceu com o poema épico, o romance de aventuras, o romance biográfico etc. Naturalmente, as condições locais ou históricas criam diferentes variações, mas o processo em si conserva essa ação enquanto lei evolutiva: a interpretação séria de uma intriga motivada com esmero e minúcia dá lugar à ironia, ao gracejo, ao pastiche; as ligações que servem para motivar a presença de uma cena tornam-se mais fracas e mais perceptíveis, sendo puramente convencionais; o próprio autor aparece no primeiro plano e destrói com frequência a ilusão de autenticidade e de seriedade; a construção do enredo torna-se um jogo com a fábula, que se transforma em adivinha ou anedota. Assim se produz a regeneração do gênero: encontra novas possibilidades e novas formas.

A primeira etapa da novela americana acontece em Irving, Edgar Allan Poe, Hawthorne, Bret Harte, Henry James etc.: a novela muda de estilo e de construção, mas continua sendo um gênero "elevado", sério. Eis por que o aparecimento das novelas divertidas de Mark Twain na década de 1880 é totalmente natural e legítimo: elas aproximam a novela da anedota e reforçam o papel do narrador humorista. Às vezes, o próprio autor mostra esse parentesco com a anedota, por exemplo, em *About Magnanimous-Incident Literature*, Mark Twain diz:

> Durante toda a minha vida, conservei o hábito, adquirido quando criancinha, de ler uma coletânea de anedotas [...]. Queria

> que essas anedotas encantadoras não terminassem com seu final feliz, mas continuassem a alegre história dos diferentes benfeitores e de seus protegidos. Tal possibilidade tanto me seduzia que afinal decidi realizá-la, criando eu mesmo os prolongamentos dessas anedotas.

Assim ele apresenta as continuações (*sequel*) de três anedotas.

O romance passa para o segundo plano e continua sua existência sobretudo sob a forma de romance policial. Instaura-se, assim, a moda dos pastiches. Em Bret Harte, ao lado de seus próprios romances malsucedidos, encontramos uma série de pastiches de romances de terceiros: são esboços concisos (*condensed novels*) que ilustram a maneira de diferentes escritores: Cooper, Miss Braddon, Dumas, Brontë, Hugo, Bulwer, Dickens etc. Não é por acaso que Edgar Allan Poe ataca assim o romance; o princípio da unidade de construção sobre o qual ele se esteia descredita a forma de grandes dimensões, onde se encontram inevitavelmente diversos centros de interesse, linhas paralelas, descrições etc. Neste sentido, é muito significativo o artigo crítico de Poe sobre o romance de Dickens, *Barnaby Rudge.* Entre outras coisas, Poe critica em Dickens as contradições e os erros técnicos do romance e descobre sua causa no "absurdo costume atual, que consiste em escrever romances para os periódicos, não sabendo o autor ainda todos os pormenores do plano quando começa a publicação do romance".

Paralelamente, aparecem romances que tendem visivelmente, sob todos os aspectos, à novela: têm uma quantidade limitada de personagens, um mistério como efeito central etc. É o caso do romance do próprio Hawthorne, *A letra escarlate* (*The Scarlet Letter*), que os teóricos e os historiadores da literatura americana citam constantemente como exemplo de construção admirável. Esse romance tem apenas três personagens ligados entre si por um segredo que se descobre no último capítulo ("Revelação"); não há intrigas paralelas, nem digressões, nem episódio marginal: estamos diante de uma unidade total de tempo, de lugar e de ação. Trata-se, aqui, de um fenômeno radicalmente diferente dos romances de Balzac ou de Dickens, que têm origem menos na novela que nos estudos de costumes ou nos chamados estudos fisiológicos.

Assim, a literatura americana se caracteriza pelo desenvolvimento da novela. Tal novela se baseia nos seguintes princípios: unidade de construção, efeito principal por volta do meio da narrativa e forte ênfase final. Até os anos 1880, essa novela varia, aproximando-se ou afastando-se da reportagem; conserva sempre, porém, seu caráter sério: moralizador ou sentimental, psicológico ou filosófico. A partir dessa época (Mark Twain), a novela americana dá um grande passo no sentido da anedota, frisando o papel do narrador humorista ou introduzindo elementos do pastiche e da ironia literária. Até a ironia final está sujeita ao jogo da intriga e das expectativas do leitor. Os procedimentos de construção são revelados intencionalmente e têm apenas um significado formal; a motivação é simplificada, a análise psicológica desaparece. Surgem nessa época as novelas de O. Henry, em que se manifesta em seu mais alto grau a tendência anedótica.

1925

Boris Eichenbaum

Como foi feito O capote, *de Gógol*

I

A composição da novela depende, em ampla medida, do papel desempenhado pelo tom pessoal do autor em sua estrutura. Ou seja, esse tom pode ser um princípio organizador que cria, em maior ou menor medida, uma narrativa direta; mas ele pode, também, ser apenas um elo formal entre os acontecimentos, que se contenta com um papel auxiliar. A novela primitiva, assim como o romance de aventuras, não conhece a narrativa direta e não precisa dela, pois o interesse e o movimento são determinados por uma sucessão rápida e inesperada de acontecimentos e situações. Uma combinação de motivos e de suas motivações: eis o princípio organizador da novela primitiva. O mesmo acontece com a novela cômica: coloca-se uma anedota fundamental, que, independentemente da narrativa, é em si mesma rica em situações cômicas.

A composição torna-se totalmente diferente se o enredo, essa combinação de motivos e de suas motivações, deixar de desempenhar o papel organizador, isto é, se o narrador ganhar destaque, servindo-se do enredo unicamente para ligar os procedimentos estilísticos particulares. Transfere-se o centro de gravidade do enredo, reduzido, então, ao mínimo, para os procedimentos da narrativa direta; concede-se o efeito cômico principal aos trocadilhos, que continuam sendo meros jogos de palavras ou se desenvolvem em pequenas anedotas. Os efeitos cômicos dependem da maneira de levar adiante a narrativa direta. Eis por que pequenas "insignificâncias" se tornam essenciais no estudo desse gênero de composição: basta suprimi-las e a estrutura da novela se desagrega. Podem-se distinguir dois tipos de narrativa direta cômica: 1) a narrativa e 2) a representativa. A primeira limita-se a gracejos, a trocadilhos etc.; a segunda introduz procedimentos de mímica e de gestos, inventando articulações cômicas e esquisitas, trocadilhos obscenos, disposições sintáticas fantasiosas etc. A primeira deixa a impressão de um discurso homogêneo; a segunda nos deixa entrever um ator que a pronuncia; assim, a narrativa direta se torna um jogo, e já não é a mera combinação de gracejos que determina a composição, mas um sistema de diferentes trejeitos e de movimentos articulatórios singulares.

Podemos encontrar um material fértil para o estudo da "narrativa direta" em várias novelas de Gógol ou alguns de seus trechos. A composição, em Gógol, não é definida pelo enredo: seu enredo é sempre pobre, ou até inexistente; Gógol parte de uma situação cômica qualquer (que às vezes não é cômica *em si mesma*) e essa situação serve de estímulo, de pretexto a um acúmulo de procedimentos cômicos. Assim, *O nariz* desenvolve-se a partir de uma anedota; *O casamento* e *O inspetor geral* têm, assim, origem numa situação estática; *Almas mortas* não é senão a mera justaposição de cenas diferentes, unidas pelas viagens de Tchitchikov. Sabe-se que Gógol sempre se sentiu intimidado pela necessidade de dar um enredo qualquer a suas obras. Relata-nos P. V. Annenkov as palavras de Gógol: "Para que uma novela ou qualquer conto em geral seja bem-sucedido, basta que o autor descreva um quarto ou uma rua que conheça bem." Numa carta a Púchkin, de 1835, escreve Gógol: "Faça-me o favor de me dar algum enredo, *engraçado ou não*, uma anedota puramente russa... Faça-me este favor, dê-me um enredo e eu lhe farei rapidamente uma comédia em cinco atos e ela será, juro, das mais engraçadas." Pede amiúde anedotas; assim, numa carta a Prokopovich (1837): "Peça principalmente a Jules (isto é, a Annenkov) que me escreva. Ele tem assunto para isso, certamente aconteceu alguma anedota na chancelaria."

Por outro lado, Gógol destaca-se pelo fato de saber ler bem as suas próprias obras, como testemunham vários de seus contemporâneos. Podemos nele distinguir dois estilos de leitura: quer uma declamação patética e melodiosa, quer uma maneira especial de apresentação, uma imitação por mímica que, ao mesmo tempo, como indica Turguêniev, não se transforma em mera leitura teatral dos papéis.

Segundo o relato de I. I. Panaev, sabemos como Gógol surpreendeu uma assembleia inteira, passando sem transição da conversa à brincadeira, de modo que os soluços e as frases que os acompanhavam não foram entendidos como parte da brincadeira. Como conta o príncipe Obolenski:

> Gógol era mestre na arte de ler: cada palavra era clara e, variando muitas vezes de entonação em suas palavras, nada tinha de monótono e obrigava o leitor a captar os matizes mais finos

de seu pensamento. Lembro-me de como começava com uma voz surda e um pouco sepulcral: "Por que apresentar a pobreza e nada mais que a pobreza? [...] E eis que estamos de novo num recanto perdido, que viemos dar num barraco abandonado." Depois dessas palavras, Gógol ergue a cabeça, joga para trás os cabelos e continua com voz forte e solene: "Mas que recanto e que barraco!", e depois disso começa a magnífica descrição da aldeia de Tentetnikov e, segundo a leitura de Gógol, tínhamos a impressão de que *ele a havia escrito numa métrica regular* [...]. Fiquei impressionadíssimo com a extraordinária harmonia do discurso. Compreendi, então, que Gógol havia utilizado admiravelmente essas denominações locais de ervas e flores, denominações que colecionava com tanto esmero. *Para ele, às vezes, a inserção de uma palavra sonora tinha como única finalidade obter certa harmonia.*

Assim descreve I. I. Panaev a sua maneira de ler:

> Gógol lia de um jeito inimitável. Consideram-se Ostrovski e Pisemsky os que recitam melhor entre os escritores contemporâneos. Ostrovski lê sem nenhum efeito dramático, com a maior simplicidade, mas dá a cada personagem o matiz adequado; Pisemsky lê como um ator, representa, por assim dizer, a sua peça ao lê-la [...]. A leitura de Gógol participava de ambos os estilos de leitura. Lia de maneira mais dramática que Ostrovski e com muito mais simplicidade que Pisemsky.

Até mesmo o ditado de Gógol se tornava uma espécie de declamação. Conta-nos P. V. Annenkov:

> Nikolai Vasilievich punha o caderno à sua frente e nele se absorvia completamente; começava a ditar com ritmo e solenidade;

> com tanto sentimento e tanta expressividade que os capítulos do primeiro volume de *Almas mortas* ganharam um colorido especial na minha memória. Era como uma inspiração tranquila de curso regular, uma inspiração nascida de uma meditação profunda. Nikolai Vasilievich aguardava pacientemente que eu tivesse escrito a última palavra para começar um novo período com a mesma voz rica em pensamentos e recolhimento. No trecho do jardim de Pluchkin, o *pathos* do ditado alcançava um ponto de elevação jamais igualado, embora conservasse a simplicidade. Gógol até levantava-se da poltrona e *acompanhava o ditado com gestos soberbos e imperiosos.*

Tudo isso indica que a narrativa direta se encontra na base do texto de Gógol, o qual se organiza a partir das imagens vivas, da língua falada e de emoções inerentes ao discurso. Melhor ainda: essa narração não tende à mera narrativa, ao simples discurso, mas reproduz as palavras por intermédio da mímica e da articulação. As frases são escolhidas e ligadas menos segundo o princípio do discurso lógico do que segundo o princípio do discurso expressivo, em que a articulação, a mímica, os gestos sonoros[1] assumem um papel especial. É aí que aparece o fenômeno de semântica fônica[2] da sua linguagem: o invólucro sonoro da palavra, seu caráter acústico tornam-se *significativos* no discurso de Gógol, independentemente do sentido lógico e concreto. Nele, a articulação e seu efeito acústico tornam-se um procedimento expressivo de primeira linha. Eis por que

1 O autor entende por isso a combinação inabitual e rebuscada de sons. (N. T.)

2 Conservamos o termo usado pelo autor. (N. T.)

ele gosta tanto das denominações, dos nomes, dos prenomes etc. Encontra aqui um vasto campo para esse jogo articulatório. Além disso, seu discurso é muitas vezes acompanhado de gestos (ver anteriormente) e ganha a forma de uma imitação, perceptível mesmo em sua forma escrita. Os testemunhos dos contemporâneos fazem igualmente menção a essas particularidades. Lemos nas memórias de Obolenski:

> Topei na estação com um caderno de reclamações e nele li uma queixa muito engraçada de certo cavalheiro. Depois de ouvi-la, Gógol me perguntou: "Quem você acha que é esse cavalheiro? Quais as suas qualidades, qual o seu caráter?" – Realmente não sei – respondi. "Pois bem, eu vou lhe dizer" e começou de imediato a descrever de um jeito muito divertido e original a sua aparência, em seguida fez o relato de toda a sua vida de funcionário e até mesmo *representou* alguns episódios da vida dele. Lembro que eu ria como um louco, mas ele permanecia muito sério. Em seguida, confessou que antigamente N. M. Yazykov (o poeta) e ele mesmo haviam morado juntos e, à noite, ao se deitarem, se divertiam descrevendo diferentes personagens e para cada um deles inventavam um nome.

O. N. Smirnova também nos informa sobre o papel dos nomes em Gógol:

> Ele dava extrema importância aos nomes dos personagens; procurava-os por toda parte, para que tivessem uma cor típica. Encontrava-os nos anúncios (o nome de Tchitchikov, no primeiro volume, foi encontrado diante de uma casa: antigamente, as casas não tinham número, mas o nome do proprietário nas

placas); ao começar o segundo volume de *Almas mortas*, deu com o nome do general Betrichtchev num caderno do correio e contava a um amigo que esse nome lhe inspirara a silhueta e os bigodes brancos do general.

A atitude particular de Gógol para com os nomes e prenomes e sua engenhosidade nesse campo já foram notadas na literatura, por exemplo, no livro do professor I. Mandelstam:

Esse tipo de formação de nomes que não visa "ao riso através das lágrimas"; está ligado à época em que Gógol se distraía (Pupopuz, Dovgotchkhun, Golopupenko, Golopuz, Sverbygug, Kizjakolupenko, Perepertchikha, Krutorychtchenko, Petcherytsia, Zakrutyguba etc.). Gógol sempre foi capaz de inventar nomes ridículos; Iaitchnitsa[3] (*O casamento*) e Neuvajai Koryto[4] e Belobruchkova[5] e Bachmatchkin[6] (*O capote*); além disso, este último nome se transforma em pretexto para um jogo de palavras. Às vezes, ele escolhia deliberadamente nomes já existentes: Akaki Akakiévitch, Tréfily, Dula, Varassakhy, Pavsikahy, Vahtissy etc. Em outros casos, ele se vale dos nomes para fazer trocadilhos (este procedimento é conhecido de longa data por todos os humoristas. Molière diverte o público com nomes como Pourceaugnac, Diafoirus, Purgon, Macroton, Des Fonandrès, Villebrequin; Rabelais usa bem mais generosamente de combinações inverossímeis de sons que já nos fazem rir por sua consonância

3 *Jaichnica* (russo): omelete. (N. T.)
4 *Neuvazhaj* (russo): não respeita. *Koryto* (russo): pia. (N. T.)
5 *Belobrjushkova* (russo): de barriga branca. (N. T.)
6 *Bashmak* (russo): sapato. (N. T.)

inabitual, como, por exemplo: Solmigonbinois, Trinquamelle, Trouillogan etc.).

Em Gógol, portanto, o enredo só tem uma importância marginal e, por essência, é estático. Não é por acaso que *O inspetor geral* acaba com uma cena muda e tudo o que a precede só lhe serve de prelúdio. A dinâmica de verdade e, ao mesmo tempo, a composição dessas obras estão contidas na construção narrativa, no jogo do estilo. Seus personagens são apenas a projeção fixa de uma atitude. O artista, ao mesmo tempo diretor e verdadeiro herói, domina-os com toda a sua alegria e seu gosto lúdico.

A partir dessas posições gerais sobre a composição e baseando-nos em tudo o que acaba de ser aqui exposto a respeito de Gógol, tentaremos lançar alguma luz sobre a camada composicional fundamental de *O capote*. Esta novela é especialmente interessante para este tipo de análise, pois a narração puramente cômica que se vale de todos os procedimentos do jogo estilístico próprios de Gógol está vinculada à declamação patética, que constitui uma segunda camada composicional. Nossos críticos haviam tomado essa segunda camada como o fundo; e todo o complexo "labirinto de junções" (expressão de L. Tolstói) era reduzido a certa ideia que, até hoje, todos os "estudos" sobre Gógol não param de repetir. Gógol poderia dar a tais críticos e eruditos a mesma resposta que L. Tolstói deu aos críticos de *Anna Karenina*: "Eu os felicito e, assumindo meus riscos, posso afirmar *qu'ils en savent plus long que moi*."[7]

---

7 Em francês no texto russo. (N. T.) Que eles sabem mais do que eu sobre isso. (N. T. B.)

II

Examinaremos em primeiro lugar isoladamente os principais procedimentos da narração em *O capote* e, em seguida, examinaremos seu sistema de combinações.

Os diversos trocadilhos desempenham um papel importante, sobretudo no começo. São construídos quer com base numa analogia fônica, quer num jogo de palavras etimológico, quer num absurdo subentendido. Num rascunho, a primeira frase da novela continha um trocadilho: "No Departamento de *Impostos* e *Receitas*, hoje também por vezes chamado Departamento de *Covardias* e *Besteiras*..."[8] No segundo rascunho, o autor acrescenta-lhe uma observação que confirma o jogo de palavras:

> Principalmente, não vão pensar os leitores que tal nome se baseasse realmente numa verdade qualquer. Não. Não se trata aqui senão de uma mera semelhança etimológica. É por isso que o Departamento de Águas e Florestas é chamado de Departamento de Negócios Amargos e Salgados.[9] Acontece aos funcionários de fazer certas descobertas entre a escrivaninha e a mesa de jogo.

Este trocadilho não aparece na redação definitiva. Gógol tem um afeto especial pelos trocadilhos etimológicos. Assim, o nome de Akaki Akakiévitch era originalmente Tichkiévitch e não se prestava ao trocadilho; em seguida, Gógol hesitou entre duas formas: Bachmakiévitch (cf. Sobakiévitch) e Bachmakov, decidindo-se finalmente por Bachmatchkin. A passagem de

---

8 Em russo: *podatej i zborov* e *poshlostej i vzdorov*. (N. T.)

9 Em russo: *gornyx i soljanyx* e *gorkix i soljonyx*. (N. T.)

Tichkiévitch para Bachmakiévitch é sugerida naturalmente pelo desejo de fazer um trocadilho; a escolha da forma Bachmatchkin pode ser explicada pela preferência de Gógol pelos sufixos diminutivos tanto como pela grande expressividade articulatória dessa forma, que cria um gesto sonoro *sui generis*. O trocadilho construído por intermédio desse nome de família é tornado mais complexo por procedimentos cômicos que os disfarçam sob uma aparência muito séria.

> Vemos bem que esse nome vem de *bachmak* [sapato], mas onde e como se estabelece essa filiação ninguém sabe. O pai, o avô e até o cunhado (o trocadilho é levado imperceptivelmente ao absurdo, procedimento frequente em Gógol) de nosso herói, em suma, todos os Bachmatchkin usavam botas cujas solas mandavam trocar três vezes por ano.[10]

O trocadilho é como destruído por esse tipo de comentário, tanto mais que introduzem pormenores completamente estranhos (sobre as solas); na realidade, temos um trocadilho complexo, duplo. Encontramos com frequência em Gógol um procedimento que consiste em disfarçar o absurdo, a associação ilógica das palavras por uma sintaxe lógica e rigorosa, de modo que esse emprego nos parece involuntário; assim o faz na passagem acerca de Petrovitch, que, "embora fosse zarolho e marcado pelas bexigas, era bastante bem-sucedido no remendo de calças e fraques burocráticos e outros". Aqui, o absurdo lógico é disfarçado pela abundância de pormenores que des-

10 N. Gógol, *Récits de Pétersbourg* [Narrativas de Petersburgo]. Paris: Janin, 1946, p.57-107, trad. francesa de B. de Schloezer, J.-B. Janin.

viam nossa atenção; o trocadilho não é evidente, ao contrário, está bem dissimulado e, com isso, cresce o seu poder cômico. Deparamo-nos muitas vezes com o trocadilho puramente etimológico: "as muitas calamidades espalhadas pelo caminho não só dos conselheiros titulares, mas também dos conselheiros da corte, secretos, atuais e até mesmo dos que não dão nem pedem conselhos a ninguém".

São estes os principais tipos de trocadilhos usados por Gógol em *O capote*. Podemos acrescentar a eles outro procedimento que visa a um efeito fônico. Falamos anteriormente do carinho de Gógol por todos os nomes e designações carentes de sentido; esse tipo de palavras "transracionais" abre ampla perspectiva para uma semântica fônica particular.[11] *Akaki Akakiévitch* é o resultado de uma escolha fônica bem definida; não é por acaso que toda uma anedota acompanha esse nome; nos rascunhos, Gógol observa expressamente: "teríamos podido, é claro, evitar as repetições frequentes da letra *k*, mas as circunstâncias eram tais que era impossível fazê-lo". A semântica fônica desse nome é preparada por uma série de outros nomes que apresentam uma expressividade fônica particular, que "foi buscada", é claro, intencionalmente. No rascunho, esta escolha era um pouco diferente:

1. Evvul, Mokky, Evloguy;
2. Varassakhy, Dula, Tréfily;
   (Varadat, Pharmuphy)[12]
3. Pavsikahy, Phrumenty.

---

11 Cf. Poul'poutik e Mon'mounja em *La carette.* (N. A.)
12 Os nomes preferidos pela parturiente. (N. A.)

Na redação definitiva:

1. Moky, Sossy, Kozdozatt;
2. Tréfily, Dula, Varassakhy;

   (Baradatt, Baruch)
3. Pavsikahy, Vahtissy e Akaki.

Se compararmos as duas listas, constatamos que a escolha articulatória é muito mais esmerada na segunda, possui seu sistema fônico particular. A natureza cômica desses nomes vem não de seu caráter esdrúxulo (o esdrúxulo não pode ser cômico em si), mas dos motivos que levaram o autor a escolher o nome de Akaki e a associá-lo, ademais, ao patronímico Akakiévitch. Graças à patente uniformidade silábica, esse nome mais parece um *apelido* carregado de semântica fônica. O fato de a parturiente escolher nomes que sempre respeitam o mesmo sistema reforça a impressão cômica. Isso produz uma mímica articulatória, um gesto fônico. Outro trecho de *O capote* é igualmente interessante a este respeito. É o que descreve a aparência de Akaki Akakiévitch: "Havia, então, em *certo ministério, um funcionário*; um funcionário muito pouco notável: baixinho, um pouco ruivo, até um pouco vesgo, a testa um tanto desguarnecida, as faces marcadas pelas rugas e uma dessas cores que chamam de hemorroidais." Esta última palavra é colocada de tal modo que obtém um poder expressivo especial, e nós a percebemos como um gesto cômico sonoro, independente do sentido. Ela é preparada, por um lado, pelas terminações rimadas.[13] É por

---

13 Em russo: *rjabovat – ryzhevat – podslepovat*, isto é, ruivo e vesgo. (N. T.)

isso que ela soa de maneira imponente e irreal, sem nenhuma relação com o sentido. É interessante notar que os rascunhos registram uma frase muito mais simples: "nesse departamento, então, trabalhava um funcionário bastante apagado, baixinho, calvo, um pouco bexiguento, avermelhado e até, à primeira vista, um pouco cego". Em sua forma definitiva, essa frase é menos uma *descrição* realista que uma *reprodução* articulada e por mímica: as palavras são escolhidas e arrumadas segundo o princípio da semântica fônica, e não segundo o princípio de designação dos traços característicos. A visão interna não é sequer tocada (acho que não há nada mais difícil que pintar os personagens de Gógol): a frase deixa-nos, antes, a impressão de uma sucessão fônica, que acaba com uma palavra vibrante e quase carente de sentido lógico, mas poderosíssima em sua expressão articulatória, "hemorroidais". A observação de D. A. Obolenski ganha aqui toda a sua relevância: "Gógol às vezes se valia de uma palavra sonora só para obter certa harmonia." A frase inteira dá-nos a impressão de uma entidade fechada, de um sistema de gestos fônicos que determina a escolha das palavras. Eis por que essas palavras mal são perceptíveis como unidades lógicas, como designações de noções; elas são decompostas e recompostas segundo o princípio do discurso fônico. Este é um dos admiráveis efeitos da língua de Gógol. Algumas de suas frases criam uma espécie de relevo fônico: a articulação e a acústica são promovidas ao primeiro plano. O autor apresenta a palavra mais comum de maneira tal que a significação lógica ou concreta se apaga; ao contrário, a semântica fônica é despojada e a mera designação assume formas de apelido: "Veio topar direto contra um funcionário que, tendo deixado a *alabarda* do lado dele, esvaziou um rolo de rapé sobre o punho caloso." Ou: "Pode-se até dissimular as abotoaduras do colarinho sob pequenas *patas* de prata, como está na moda hoje". O último caso é um jogo articulatório evidente (a repetição *lpk – plk*).[14]

Gógol não usa um discurso neutro, isto é, de simples noções psicológicas ou concretas, logicamente distribuídas em proposições corretas. O discurso fônico, que se baseia nos princípios articulatórios e mímicos, alterna-se com uma entonação tensa, que sustenta os períodos. Suas obras são muitas vezes construídas a partir dessa alternância. Encontramos um exemplo marcante disso em *O capote* – um período declamatório e patético:

> Nas mesmas horas em que se extingue o céu acinzentado de Petersburgo e em que a multidão de funcionários, tendo cada um dos quais jantado segundo seus recursos e gostos, repousa, quando todos, depois de terem feito ranger as plumas no ministério, depois de terem corrido e trabalhado para os outros e para si mesmos e terminado toda a tarefa que eles mesmos se impõem, voluntariamente e para além do que é necessário, o homem inquieto etc.

O enorme período que, ao final, leva a entonação a um ponto de extrema tensão, conclui-se com um desfecho de simplicidade inesperada: "Akaki Akakiévitch não buscava nenhuma distração."[15] Sente-se um desacordo cômico entre a tensão da entonação sintática que teve início silenciosa e discretamente e a sua consistência semântica. Tal impressão é reforçada pela

---

14 Em russo: *lapki pod aplike.* (N. T.)

15 Esta construção rítmica não foi conservada na tradução francesa, em que à frase russa correspondem quatro frases, tendo, ademais, a ordem das palavras sido ligeiramente modificada. (N. T.)

escolha das palavras, que parece contradizer a construção sintática do período: "Rostinhos bonitos [...], picante senhorita [...] bebericando aos golinhos o chá com biscoitos baratos [...]"; enfim, pela anedota sobre o monumento de Falconet, que é inserida como que de passagem. Esta contradição ou esta discordância age sobre as próprias palavras, de tal modo que elas se tornam *estranhas*, insólitas, soam de um jeito inesperado e chegam ao ouvido como que decompostas ou inventadas pela primeira vez por Gógol. Encontramos também em *O capote* outro período declamatório sentimental e melodramático; ele se integra inopinadamente no estilo geral dos trocadilhos; é o famoso trecho "humanista", tão celebrado pela crítica russa, que nele viu a essência de toda a novela, em vez de lhe conservar o papel de procedimento artístico secundário:

> "Deixem-me em paz! Por que me atormentam?" E havia algo de estranho nessas palavras, na voz com que as pronunciava. Percebia-se um tom tão miserável que um rapaz [...]. E muito tempo depois, ainda, em meio aos pensamentos mais alegres, via de repente o pequeno funcionário de testa calva [...]. Mas, através das palavras dele, captava outras e escondia o rosto entre as mãos [...]

Esta passagem não existe nos rascunhos, é mais tardia e pertence, sem dúvida, à segunda camada, aquela que alterna o estilo puramente anedótico dos primeiros rascunhos com os elementos de uma declamação patética.[16]

---

16 Explica V. Rozanov esta passagem como "o sofrimento do artista ante o princípio de sua criação, seu pranto diante do quadro que

Em *O capote*, Gógol deixa seus personagens falarem muito pouco, e o discurso deles é formado de um jeito particular, frequente nele – de tal modo que essas réplicas são sempre estilizadas e, apesar das divergências individuais, esse discurso não dá a impressão de uma língua familiar, como é o caso em Ostrovski (não é por acaso que Gógol lia de um jeito diferente do dele). As falas de Akaki Akakiévitch entram no sistema geral do discurso fônico e da articulação mímica de Gógol, elas são sempre elaboradas e acompanhadas de comentários: "Deve ser dito que Akaki Akakiévitch se explicava a maior parte do tempo por preposições, advérbios e partículas totalmente carentes de significado." A língua de Petrovitch, ao contrário da articulação fragmentária de Akaki Akakiévitch, é concisa, rigorosa e firme, e age mediante contrastes; nela não encontramos os matizes da língua familiar, a entonação cotidiana não lhe convém, suas palavras são tão "rebuscadas" e convencionais como as de Akaki Akakiévitch. Como sempre em Gógol (em *O casamento de outrora*, em *A briga dos dois Ivans*, em *Almas mortas* e nas peças de teatro), essas frases estão ali fora do tempo, fora do momento,

---

não sabe pintar de outro jeito e, depois de pintado, o admira, o odeia e o despreza" (artigo "Como foi criado o personagem de Akaki Akakiévitch" no livro *A lenda do grande inquisidor*, Petersburgo, 1906, p.278-9). E ainda: "E eis que, interrompendo o fluxo das galhofas, batendo na mão que não consegue parar de escrevê-las, segue uma observação marginal acrescentada posteriormente: 'mas Akaki Akakiévitch não lhes dizia nada...'". Deixamos de lado o problema do sentido filosófico e psicológico desta passagem, que aqui examinamos unicamente como procedimento artístico e apreciamos do ponto de vista da composição como uma integração do estilo declamatório no sistema de narração cômica. (N. A.)

imutáveis e definitivas: é uma língua de marionetes. As falas próprias de Gógol, sua narração, são rebuscadas. Essa narração imita, em *O capote*, um palavrório negligente e ingênuo. Os pormenores "supérfluos" aparecem como involuntários: "À sua direita estavam o padrinho, Ivan Ivanovitch Jerokhin, excelente homem, chefe do escritório do Senado, e a madrinha, Arina Semionovna Bielobriuchkova, esposa de um oficial de polícia, dotada das mais raras virtudes." Ou então sua narração ganha o caráter de um palavreado familiar: "Poderíamos, é claro, não nos deter mais na personalidade desse alfaiate, mas, já que é permitido, nas narrativas, explicar o caráter de cada um dos personagens, não tem jeito: é preciso apresentar-vos esse Petrovitch." Depois dessa declaração, a caracterização de Petrovitch é concluída indicando-se que ele bebe em todas as festas, sem exceção, e é esta a essência do procedimento cômico. O mesmo acontece com sua mulher:

> Já que falamos da esposa, é preciso descrevê-la também com algumas palavras. Infelizmente, não se sabe muita coisa sobre ela, a não ser que Petrovitch tinha uma mulher que usava na cabeça um gorro, em vez de um lenço; mas parece que ela não podia gabar-se de ser bela. Em todo caso, só os soldados da guarda que a encontravam na rua lançavam um olhar sob seu gorro, eriçando os bigodes com um grunhido significativo.

Esse estilo de narração inscreve-se de maneira especialmente incisiva numa frase como: "Para nosso grande pesar, não podemos informar onde morava o funcionário que o convidara: a memória começa gravemente a nos faltar, e as ruas e as casas de Petersburgo se confundem de tal maneira em nossa cabeça que é impossível dela obter qualquer informação exata." Se acrescentarmos a essa frase os numerosos "algum", "infelizmente pouco sabemos", "nada sabemos", "não me lembro" etc., teríamos uma imagem da narrativa direta, procedimento que dá a toda a novela a aparência de uma história verdadeira, de uma história ao estilo de notícia de variedades, mas de que nem todos os detalhes são conhecidos do narrador. Ele se afasta de bom grado da anedota principal e nela insere anedotas digressivas: "dizem que..."; assim, no começo, a pergunta de um chefe de polícia do distrito ("não me lembro mais de que cidade") ou ainda sobre os antepassados de Bachmatchkin, sobre o rabo do cavalo do monumento de Falconet, sobre o conselheiro titular nomeado governador e que se reservou um aposento chamado "quarto de residência" etc. Sabemos que a ideia da novela veio a Gógol de uma "anedota de chancelaria" sobre um pobre funcionário que perdeu o fuzil, pelo qual havia economizado durante muito tempo: "A ideia primeira de sua admirável novela *O capote* era uma anedota", comunica-nos P. V. Annenkov. Inicialmente, seu título era "História de um funcionário que rouba um capote", e a narração nos rascunhos tendia a uma maior estilização, a um palavrório descontraído e familiar: "Realmente, não me lembro do nome dele", "no fundo, era um bom sujeito" etc. Gógol atenuou levemente esse tipo de procedimento na redação definitiva, nela inseriu trocadilhos e anedotas, mas também a declamação, complicando a primeira camada composicional. Isso provoca um efeito grotesco, em que a careta do riso se alterna com a do sofrimento; e ambas assumem o aspecto de um jogo em que se sucedem convencionalmente gestos e entonações.

III

Examinaremos agora essa alternância para compreendermos o tipo mesmo de combinação dos procedimentos particulares. Essas combinações, esse arranjo saíram da narrativa direta, cujos traços são definidos anteriormente. Vimos que essa narrativa é de caráter mímico e declamatório, e não eventual: não é um narrador, é um Gógol intérprete, ou até comediante, que transparece no texto de *O capote*. Qual é a trama desse papel, qual o seu esquema?

A novela tem início com um conflito, com uma interrupção, com uma mudança brusca de tom. A introdução rápida ("No ministério") detém-se de repente e o tom épico do narrador, que era de se esperar, dá lugar a um tom sarcástico, de excessiva irritação. A composição primeira é substituída por digressões banais, que provocam um efeito de improvisação. Nada ainda foi dito e já rapidamente nos contam uma anedota, em tom negligente ("Não sei mais que cidade", "que romance"). Mas volta em seguida o tom esboçado no começo: "Havia, pois, em certo ministério, *um funcionário*." Este novo retorno à narração épica, porém, é de imediato substituído pela frase de que falamos anteriormente, uma frase tão rebuscada, visando diretamente a um efeito auditivo, que nada resta da narração impessoal e fria. Gógol assume seu papel e, depois de ter concluído essa marcante e caprichosa série de palavras com um termo de sonoridade pomposo e carente de sentido ("hemorroidais"), conclui com uma careta: "Que se há de fazer, a culpa é do clima de Petersburgo!" O tom pessoal e todos os procedimentos da narração gogoliana entram definitivamente na novela e ganham o caráter de uma pose grotesca ou de uma careta, que prepara a passagem ao trocadilho acerca do sobrenome e à anedota sobre o nascimento e o batismo de Akaki Akakiévitch. As frases impessoais que concluem tal anedota ("tal foi a origem desse nome", "eis, pois, como as coisas se passaram") dão a impressão de uma brincadeira com a forma narrativa: não é por acaso que há um ligeiro trocadilho que confere a essas frases o aspecto de repetições desengonçadas. Seguem-se abundantes gracejos, até a frase "Mas ele nada respondia", em que a narração cômica é subitamente interrompida por uma digressão sentimental e melodramática caracterizada pelos procedimentos do estilo sentimental. Esse procedimento eleva a mera anedota de *O capote* ao nível do gênero grotesco. O conteúdo sentimental e voluntariamente primitivo desse trecho (nisso, o grotesco assemelha-se ao melodrama) exprime-se mediante uma entonação de intensidade crescente e de caráter solene, patético (os "e" de introdução e a ordem especial das palavras): "E havia algo de estranho [...]. E muito tempo depois ainda [...] ele via de repente [...]. Mas através dessas palavras [...] e escondia, então, o rosto entre as mãos [...]. E muitas vezes, mais tarde, ele constatou com horror [...]." Esse procedimento faz lembrar o procedimento cênico pelo qual o ator sai do papel e se dirige diretamente aos espectadores. (Cf. em *O inspetor geral*: "De quem vocês estão rindo? Estão rindo de vocês mesmos", ou as célebres palavras "É tedioso viver neste mundo, senhores", em *A briga dos dois Ivans*.) Temos o hábito de compreender literalmente esse trecho: o procedimento artístico que transforma a novela cômica em farsa grotesca e prepara a conclusão "fantástica" é visto como uma intervenção sincera e autêntica do autor. Se tal ilusão é um "triunfo da arte", na expressão de Karamzin, se a ingenuidade do espectador é comovente, tal ingenuidade não poderia ser um triunfo para a ciência, cuja impotência atestaria. Tal interpretação destrói a estrutura inteira de *O capote* e seu objetivo estético. Uma vez adotada a proposição fundamental – nem uma única frase da obra literária *pode* ser em si uma "expressão" direta dos sentimentos pessoais do autor, mas é sempre construção e jogo –, *não podemos nem devemos* ver em tal trecho algo mais do que um procedimento artístico. O processo habitual, que consiste em identificar um juízo particular, tomado da obra, com um sentimento supostamente do autor, conduz a ciência a um impasse. O artista, homem sensível que padece deste ou daquele humor, não pode nem deve ser recriado a partir da sua criação. A obra de arte é um objeto acabado, ao qual se deu uma forma, que foi inventado, que é não só artístico, mas artificial, no melhor sentido da palavra; é por isso que ela *não é nem pode ser* uma projeção da experiência psicológica. O caráter artístico e artificial desse procedimento de Gógol no trecho de *O capote* é revelado sobretudo pela cadência dessa frase melodramática que aparece como uma sentença ingênua e sentimental, usada pelo autor para ressaltar o grotesco: "E ele escondia, então, o rosto entre as mãos, o pobre rapaz! E muitas vezes, mais tarde, constatou com horror, ao longo da vida, o quanto o homem é cruel e que brutalidade real e ruim, infelizmente, sob o refinamento da educação, até mesmo aquele que parece aos olhos do mundo nobre e honesto [...]."

O episódio melodramático é usado para fazer contraste com a narração cômica. Quanto mais hábeis são os trocadilhos, mais o procedimento que quebra o jogo cômico deve ser patético e estilizado no sentido de um sentimentalismo ingênuo. Uma reflexão séria não teria nem produzido o contraste nem conferido um caráter grotesco a toda a composição. Eis por que não é de espantar que, segundo esse episódio, Gógol retorne ao estilo anterior, ora voluntariamente impessoal, ora jocoso e displicentemente loquaz, que entrecorta com trocadilhos como "só então ele observou que não estava no meio da página, mas no meio da rua". Depois de ter contado como Akaki Akakiévitch come e como para de comer, ao sentir o estômago cheio, Gógol retoma a declamação, mas num tom diferente: "Até nas horas em que [...]". Para obter o mesmo efeito grotesco, é introduzido aqui um tom surdo, "enigmático", que vai crescendo aos poucos ao longo de um imenso período que se conclui com inesperada simplicidade: o equilíbrio esperado, graças ao tipo sintático do período, o equilíbrio entre a energia semântica do longo crescendo ("Quando [...], quando [...], quando [...]") e a cadência, não é realizado, como o anuncia a escolha mesma das palavras e expressões. O desacordo entre o tom solene e sério e o conteúdo semântico é utilizado de novo como procedimento grotesco. Esse novo "fingimento" do comediante é substituído logicamente por um novo trocadilho sobre os conselheiros. O primeiro ato de *O capote* termina com estas palavras: "Assim transcorria a pacífica existência desse homem que [...]". Esse desenho esboçado na primeira parte e que entrecruza a narração puramente anedótica com a declamação melodramática e solene qualifica toda a composição de *O capote* como grotesca. O estilo do grotesco exige, em primeiro lugar, que a situação ou o evento descrito seja encerrado num mundo artificial, reduzido a dimensões liliputianas (é o caso em *O casamento de outrora* e em *A briga dos dois Ivans*) e absolutamente isolado da vasta realidade, da riqueza de uma verdadeira vida interior; ele exige, ademais, que seja abandonado todo objetivo didático ou satírico e que se trate de tornar possível um *jogo com a realidade*, de decompor e deslocar livremente esses elementos, com o único objetivo de revelar como irreais as relações e os laços habituais (psicológicos e lógicos) nesse mundo *reconstruído* e de fazer que todo pormenor ganhe dimensões gigantescas. É sobre o fundo de um estilo semelhante que a menor aparência de verdadeiro sentimento ganha uma cor marcante. Na anedota sobre o funcionário, Gógol aprecia esse complexo fechado e extremamente reduzido de pensamentos, sentimentos e desejos; nesse quadro estreito, o artista pode exagerar nos pormenores e destruir as proporções habituais do mundo. É com base nesse princípio que é feito o esquema de *O capote*. Não se trata da "nulidade" de Akaki Akakiévitch, nem de um sermão que pregue o "humanismo" para com um irmão infeliz, mas da possibilidade obtida assim por Gógol de unir o que não pode ser unido, de exagerar o insignificante e de reduzir o importante, tendo previamente isolado da vasta realidade o mundo da novela. Numa palavra, ele pode jogar com todas as normas e leis da vida interior real. O que ele faz. O mundo interior de Akaki Akakiévitch (se nos permitirem a expressão) não é *nulo* (como puderam fazer-nos crer nossos ingênuos e sensíveis historiadores da literatura, hipnotizados por Belinskii), mas é *específico* e absolutamente isolado: "Nesse trabalho de cópia, ele entrevia todo um mundo múltiplo e atraente. Fora desse trabalho, nada, ao que parece, existia para ele." Esse mundo tem suas próprias leis e proporções. Segundo a lei desse mundo, a compra de um capote novo torna-se um acontecimento colossal, e Gógol nos oferece uma fórmula grotesca: "Ele se alimentava espiritualmente, ocupando sempre a imagem do futuro capote os seus pensamentos", e ainda: "Dir-

-se-ia [...] que uma amável companheira tivesse consentido em percorrer ao seu lado a estrada da vida: essa companheira não era senão o capote, bem acolchoado, com um sólido forro [...]." Os pequenos detalhes elevam-se a um papel de primeiro plano, por exemplo, a unha de Petrovitch, "tão espessa e dura como a carapaça de uma tartaruga", ou ainda sua cigarreira: "ornada com o retrato de não sei qual general: o lugar do retrato havia sido perfurado com o dedo e recoberto em seguida com um quadrado de papel".[17]

Essa hiperbolização grotesca é desenvolvida, como anteriormente, sobre o fundo de uma narração cômica, entrecortada por trocadilhos, de palavras e expressões engraçadas, de anedotas etc.: "não compraram pele de marta, pois, de fato, era cara demais; mas a trocaram por gato, o mais belo que havia na loja, um gato que de longe poderia passar por marta"; ou então: "Que cargo ocupava esse personagem, em que consistiam suas funções? Nada se sabe até agora. Cabe indicar que esse personagem só se tornara importante havia pouco tempo"; ou ainda:

> Contam até que certo conselheiro titular, assim que foi levado à chefia de uma chancelaria, a primeira coisa que fez foi trancar-se num quartinho que chamou de "sala do conselho" e à porta do

---

17 As pessoas ingênuas dirão que isso é "realismo", "descrição" etc. É inútil discutir com elas, mas seria bom que refletissem sobre o fato de que nos falam longamente sobre a unha e a cigarreira, enquanto do próprio Petrovitch só nos dizem que bebia em todas as festas, e sobre sua esposa, apenas que ele tinha uma e que ela usava gorro. É um procedimento evidente de composição grotesca: acentuar os mínimos detalhes e deixar de lado os que mereceriam maior atenção. (N. A.)

qual colocou porteiros agaloados e de colarinho vermelho, que escancaravam os batentes diante das pessoas que se apresentassem, embora a tal "sala do conselho" fosse tão pequena que mal se pôde nela encontrar espaço para uma escrivaninha.

Ao mesmo tempo, o autor às vezes "toma" a palavra num tom descontraído, adotado desde o começo e que parece dissimular certa pose: "Pode ser também que ele não pensasse em nada parecido: é impossível penetrar na alma de um homem (o que é também uma espécie de trocadilho, se levarmos em conta a interpretação geral da imagem de Akaki Akakiévitch) e saber com precisão o que nela se passa" (jogo com a anedota como se se tratasse da realidade). A morte de Akaki Akakiévitch é contada num estilo tão grotesco quanto o de seu nascimento, em que se revezam pormenores trágicos e cômicos, interrompidos pelo brusco "E enfim o pobre Akaki Akakiévitch entregou sua alma,"[18] do qual se passa de imediato a toda espécie de pormenores: a enumeração da herança: "um pacote de plumas de ganso, um caderno de papel com cabeçalho oficial, três pares de sapatos, dois ou três botões de calça e o velho capote bem conhecido do leitor", que termina com uma conclusão no estilo habitual: "Quem herdou tudo isso? Só Deus sabe! O autor desta narrativa não se preocupou com isso, confesso." E, depois de tudo isso, vem nova declamação melodramática, que era de se prever depois da descrição de uma cena tão triste e que nos remete ao trecho "humanista": "E Petersburgo ficou

---

18 No contexto geral, mesmo essa expressão corrente soa de maneira inabitual e estranha e parece um trocadilho, fenômeno constante na língua de Gógol. (N. A.)

sem Akaki Akakiévitch. Foi como se ele não tivesse jamais existido. Faleceu esse ser que ninguém protegia, de que ninguém gostava, pelo qual ninguém se interessava, que não havia sequer chamado a atenção do cientista, o qual, porém, não há de perder a oportunidade de examinar ao microscópio o menor mosquito" etc.

O fim de *O capote* é uma impressionante apoteose do grotesco, um pouco parecida com a cena muda de *O inspetor geral*. Os cientistas ingênuos que acreditaram ver no trecho "humanista" todo o sal da novela ficam perplexos diante da introdução inesperada e incompreensível do "romantismo" no "realismo". O próprio Gógol sugere:

> Mas quem teria acreditado que a história de Akaki Akakiévitch ainda não terminava aqui e que ele estivesse destinado, depois da morte, a levar durante alguns dias uma existência estrondosa, como para recompensá-lo de quanto passou despercebido na vida? Foi, porém, o que aconteceu, e a nossa modesta história ganha de repente um aspecto fantástico.

Na realidade, a conclusão não é nem mais fantástica nem mais "romântica" que a novela inteira. Ao contrário, nesta última havia um autêntico grotesco fantástico apresentado como um jogo com a realidade; naquela, a novela entra num mundo de imagens e de fatos mais habituais, mas o todo prossegue em seu jogo com o fantástico. É uma novela "fingida", um procedimento de grotesco invertido:

> O fantasma, tendo-se voltado, ter-lhe-ia perguntado, por fim, "Que queres?" e mostrado um punho de uma dimensão excep-

> cional, mesmo entre os vivos. Respondeu o funcionário: "Não quero nada" e logo deu meia-volta. O fantasma, aliás, era, desta vez, muito mais alto e usava imensos bigodes. Dirigindo-se, ao que parece, para a ponte de Obukhov, desapareceu nas trevas noturnas.

A anedota desenvolvida no final afasta-nos da "pobre história" e de seus episódios melodramáticos. É uma volta à narração puramente cômica do começo e a todos os seus procedimentos. Com o fantasma de bigodes, desaparece na sombra todo o grotesco e se dissolve no riso. Do mesmo modo, em *O inspetor geral*, desaparece Khlestakov e a cena muda remete o espectador ao começo da peça.

1918

Vladimir Propp

As transformações dos contos maravilhosos

I

Podemos, por diversas razões, comparar o estudo dos contos ao das formas orgânicas na natureza. Tanto quanto o naturalista, o folclorista lida com fenômenos diversos, que, em sua essência, são, porém, idênticos. A questão da origem das espécies colocada por Darwin pode ser colocada também em nosso campo. Não existe, tanto no reino da natureza como entre nós, uma explicação direta, totalmente objetiva e absolutamente convincente à semelhança dos fenômenos. Ela nos coloca diante de um verdadeiro problema. Em cada um destes casos, são possíveis dois pontos de vista: ou afirmamos que, para dois fenômenos que não têm nem podem ter nenhuma relação externa, sua semelhança interna não nos conduz a uma raiz genética comum, e esta é a teoria da gênese independente das espécies; ou essa semelhança morfológica é interpretada como a consequência de certo vínculo genético, e esta é a teoria da origem por metamorfoses ou transformações que remontam a certa causa.

Para resolver este problema, cumpre antes de tudo ter uma ideia da natureza exata da semelhança entre os contos. Até hoje, para definir essa semelhança, só eram consideradas a narrativa inteira e suas variantes. Esse método só é admissível no caso de se adotar o ponto de vista da gênese independente das espécies. Os partidários desse método recusam toda comparação dos enredos entre eles, comparação que consideram errônea, senão impossível.[1]

Sem negar a utilidade de um estudo dos enredos e uma comparação que só levasse em conta suas semelhanças, podemos propor outro método, outra unidade de medida. Podemos comparar os contos do ponto de vista da composição, da estrutura, e, então, a semelhança entre eles apresentar-se-á sob nova luz.[2]

Podemos observar que os personagens dos contos maravilhosos, embora permaneçam muito diferentes na aparência, idade, sexo, tipo de preocupação, estado civil e outros traços estáticos e atributivos, executam ao longo de toda a ação os mesmos atos. Isto determina a relação das constantes com as variáveis. As funções dos personagens representam constantes, tudo o mais pode variar. Por exemplo:

1. O rei envia Ivan para procurar a princesa. Ivan parte.
2. O rei envia Ivan para procurar um objeto singular. Ivan parte.

---

1 Alerta-nos Aarne contra tal erro, em seu *Leitfaden der vergleichenden Märchenforschung*. (N. A.)

2 Meu estudo *A morfologia do conto*, publicado na série "Problemas da poética", é dedicado a este problema. (N. A.)

3. A irmã envia o irmão para procurar um remédio. O irmão parte.
4. A madrasta envia a enteada para buscar fogo. A enteada parte.
5. O ferreiro envia o aprendiz para procurar a vaca. O aprendiz parte.

Etc. O envio e a partida ligada às buscas são constantes. Aquele que envia e aquele que parte, a motivação do envio etc. são variáveis. Em seguida, as etapas da busca, os obstáculos etc. podem sempre coincidir em sua essência, sem coincidir na aparência. Podemos isolar as funções dos personagens. Os contos maravilhosos abrangem trinta e uma funções. Nem todos os contos apresentam todas as funções, mas a ausência de algumas delas não influencia a ordem de sucessão das outras. Seu conjunto constitui um sistema, uma composição. Esse sistema mostra-se extremamente estável e difundido. O pesquisador pode estabelecer que contos diferentes, como o conto egípcio dos dois irmãos, o conto do Pássaro de Fogo, o conto de Morozok,[3] o conto do pescador e do peixe, assim como certo número de mitos, autorizam um estudo comum. A análise dos pormenores confirma tal suposição. O sistema não se limita a trinta e uma funções. Um motivo, como "Baba Yaga[4] dá um cavalo a Ivan", abrange quatro elementos, um dos quais representa uma função, ao passo que os outros três têm um caráter estático. O número total de elementos de partes constitutivas do conto é de cerca de cento e cinquenta. Podemos dar um nome a cada um desses elementos, de acordo

3 Personagem que representa o frio nos contos populares russos. (N. T.)
4 Personagem fantástico do sexo feminino nos contos russos. (N. T.)

com o papel no desenrolar da ação. Assim, no exemplo citado, Baba Yaga é o personagem doador, a palavra "dá" representa o momento do equipamento; Ivan é o personagem que recebe o objeto mágico, o cavalo, que é o próprio objeto mágico. Se fizermos o levantamento das denominações dos cento e cinquenta elementos do conto maravilhoso na ordem exigida pelo próprio conto, poderemos inscrever nessa tábua todos os contos maravilhosos; inversamente, todo conto que pudermos inscrever na tábua é um conto maravilhoso, todos os que não pudermos nela inscrever pertencem a outra classe de contos. Cada seção isola uma parte constitutiva do conto, e a leitura vertical da tabela revela uma série de formas fundamentais e uma série de formas derivadas.

São essas partes constitutivas que melhor se prestam à comparação. Na zoologia, isso corresponderia a uma comparação dos vertebrados com os vertebrados, de dentes com dentes etc. Ao mesmo tempo, as formações orgânicas e o conto apresentam uma grande diferença que facilita a nossa tarefa. Enquanto a mudança de uma parte ou de um traço acarreta a mudança de outro traço, no conto cada parte pode mudar independentemente das outras. Muitos pesquisadores observam este fenômeno, ainda que, por enquanto, não conheçamos nenhuma tentativa de tirar daí todas as conclusões, metodológicas ou não.[5]

---

5 Cf. F. Panzer, *Märchen, Sage und Dichtung*, München, 1905: "*Seine Komposition ist eine Mosaikarbeit, die das schillernde Bild aus deutlich abgegrenzten Steinchen gefügt hat. Und diese Steinchen bleiben umso leichter auswechselbar, die einzelnen Motive können umso leichter variieren, als auch nirgends für eine Verbindung in die Tiefe gesorgt ist.*" [Sua composição é um mosaico, algo

Assim, Krohn, de acordo com Spiess quanto à mobilidade das partes constitutivas, considera, porém, necessário estudar os contos segundo seu projeto geral, e não segundo suas partes, sem, porém, encontrar argumentos de peso para defender a sua posição, que caracteriza bem a escola finlandesa.

Concluímos daí que podemos estudar as partes constitutivas sem levarmos em conta o enredo que as molda. O estudo das seções verticais revela as normas e as vias de transformação. Graças à união mecânica das partes constitutivas, o que é verdadeiro para cada elemento particular também o será para o projeto geral.

II

O presente trabalho não se propõe esgotar a questão. Só poderemos oferecer algumas balizas principais, que, em seguida, constituirão a base de um estudo teórico mais amplo.

Mas mesmo numa exposição sintética, antes de passar ao estudo das transformações, é necessário estabelecer critérios que nos permitam distinguir das formas derivadas as formas fundamentais.

---

associável à imagem marcante de pedras claramente distinguíveis. Tais pedras permanecem sendo, de forma isolada, muito facilmente substituíveis: os motivos individuais podem variar superficialmente, e em nenhum lugar específico encontra-se relevo mais profundo.] Evidentemente, é aqui negada a teoria das combinações estáveis ou dos elos constantes. K. Spiess exprimiu a mesma ideia com maior rigor e mais minúcia. (*Das deutsche Volksmärchen*, Leipzig, 1917.) Cf. também K. Krohn, *Die Folkloristische Arbeitsmethode*, Oslo, 1926. (N. A.)

Estes critérios podem ser de dois tipos: podem ser expressos por certos princípios gerais ou por regras particulares.

Antes de tudo, os princípios gerais.

Para estabelecer esses princípios, é preciso considerar o conto em relação com seu meio, com a situação em que é criado e em que vive. Aqui, a vida prática e a religião, no sentido amplo da palavra, terão a maior importância. As razões das transformações são exteriores ao conto, e não poderemos compreender a evolução delas sem fazermos aproximações entre o conto mesmo e o meio humano em que vive.

Chamaremos forma fundamental a forma que está vinculada à origem do conto. Sem dúvida nenhuma, o conto tem em geral sua origem na vida. Mas o conto maravilhoso, por sua vez, reflete muito pouco a vida cotidiana. Tudo o que vem da realidade representa uma forma secundária. Para compreendermos a verdadeira origem do conto, devemos servir-nos, em nossas comparações, de informações pormenorizadas acerca da cultura dessa época.

Convencer-nos-emos, assim, que as formas definidas, por esta ou aquela razão, como fundamentais estão claramente ligadas às antigas representações religiosas. Podemos fazer a seguinte suposição: se nos depararmos com a mesma forma num documento religioso e num conto, a forma religiosa é primária, a forma do conto, secundária. Isto vale sobretudo no que diz respeito às religiões arcaicas. Todo elemento das religiões hoje desaparecidas é sempre preexistente a seu uso num conto. Evidentemente, é impossível provar esta afirmação. Tal dependência não pode, em geral, ser provada; só será demonstrada a partir de numerosos exemplos. Este é um primeiro princípio geral que poderá passar por um desenvolvimento ulterior. Podemos formular o segundo da seguinte maneira: se encontramos o mesmo elemento em duas formas, das quais uma remonta à vida religiosa e a outra, à vida prática, a forma religiosa é primária e a da vida prática, secundária.

É preciso, porém, usar de certa prudência na aplicação destes princípios. A tentativa de fazer remontar todas as formas fundamentais à religião, todas as formas derivadas à vida prática seria incontestavelmente um erro. Para prevenir tais equívocos, devemos esclarecer mais os métodos a serem seguidos no estudo comparativo do conto e da religião, do conto e da vida prática.

Podemos estabelecer diversos tipos de relação entre o conto e a religião.

O primeiro tipo de relação é a dependência genética direta, que é totalmente evidente em certos casos e, em outros, exige pesquisas históricas especiais. Assim, o dragão que encontramos nas religiões e nos contos veio incontestavelmente das primeiras.

A existência de tal vínculo, porém, não é obrigatória, mesmo no caso de uma grande semelhança entre os dois. Ela só é provável no caso de estarmos diante de dados ligados diretamente aos cultos, aos ritos. Cumpre distinguir tais informações recebidas do rito das que nos são fornecidas pela poesia épica religiosa. No primeiro caso, podemos falar de um parentesco direto, que segue uma linhagem de descendência análoga ao parentesco de pai e filho; no segundo caso, só podemos falar de uma relação paralela, análoga ao parentesco entre irmãos. Assim, a história de Sansão e Dalila não pode ser considerada o protótipo do conto: o conto semelhante a essa história e o texto bíblico podem remontar a uma fonte comum.

Evidentemente, é só com certa reserva que podemos afirmar o caráter primário da matéria dos cultos. Há também casos, porém, em que podemos afirmá-lo sem hesitação. É verdade que muitas vezes se trata não do próprio documento, mas dessas imagens que nele encontramos e sobre as quais o conto é construído. Mas só podemos julgar tais imagens segundo os documentos. O Rig Veda, que permanece não muito conhecido entre os folcloristas, é uma dessas fontes. Se é verdade que o conto compreende cerca de cento e cinquenta partes constitutivas, pelo menos sessenta delas já lá se encontram. É verdade que aqui elas são usadas para fins líricos, e não épicos, mas não devemos esquecer que se trata de hinos religiosos, e não populares. Sem dúvida nenhuma, essa poesia lírica transforma-se em poesia épica entre os homens do povo (pastores e camponeses). Se o hino glorifica Indra como vencedor dos dragões (e às vezes os pormenores correspondem exatamente aos do conto), o povo pode contar de uma forma qualquer como Indra venceu o dragão.

Comprovemos esta afirmação com um exemplo mais concreto. Reconhecemos com muita facilidade Baba Yaga e a sua choupana no seguinte hino:

> Senhora das florestas, senhora das florestas, para onde somes? Por que não fazes perguntas sobre a aldeia? Não tens medo?
>
> Quando ecoam os grandes gritos e o chilrear dos pássaros, a senhora da floresta sente-se como um príncipe que viaja ao som de címbalos.
>
> Parece-te então que vacas passam. Crês então distinguir, lá longe, uma choupana. Ouve-se um grito ao cair da tarde, como se passasse uma carroça. É a senhora das florestas. Alguém chama

a vaca lá longe. Alguém derruba árvores lá longe. Alguém grita lá longe. Assim pensa o que passa a noite junto à senhora das florestas.

A senhora das florestas não te faz mal se não a atacares. Saboreias doces frutos e te deitas para repousar quando quiseres.

Glorifico aquela de que emana um perfume de ervas, aquela que não semeia, mas sempre encontra alimento, a mãe das feras selvagens, a senhora das florestas.

Encontramos aqui vários elementos do conto: a choupana na floresta, a reprimenda ligada às perguntas (é dada numa ordem inversa), a hospitalidade (ela o alimenta, lhe dá de beber, lhe oferece abrigo), a indicação da hostilidade possível da senhora das florestas, a indicação de que ela é a mãe das feras selvagens (no conto, ela convoca os animais). Outros elementos não estão presentes: as patas de galinha da choupana, a aparência da senhora etc. E eis a coincidência marcante de um pequeno detalhe: aquele que dorme na cabana acha que estão derrubando árvores. Em Afanássiev[6] (n.5), o pai, depois de ter deixado a filha na barraca, atrela um pedaço de madeira à carroça. A madeira bate e a filha diz: "É meu pai que está derrubando as árvores."

Todas estas coincidências são ainda menos fortuitas por não serem as únicas. São apenas algumas das inúmeras e exatas coincidências entre o conto e o Rig Veda.

Não podemos, é claro, considerar esse paralelo como prova de que nossa Baba Yaga remonte ao Rig Veda. Apenas ressalta que, de um modo geral, é da religião ao conto que se traça o

6 Coletânea de contos populares russos. (N. T.)

movimento e não o contrário, e que é aqui que devemos dar início a pesquisas comparativas precisas.

Tudo o que dissemos até agora, porém, só vale no caso de um longo lapso de tempo separar o aparecimento da religião e do conto, no caso de a religião em questão já estar morta, de seus primórdios se perderem no passado pré-histórico. O caso é completamente outro quando comparamos uma religião viva e um conto vivo do mesmo povo. Aqui, pode tratar-se de uma dependência inversa, dependência que não era possível entre uma religião já morta e um conto atual. Os elementos cristãos do conto (os apóstolos no papel de auxiliares, o diabo no papel de agressor etc.) são, aqui, posteriores aos contos, e não anteriores, como no caso precedente. Estritamente falando, não se trata aqui de uma relação inversa à do caso precedente. O conto (maravilhoso) vem das antigas religiões, mas a religião contemporânea não vem dos contos. Ela tampouco os cria, mas modifica seus elementos. Há também raros casos de uma verdadeira dependência inversa, isto é, casos em que os elementos da religião vêm do conto. A história da santificação do milagre de São Jorge com o dragão pela Igreja ocidental fornece-nos disso um exemplo interessantíssimo. Esse milagre foi santificado muito depois que São Jorge foi canonizado, e essa santificação se chocou com uma resistência teimosa da parte da Igreja.[7]

Como o combate contra o dragão existe em diversas religiões pagãs, é preciso admitir que é nelas que está sua verdadeira origem. Mas no século XIII, quando tais religiões já não mais sobreviviam, só a tradição épica popular desempenhou o papel intermediário. A popularidade de São Jorge, por um

7 J. Aufhauser, *Das Drachenwunder des Heiligen Georg*, Leipzig, 1912.

lado, e a do combate contra o dragão, por outro, associaram a imagem de São Jorge à do combate. A Igreja viu-se obrigada a reconhecer a fusão e santificá-la.

Enfim, ao lado da dependência genética direta do conto e da religião, ao lado do paralelismo e da dependência inversa, existe o caso de ausência total de vínculo, não obstante as possíveis semelhanças. Imagens idênticas podem surgir independentemente umas das outras. Assim, o cavalo mágico pode ser comparado aos cavalos sagrados alemães e ao cavalo de fogo Agni no Rig Veda. Os primeiros nada têm que ver com nosso Cinza-Acastanhado, o segundo a ele se assemelha sob todos os aspectos. A analogia só pode ser utilizada no caso em que é mais ou menos completa. Fenômenos parecidos mas heterônomos devem ser excluídos das comparações.

Assim, o estudo das formas fundamentais conduz o pesquisador a comparar o conto às religiões.

Ao contrário, o estudo das formas derivadas no conto maravilhoso está ligado à realidade. Muitas transformações se explicam pela introdução da realidade no conto. Este fato nos obriga a aperfeiçoar os métodos que servem para estudar as relações entre o conto e a vida cotidiana.

O conto maravilhoso, ao contrário das outras classes de contos (anedotas, novelas, fábulas etc.) é relativamente pobre em elementos pertencentes à vida real. Muitas vezes se superestimou o papel da realidade na criação do conto. Só podemos resolver o problema da relação entre o conto e a vida cotidiana com a condição de não esquecermos a diferença entre o realismo artístico e a existência de elementos provindos da vida real. Os eruditos cometem amiúde o erro de buscar na vida real uma correspondência com a narrativa realista.

Eis aqui, por exemplo, o que diz N. Lerner em seus comentários de *Bova*, de Púchkin. Ele se detém nestes versos:

> Era, de fato, um Conselho de Ouro.
> Aqui não se conversava, mas se pensava:
> Todos os magnatas refletiram por longo tempo,
> Arzamor, homem idoso e muito experiente,
> Ia abrir a boca
> (A cabeça grisalha queria, é claro, dar um conselho)
> Tossiu em voz alta e depois mudou de ideia
> E, em silêncio, mordeu a língua.

Ao se referir a L. Maikov, escreve Lerner:

> Podemos ver no quadro do Conselho dos Barbudos uma sátira dos costumes burocráticos da Rússia moscovita [...]. Observemos que a sátira poderia ser dirigida não só contra os tempos antigos, mas também contra a época contemporânea, em que o adolescente genial podia observar sem dificuldade todos os figurões roncando e "refletindo" etc.

Contudo, não se trata aqui de uma situação saída diretamente dos contos. Encontramos em Afanássiev (p. ex., n.80): "Perguntou uma vez, os boiardos calaram-se; uma segunda vez, eles não responderam; uma terceira vez, ninguém disse nada." Temos aqui uma situação frequente, na qual a vítima se dirige aos outros para pedir socorro, e esse apelo normalmente se reproduz por três vezes. É dirigido primeiro aos servos, depois aos boiardos (aos letrados, aos ministros), a terceira vez ao herói do conto. Cada elemento da tríade pode ser, por sua vez, triplicado. Por conseguinte, não se trata da realidade, mas da ampliação e da especificação (atribuição dos nomes etc.) de um elemento folclórico. Teríamos cometido o mesmo erro se considerássemos que o personagem de Penélope e os atos de seus pretendentes correspondessem à vida real grega e aos costumes gregos do casamento. Os pretendentes de Penélope são os falsos pretendentes que a poesia épica do mundo inteiro bem conhece. Cumpre, antes de tudo, isolar os elementos folclóricos, e só depois de feito tal isolamento poderemos colocar a questão das correspondências entre as situações específicas da poesia de Homero e a vida real grega.

Vemos, assim, que o problema das relações entre o conto e a realidade não é de modo algum simples. Não podemos, a partir dos contos, tirar conclusões imediatas sobre a vida.

Mas, como veremos mais adiante, é muito importante o papel da realidade nas transformações do conto. A vida real não pode destruir a estrutura geral do conto. Dela se tira a matéria das diversas substituições que se produzem no velho esquema.

III

Eis aqui os principais critérios mediante os quais podemos, com maior precisão, distinguir da forma derivada a forma fundamental de um elemento do conto (subentendendo os contos maravilhosos).

1. A interpretação sobrenatural de parte do conto é anterior à interpretação racional. O caso é muito simples e não exige um desenvolvimento especial. Se, num conto, Ivan recebe o dom mágico de Baba Yaga e em outro o

recebe de uma velha que está de passagem, é a primeira situação que é anterior à segunda. O fundamento teórico deste ponto de vista consiste na ligação entre os contos e as religiões. Esta regra, no entanto, pode revelar-se falsa em relação às outras classes de contos (fábulas etc.) que, em geral, são talvez anteriores aos contos maravilhosos e não têm origem em fenômenos religiosos.

2. A interpretação heroica é anterior à interpretação humorística. Na realidade, trata-se aqui de um caso particular do fenômeno anterior. Assim, o elemento "vencer o dragão nas cartas" é posterior ao elemento "travar um combate mortal com o dragão".
3. A forma aplicada logicamente é anterior à forma aplicada de maneira incoerente.
4. A forma internacional é anterior à forma nacional. Se, por exemplo, nos depararmos com o dragão nos contos do mundo inteiro, mas ele for substituído pelo urso nos contos do Norte e pelo leão nos contos do Sul, o dragão é a forma fundamental, enquanto o leão e o urso são suas formas derivadas.

É preciso dizer aqui algumas palavras acerca dos métodos mediante os quais estudamos os contos em escala internacional. A matéria de estudo é tão vasta que é impossível para um pesquisador examinar os cento e cinquenta elementos do conto, pesquisando-os no folclore do mundo inteiro. É preciso estudar primeiro os contos de um povo, especificar todas as suas formas fundamentais e derivadas, executar o mesmo trabalho em outro povo e, em seguida, passar às comparações.

Podemos, pois, simplificar a tese das formas internacionais e exprimi-la assim: cada forma nacional é anterior à forma regional, provincial. Mas, uma vez tomado este caminho, não podemos impedir-nos de formular: a forma disseminada é anterior à forma rara. Teoricamente, porém, é possível que seja justamente a forma antiga que se tenha conservado em casos isolados, enquanto todas as outras formas são novas. Eis por que a aplicação deste princípio quantitativo (a aplicação da estatística) exige grande prudência e o recurso incessante às considerações sobre a qualidade do material estudado. Por exemplo, no conto *A bela Vassilissa* (Af. 59), a imagem de Baba Yaga é acompanhada da aparição de três cavaleiros que simbolizam a manhã, o dia e a noite. Perguntamo-nos involuntariamente: será que não temos aqui um traço primordial próprio de Baba Yaga, que se tenha perdido nos outros contos? Mas, por causa de várias considerações particulares (que não citaremos aqui), é preciso renunciar inteiramente a tal opinião.

IV

Seguiremos, à guisa de exemplo, todas as modificações possíveis de um elemento, a saber, a choupana de Baba Yaga. Do ponto de vista morfológico, a choupana representa a morada do doador (isto é, do personagem que oferece um objeto mágico ao herói). Consequentemente, compararemos não só as choupanas, mas também todos os tipos de residências do doador. Consideramos como forma russa fundamental a choupana sobre pés de galinha na floresta e que gira. No entanto, já que um elemento não realiza no conto todas as modificações possíveis, examinaremos, em certos casos, outros exemplos.

1. *Redução*. Podemos encontrar, em vez da forma completa, a seguinte série de modificações:

a) choupana sobre pés de galinha na floresta;
b) choupana sobre pés de galinha;
c) choupana na floresta;
d) choupana;
e) a floresta (Af. 52);
f) não se menciona a morada.

Aqui, a forma fundamental é reduzida. Abandonam-se os pés de galinha, a rotação, a floresta, e, por fim, a própria choupana pode desaparecer. A redução representa uma forma fundamental incompleta. Explica-se, é claro, pelo esquecimento, que, por sua vez, tem razões mais complexas. A redução indica a falta de correspondência entre o conto e o tipo de vida próprio do ambiente onde ele é conhecido. Indica a pouca atualidade do conto num ambiente, numa época ou em um narrador.

2. *A ampliação* representa o fenômeno oposto. Aqui, a forma fundamental é aumentada e completada com pormenores. Podemos considerar ampliada a seguinte forma: choupana sobre pés de galinha, na floresta, escorada em crepes e coberta de bolos.

A maioria das ampliações é acompanhada de reduções. Rejeitam-se certos traços e se acrescentam outros. Poderíamos classificar as ampliações em grupos, segundo a origem (como fizemos mais acima com as substituições). Algumas ampliações vêm da vida prática, outras representam o desenvolvimento de um pormenor tomado à forma canônica. Aqui nos vemos diante deste último caso. O estudo do doador mostra-nos que este une qualidades hostis e hospitaleiras. Normalmente,

Ivan se regala na casa do doador. As formas desse banquete são muito diversas ("ofereceu de beber, ofereceu de comer". Ivan dirige-se para a choupana com estas palavras: "Devemos entrar em tua casa para comer um pouco." O herói vê a mesa posta na choupana, saboreia todos os pratos e come até se saciar; ele mesmo sangra os touros e as galinhas no quintal do doador etc.). A morada exprime as mesmas qualidades que o doador. O conto alemão *Hänsel und Gretel* vale-se dessa forma, de um jeito um pouco diferente, segundo o caráter infantil do conto.

3. *Deformação*. Hoje em dia, encontramos com muita frequência deformações, pois o conto maravilhoso está em declínio. Essas formas carentes de sentido encontram por vezes uma grande extensão e se enraízam. No caso da choupana, podemos considerar deformada a imagem de sua rotação constante ao redor de seu eixo. A choupana tem um significado totalmente especial para o desenrolar da ação: é um vigia; o herói enfrenta aqui uma prova que mostrará se ele é digno de receber o objeto mágico. A choupana oferece aos olhos de Ivan uma parede cega. É por isso que às vezes é chamada de "choupana sem janelas e sem portas". Mas a abertura fica do lado oposto àquele onde se encontra Ivan. Poderíamos crer que é fácil dar a volta e entrar pela porta. Ora, Ivan não pode fazer isso e nunca o faz nos contos. Em vez disso, pronuncia uma fórmula mágica: "volta as costas para a floresta, o rosto para mim", ou então "coloca-te como tua mãe te colocou". Segue-se, em geral: "A choupana revirou-se". A palavra "revirar" transformou-se em "virar"; a expressão "vira quando preciso" transformou-se em "vira" simplesmente, o que não tem sentido, sem, porém, deixar de ter seu encanto.

4. *Inversão*. A forma fundamental transforma-se muitas vezes em seu oposto. Por exemplo, substituem-se as imagens femininas por imagens masculinas, e vice-versa. Este fenômeno pode também atingir a choupana. Em vez de uma choupana fechada, temos, às vezes, uma choupana de portas escancaradas.

5 e 6. *Intensificação e enfraquecimento*. Estes tipos de transformação dizem respeito apenas às ações dos personagens. É possível executar as diferentes ações com diferente intensidade. A despedida do herói, transformada em expulsão, pode servir de exemplo de intensificação. A despedida é um dos elementos constantes do conto; esse elemento é representado por tal quantidade de formas diferentes que nela podemos observar todas as fases da transformação. Acontece quando se pede este ou aquele objeto singular; é, às vezes, uma comissão ("preste-me um serviço"), no mais das vezes uma ordem acompanhada de ameaças em caso de não execução e de promessas, no caso contrário. É, também, às vezes, uma expulsão disfarçada: a irmã malvada manda o irmão buscar leite de animais selvagens para se livrar dele; o senhor manda o criado procurar a vaca pretensamente perdida na floresta; a madrasta manda a enteada ir buscar fogo na casa de Baba Yaga. A expulsão, por fim, pode ser simples. Estas são apenas as etapas principais, e cada uma delas admite ainda diversas variações e formas intermediárias; essas formas são especialmente importantes para o estudo dos contos que tratam de personagens expulsos.

Podemos considerar como forma fundamental da despedida a ordem acompanhada de ameaças e de promessas. Se forem omitidas as promessas, tal redução pode ao mesmo tempo ser considerada uma intensificação: o que resta são a despedida e as ameaças. A omissão das ameaças leva, ao contrário, a uma atenuação, um enfraquecimento dessa forma. O enfraquecimento ulterior consiste em omitir a despedida mesma. Ao partir, o filho pede a bênção dos pais.

Podemos interpretar as seis espécies de transformações que examinamos até agora como mudanças da forma fundamental. Situam-se no mesmo nível de análise outros dois grandes grupos de transformações: as substituições e as assimilações. Podemos classificar tanto estas como aquelas segundo a origem.

7. *Substituição interna.* Dando continuidade à nossa observação da residência, deparamo-nos com as seguintes formas:

a) palácio;
b) montanha perto de um rio de fogo.

Estes casos não são nem reduções, nem ampliações etc. Não são mudanças, mas substituições. Não vêm de fora; foram extraídas do próprio conto. Trata-se aqui de um deslocamento, de uma transposição das formas do material. A princesa em geral mora num palácio, geralmente de ouro. Atribui-se tal morada ao doador. Tais deslocamentos desempenham um papel importante no conto. Cada elemento tem uma forma que lhe é própria. Essa forma, porém, nem sempre está ligada ao mesmo elemento (por exemplo, a princesa, que é o personagem procurado, pode desempenhar também o papel do auxiliar, do doador). Uma imagem do conto suplanta outra imagem. Assim, a filha de Baba Yaga pode desempenhar o papel de princesa; Baba Yaga não mora mais numa barraca, mas num palácio, residência adequada a uma princesa. Vinculam-se a isso também os palácios de cobre, de prata e de ouro. As jovens que moram nesses palácios podem surgir como doadoras e princesas. Esses palácios podem aparecer como uma imagem tripla do palácio de ouro. Podem ter, também, uma origem independente, por exemplo, sem nenhuma relação com as imagens da idade de ouro, de prata e de ferro.

Do mesmo modo, a montanha perto do rio de fogo não é senão a morada do dragão, atribuída ao doador. Esses deslocamentos, bem como outras substituições internas, desempenham um papel extremamente importante no nascimento das transformações.

8. *Substituição realista.* Se tivermos as formas:

a) albergue;
b) casa de dois andares.

A choupana fantástica é substituída por formas de moradia conhecidas na vida real. A maioria dessas substituições explica-se com grande simplicidade, mas algumas delas exigem pesquisas etnográficas especiais. As substituições realistas são óbvias e os pesquisadores nelas se detêm na maioria das vezes.

9. *Substituição confessional.* A religião contemporânea também pode substituir por formas novas as formas antigas. Relacionamos aqui casos como o do diabo no papel de transportador aéreo, do anjo no lugar do que oferece o objeto mágico, da prova que assume o caráter de mortificação. Algumas lendas representam, na realidade, contos em que todos os elementos sofreram substituições. Cada povo tem suas próprias substituições confessionais. O cristianismo, o islamismo, o budismo refletem-se nos contos dos povos que professam tais religiões.

10. *Substituição por superstição.* É de todo evidente que as superstições e as crenças regionais também podem transformar a matéria dos contos. Encontramos, porém, tais substituições muito mais raramente do que seria de esperar à primeira vista (os erros da escola mitológica). Púchkin estava enganado ao escrever, a respeito do conto:

> Ali onde há milagres, ali espreita o silvano,
> A ondina está sentada sobre os ramos...

Se encontramos o silvano num conto fantástico, ele quase sempre é uma substituição de Baba Yaga. As ondinas só aparecem uma única vez na coletânea de Afanássiev e também num conto cuja autenticidade é bastante duvidosa; não as encontramos nas coletâneas de Ontchukov, de Zelenin, de Sokolov, e o silvano só participa do conto porque se assemelha a Baba Yaga, que é também uma habitante das florestas. O conto só atrai para o seu mundo aquilo que corresponde às formas da sua construção.

11. *Substituição arcaica.* Indicamos que as formas fundamentais dos contos remontam a imagens religiosas já mortas. Baseando-nos neste critério, podemos às vezes distinguir das formas derivadas as formas fundamentais. Em certos casos especiais, porém, a forma fundamental (mais ou menos habitual para os contos) é substituída por uma forma igualmente antiga, de origem religiosa, mas que só é encontrada isoladamente e em casos muito raros. Assim, no conto *A feiticeira e a irmã do Sol* (Af. 50), o combate com o dragão é substituído pelo seguinte episódio: diz a esposa do dragão ao príncipe: "Venha comigo, Ivan, o príncipe, à balança; veremos quem é mais pesado." A

balança lança Ivan nos aposentos do Sol. Trata-se, aqui, dos vestígios de uma psicostasia (pesagem das almas). De onde veio essa forma (o Egito antigo a conhece) e como se conservou no conto? Estas duas questões constituirão o objeto de um estudo histórico. Nem sempre podemos distinguir facilmente a substituição arcaica da substituição por crença ou superstição. Ambas remontam a uma época muito antiga. Mas se um elemento do conto for ao mesmo tempo o objeto de uma fé viva, podemos considerar a substituição como relativamente nova (cf. a introdução do silvano). A religião pagã deu origem a dois desenvolvimentos: um no conto, outro na fé e nos costumes. Ao longo dos séculos, eles se juntaram e um suplantou o outro. Inversamente, se a fé viva não der nenhuma indicação sobre o elemento do conto (a balança), a substituição remonta, então, a tempos antiquíssimos e pode ser considerada arcaica.

12. *Substituição literária*. O conto integra elementos literários tão dificilmente como superstições vivas. O conto possui tal resistência que todas as outras formas nele se quebram sem se fundirem. Se, porém, produzir-se tal encontro, o vencedor é sempre o conto. Entre os gêneros literários, o conto absorve no mais das vezes a bilina e a lenda. A absorção do romance é fato muito mais rara. Só o romance de cavalaria desempenha aqui certo papel. O romance de cavalaria, porém, é muitas vezes um produto dos contos. São as seguintes as etapas do desenvolvimento: conto, romance, conto. Eis por que obras como *Ieruslan Lazarevitch* representam verdadeiros contos, apesar do caráter livresco de alguns elementos. Isto, é claro, só diz respeito ao conto maravilhoso. A farsa, a novela e os outros gêneros de prosa popular são mais flexíveis e mais receptivos.

13. *Modificações.* Não podemos definir com precisão a origem de certas substituições. Na maioria dos casos, elas são criações do contista e nos dão informações sobre a sua imaginação. Essas formas não são significativas para a etnografia e para a história. Podemos, porém, observar que tais substituições desempenham um papel mais importante nos contos de animais e outros contos não maravilhosos (a substituição do urso pelo lobo, de um pássaro por outro etc.), mas permanecem possíveis no conto fantástico. Assim, a águia, o falcão, o corvo, o ganso etc. também podem desempenhar o papel de transportador aéreo. O veado de chifres de ouro, o cavalo de crina de ouro, o pato de penas douradas, o porco de pelos de ouro etc. podem substituir-se uns aos outros como objetos da busca. As formas derivadas modificam-se com especial frequência. Pode-se mostrar, pela comparação de certo número de formas, que o objeto da busca não é senão uma transformação da princesa de cachos de ouro. Se a comparação das formas fundamentais e das formas derivadas revela certa subordinação (descendência), a comparação de dois elementos derivados indica certo paralelismo. O conto possui elementos de formas diversas. É o caso, por exemplo, das "tarefas difíceis". Essas tarefas não têm formas fundamentais, e é por isso que a construção do conto inteiro é pouco afetada por elas.

Esse fenômeno fica ainda mais claro se confrontarmos partes que jamais pertenceram à forma fundamental do conto. As motivações são exemplo disto. Elas às vezes obrigam a motivar esta ou aquela ação. Assim se criam motivações muito diferentes para ações rigorosamente idênticas, como, por exemplo, a expulsão do herói (a expulsão é uma forma derivada). Inversamente, o rapto da mocinha pelo dragão (que é uma forma primeira) quase nunca é motivado: ele é motivado de dentro.

Alguns traços da choupana também são modificados: em vez da choupana sobre patas de galinha, encontramos a choupana "sobre chifres de cabra, sobre patas de carneiro".

14. *Substituições de origem desconhecida.* Como classificamos aqui as substituições segundo sua origem e como a origem de um elemento nem sempre é conhecida e nem sempre é uma mera modificação, temos de criar uma classe de substituições de origem provisoriamente desconhecida. Podemos, por exemplo, vincular a essas formas a irmã do Sol no conto 50 de Afanássiev. A irmã desempenha o papel de doadora e também pode ser considerada uma forma rudimentar da princesa. Vive nos "aposentos do Sol". Não sabemos se se trata aqui de algum culto do Sol ou se estamos diante de uma criação imaginativa do narrador (muitas vezes, quando perguntamos ao contista se conhece contos sobre isto ou aquilo e se nele encontramos tal ou tal coisa, ele inventa qualquer coisa para agradar ao folclorista).

Assim, terminamos nosso apanhado sobre as substituições. Poderíamos, é claro, criar outras subdivisões, analisando este ou aquele caso particular, mas por enquanto não é necessário. As substituições enumeradas conservam sua importância ao longo de todo o material dos contos e, completando-as, podemos facilmente aplicá-las aos casos particulares, baseando-nos nas classes estabelecidas.

Ocupar-nos-emos agora de outra classe de mudanças, as assimilações.

Chamamos assimilação a substituição incompleta de uma forma por outra, de tal modo que se produz uma fusão de duas formas numa só.

Enumeraremos as assimilações com muita brevidade, pois vamos conservar as mesmas classes que para as substituições.

15. *Assimilação interna*. Encontramo-la nas seguintes formas:

a) choupana com teto de ouro;
b) choupana perto do rio de fogo.

Nos contos, encontramos muitas vezes um palácio com teto de ouro. A choupana + o palácio de teto de ouro dão a choupana com teto de ouro. O mesmo acontece com a choupana sobre o rio de fogo.

Deparamo-nos aqui com um caso muito interessante no conto *Fedor Vodovitch e Ivan Vodovitch* (Ontch. n.4). Aqui se fundiram dois elementos tão diferentes como o nascimento milagroso do herói e sua perseguição pelas mulheres (as irmãs) do dragão. Ao perseguirem o herói, as mulheres do dragão transformam-se habitualmente em poço, em macieira, em cama e se colocam no caminho de Ivan. Se ele comer frutas, se beber da água etc., será estilhaçado. O mesmo motivo é utilizado para o nascimento milagroso; a princesa passeia pelo jardim do pai, vê o poço com o copo e a cama (a macieira é esquecida). Ela bebe da água e se deita na cama para descansar. Assim, ela concebe e dá à luz dois filhos.

16. Encontramos uma *assimilação realista* nas seguintes formas:

a) choupana no extremo da aldeia;
b) caverna na floresta.

Aqui, a cabana fantástica transformou-se numa cabana real e numa caverna real, mas a morada continua isolada (no segundo caso, está sempre na floresta). Assim, o conto + realidade produzem uma assimilação realista.

17. A substituição do dragão por um diabo pode servir de exemplo de *assimilação confessional*; este último habita num lago, exatamente como o dragão. Esta imagem dos seres aquáticos malvados nada tem a ver com a suposta mitologia popular dos camponeses e muitas vezes só se explica como uma espécie de transformação.

18. A *assimilação por superstição* é rara. O silvano que mora na cabana sobre patas de galinha pode dar-nos um exemplo disso.

19 e 20. As *assimilações literárias e arcaicas* são ainda mais raras. As assimilações com a bilina e a lenda têm certa importância para o conto russo, mas, no mais das vezes, se trata não de uma assimilação, mas do despojamento de uma forma por outra, conservando esta última as partes constitutivas do conto sem modificações. Quanto às assimilações arcaicas, elas exigem a cada vez um exame especial. São possíveis, mas só podemos indicá-las mediante pesquisas muito especializadas.

Poderíamos terminar assim o nosso apanhado sobre as transformações. Não podemos afirmar que absolutamente todas as formas de contos entrarão no quadro proposto, mas, em todo caso, podemos nele introduzir um número considerável delas. Poderíamos propor ainda transformações como a especificação e a generalização. No primeiro caso, o fenômeno geral transforma-se em fenômeno particular (em lugar do trigésimo reino,[8] temos a cidade de Khvalynsk); no segundo caso, ao contrário, o trigésimo reino transforma-se em "outro"

8 Nome convencional, próprio dos contos russos, do lugar onde se desenrola a ação. (N. T.)

reino etc. Mas quase todos estes tipos de especificação também podem ser considerados como substituições; as generalizações, como reduções. O mesmo ocorre quanto à racionalização (corcel voador > cavalo), à transformação em anedota etc. A aplicação correta e constante das classes de transformação listadas permite estabelecer um fundamento mais estável para o estudo do conto em seu movimento.

O que diz respeito aos elementos particulares do conto diz respeito aos contos em geral. Se acrescentarmos um elemento supérfluo, temos uma amplificação; no caso inverso, uma redução etc. A aplicação destes métodos aos contos inteiros é importantíssima para o estudo dos enredos.

Resta-nos ainda elucidar um problema de grande importância. Se enumerarmos todas as formas (ou uma quantidade muito grande delas) de um elemento, vemos que elas não podem ser reduzidas a uma única forma fundamental. Suponhamos que tomemos Baba Yaga como forma fundamental do doador. Podemos explicar formas como a da feiticeira, a avó, a viúva, a velhinha, o velho, o pastor, o silvano, o anjo, o diabo, as três filhas, a filha do rei etc. de maneira satisfatória como substituições e outras transformações de Baba Yaga. Mas também nos deparamos com o "mujique da altura de uma unha, com uma barba de um metro". Esta forma do doador não vem de Baba Yaga. Quando encontramos essas formas também nas religiões, trata-se de uma forma coordenada com a de Baba Yaga; se não, é uma substituição de origem desconhecida. Cada elemento pode ter diversas formas fundamentais, embora o número dessas formas paralelas, coordenadas, seja normalmente muito reduzido.

V

Nosso estudo seria incompleto se não mostrássemos uma série de transformações sobre uma matéria mais densa, se não apresentássemos um modelo para a aplicação de nossas observações. Tomemos as formas:

> O dragão rapta a filha do rei.
> O dragão tortura a filha do rei.
> O dragão exige a filha do rei.

Do ponto de vista da morfologia do conto, trata-se aqui do delito inicial. Esta ação serve normalmente de nó. De acordo com os princípios expostos acima, devemos comparar não só um rapto com outro etc., mas também as diferentes formas do delito inicial, como uma das partes constitutivas do conto.

Exige a prudência que as três formas sejam consideradas como formas coordenadas. Mas podemos supor que a primeira seja, de qualquer modo, uma forma fundamental. O antigo Egito conheceu uma representação da morte que é o rapto da alma pelo dragão. Mas essa representação foi esquecida, ao passo que a representação da doença como instalação de um demônio no corpo continua viva. Enfim, a imagem do dragão que exige a princesa como tributo leva certo matiz realista arcaico. É acompanhada do aparecimento de um exército, do cerco da cidade e da ameaça de guerra. Não podemos, porém, afirmá-lo com certeza. Assim, as três formas são muito antigas, e cada uma se presta a certo número de transformações.

Tomemos a primeira forma:

> O dragão rapta a filha do rei.

Compreendemos o dragão como personificação do mal. A influência confessional transforma o dragão em diabo:

Os diabos raptam a filha do rei.

A mesma influência muda o objeto do rapto:

O diabo rapta a filha do pope.

A imagem do dragão já é estrangeira à aldeia. É substituída por um animal perigoso, mais conhecido (substituição realista), dotado de atributos sobrenaturais (modificação).

O urso de pelos de ferro rapta os filhos do rei.

O agressor é aproximado de Baba Yaga. Uma parte do conto influencia a outra (substituição interna). Baba Yaga é um ser do sexo feminino; eis por que se atribui o sexo masculino ao objeto raptado (inversão).

A feiticeira rapta os filhos dos velhinhos.

Uma das formas constantes de complicação do conto é o novo rapto do objeto obtido pelos irmãos. Aqui o delito inicial é transferido para os pais do herói. É a forma canônica de complicação da ação.

Os irmãos raptam a noiva de Ivan.

Os irmãos malvados são substituídos por outros parentes malvados, tomados da reserva de personagens do conto (substituição interna).

O rei (o sogro) rapta a mulher de Ivan.

Às vezes quem ocupa este lugar é a princesa, e o conto assume formas mais divertidas. A imagem do agressor é, nestes casos, reduzida.

A princesa foge da casa do marido.

Em todos estes casos, pessoas eram raptadas, mas também se pode roubar a luz divina (substituição arcaica?).

O dragão rouba a luz do reino.

O dragão é substituído por outra fera monstruosa (modificação); o objeto do rapto é aproximado da vida régia imaginária.

A besta-fera rouba animais dos jardins do rei.

Os talismãs desempenham um grande papel no conto. São muitas vezes o único meio pelo qual Ivan alcança seus objetivos. Isso explica por que eles se tornam com frequência o objeto do roubo. O cânone do conto exige até obrigatoriamente esse roubo, para que a ação se complique por volta do meio do conto. A ação que se passa no meio pode ser transferida para o começo (substituição interna). O raptor do talismã é amiúde o patife, o senhor etc. (substituição realista).

A criança travessa rouba o talismã de Ivan.
O senhor rouba o talismã do mujique.

O conto sobre o pássaro de fogo situa-se num plano intermediário, antes das outras formas em que as maçãs de ouro roubadas não são talismãs (cf. as maçãs rejuvenescedoras). Cumpre acrescentar aqui que o roubo do talismã só serve para complicar a ação por volta do meio do conto, quando o talismã já foi encontrado. O roubo do talismã no começo do conto só é possível no caso de a sua posse ser motivada de alguma maneira. Assim, compreendemos por que os objetos roubados no começo do conto não são, em sua maioria, talismãs. Do meio do conto, o pássaro de fogo passa para o começo. O pássaro é uma das formas fundamentais do transportador de Ivan no trigésimo reino. As penas douradas etc. são o atributo habitual dos animais fantásticos.

O pássaro de fogo rouba as maçãs do rei.

Em todos estes casos, conserva-se o rapto (o roubo). Atribui-se a um ser mítico o desaparecimento da noiva, da filha, da mulher etc. Este caráter mítico, no entanto, é estranho à vida camponesa contemporânea. A feitiçaria substitui a mitologia tomada de empréstimo, estrangeira. Atribui-se o desaparecimento aos feitiços dos magos e magas. Muda o caráter do delito, mas seu resultado permanece o mesmo, é sempre um desaparecimento que provoca buscas (substituição por crença supersticiosa).

O feiticeiro rapta a filha do rei.
A criada enfeitiça e faz sumir a noiva de Ivan.

Observamos, em seguida, de novo a transferência da ação para parentes malvados.

As irmãs fazem sumir o noivo da mocinha.

Passemos às transformações da nossa segunda forma fundamental, a saber:

O dragão tortura a filha do rei.

A transformação segue os mesmos caminhos.

O diabo tortura a filha do rei etc.

A tortura assume aqui o caráter de obsessão, de vampirismo, o que a etnografia explica de maneira satisfatória. Encontramos de novo outro ser malvado no lugar do dragão e do diabo.

Baba Yaga tortura a senhora dos bravos.

A terceira forma fundamental apresenta as ameaças do casamento forçado.

O dragão exige a filha do rei.

Assim se abre uma série de transformações:

A ondina exige o filho do rei etc.

Seguindo o aspecto morfológico, a mesma forma dá a declaração de guerra, sem exigência dos filhos do rei (redução). A transferência das formas semelhantes para os parentes dá como resultado:

A irmã-feiticeira tenta comer o filho do rei (seu irmão).

Este último caso (Af. n.50) é particularmente interessante. Aqui, chamam de "um dragão" a irmã do príncipe. Assim, este caso nos oferece um exemplo clássico de assimilação interna. Mostra que é preciso usar de muita prudência no estudo das relações familiares a partir do conto. O casamento do irmão com sua irmã e outras formas podem não ser reminiscências de um costume, mas aparecer como o resultado de certas transformações, como o caso citado nos mostra claramente.

Poderiam objetar, a tudo o que aqui foi exposto, que se pode pôr qualquer coisa numa frase com dois complementos. Mas não é verdade. Como pôr numa forma semelhante o nó do conto *O frio, o sol e o vento* e tantos outros? Em segundo lugar, os casos considerados realizam um elemento de construção que permanece o mesmo em sua relação com a composição inteira. Provocam ações idênticas, representadas, porém, por formas diferentes: o pedido de socorro apresenta-se como uma saída da casa, um encontro com o doador etc. Nem todo conto que possua o elemento "roubo" ou "rapto" apresenta necessariamente essa construção; se a construção estiver ausente, não podemos confrontar momentos semelhantes, porque são heterônomos, ou então é preciso admitir que parte do conto fantástico se integrou em outro tipo de construção. Assim, voltamos à necessidade de comparar não segundo uma semelhança exterior, mas segundo partes constitutivas idênticas.

1928

BORIS TOMACHEVSKI

Temática

A escolha do tema

Ao longo do processo artístico, as frases particulares combinam-se entre si segundo o sentido e realizam certa construção em que se veem unidas por uma ideia ou um tema comum. As significações dos elementos particulares da obra constituem uma unidade que é o tema (aquilo de que se fala). Pode-se falar tanto do tema da obra inteira como do tema de suas partes. Cada obra escrita numa língua dotada de sentido possui um tema. Só a obra transracional não tem tema, e por isso é apenas um exercício experimental, um exercício de laboratório para certas escolas poéticas.

A obra literária é dotada de unidade quando é construída a partir de um tema único que se desvela ao longo da obra.

O processo literário, portanto, organiza-se ao redor de dois momentos importantes: a escolha do tema e sua elaboração.

A escolha do tema depende estreitamente da acolhida por ele encontrada junto ao leitor. A palavra "leitor" designa em geral um círculo bastante mal definido de pessoas, de que muitas vezes o próprio escritor não tem conhecimento preciso.

A imagem do leitor está sempre presente na consciência do escritor, ainda que só abstrata, ainda que exija do escritor que ele se esforce para ser o leitor de sua obra. Essa imagem do leitor pode ser formulada num discurso clássico, como o que encontramos numa das últimas estrofes de *Eugênio Oneguin*:

> Quem quer que sejas, ó meu leitor,
> Amigo ou inimigo, quero de ti
> Despedir-me afetuosamente.
> Adeus. O que quer que procures depois de mim
> Nestas estrofes indolentes:
> A lembrança de uma emoção,
> A descontração depois do trabalho,
> Quadros vivos, tiradas inteligentes,
> Ou erros de gramática,
> Queira Deus que neste livro,
> Para a diversão, para o sonho,
> Para o coração, para a polêmica dos jornalistas,
> Encontres ainda que só uma migalha;
> E agora nos separemos, adeus.[1]

Esta preocupação com um leitor abstrato traduz-se pela noção de "interesse".

---

1 A. Púchkin, *Eugène Onéguine*. Paris: R. Laffont, 1956, trad. francesa de Michel Bayat. [Ed. bras.: *Eugênio Oneguin*. Rio de Janeiro: Record, 2010.]

A obra deve ser interessante. A noção de interesse guia o autor já na escolha do tema. Mas o interesse pode assumir formas muito diversas. As preocupações de ofício são familiares ao escritor e a seus leitores mais próximos e pertencem aos móveis mais fortes do desenvolvimento literário. A aspiração à novidade profissional, a uma nova maestria, sempre foi o traço distintivo das maneiras e das escolas literárias mais progressistas. A experiência literária, a tradição a que se refere o escritor, revela-se-lhe como uma tarefa legada pelos antecessores, tarefa cuja realização retém toda a sua atenção. Por outro lado, o interesse do leitor neutro, estranho aos problemas do ofício, pode assumir formas diversas, que vão da exigência de uma qualidade puramente divertida (satisfeita pela literatura "de estação ferroviária", de Nat Pinkerton a Tarzã) à combinação de interesses literários com questões de interesse geral.

Neste sentido, o tema atual, ou seja, aquele que trata dos problemas culturais do momento, satisfaz o leitor.

Assim, uma imensa literatura jornalística se acumulou ao redor de cada romance de Turguêniev, literatura que se interessa menos pela obra de arte do que pelos problemas de cultura geral e, sobretudo, pelos problemas sociais. Esta literatura jornalística era inteiramente legítima como resposta ao tema escolhido pelo romancista.

Os temas da Revolução, da vida revolucionária, são atuais em nossos dias e permeiam toda a obra de Pilniak, Ehrenburg e outros prosadores, de Maiakóvski, Tikhonov, Asseiev.

A forma elementar da atualidade é-nos dada pela conjuntura cotidiana. Mas as obras de atualidade (o "bilhete", as coplas dos cancioneiros) não sobrevivem a esse interesse temporário que as provocou. A importância desses temas é reduzida, pois não se adaptam à variabilidade dos interesses cotidianos do público. Inversamente, quanto mais importante é o tema, mais durável o interesse, mais garantida é a vitalidade da obra. Recuando assim os limites da atualidade, podemos chegar aos interesses universais (os problemas do amor, da morte), que, no fundo, continuam os mesmos ao longo de toda a história humana. Esses temas universais, porém, devem ser nutridos por uma matéria concreta, e se tal matéria não estiver ligada à atualidade, colocar tais problemas é algo sem interesse.

Não se deve compreender a atualidade como uma representação da vida contemporânea. Se, por exemplo, o interesse pela revolução é hoje atual, isto significa que podem ser atuais o romance histórico que narra uma época de movimentos revolucionários ou o romance utópico que descreve a revolução numa situação fantástica. Lembremo-nos, por exemplo, da série de peças da época das agitações, apresentadas nos palcos russos (Ostrovski, Alexis Tolstoi, Tchaev etc., assim como as obras de Kostomarov), que mostram que os temas históricos relacionados até a uma época distante podem ser atuais e provocar talvez mais interesse do que as representações da vida contemporânea. É preciso, enfim, saber quais aspectos dessa vida devem ser representados. Nem tudo o que é contemporâneo é atual e provoca o mesmo interesse.

Assim, as particularidades da época que assiste à criação da obra literária são determinantes, no que se refere ao interesse pelo tema. Acrescentemos que a tradição literária e as tarefas impostas por ela têm um papel preponderante entre tais condições históricas.

Não basta escolher um tema interessante. É preciso sustentar o interesse, estimular a atenção do leitor. O interesse atrai, a atenção retém.

O elemento emocional muito contribui para cativar a atenção. Não é sem razão que, seguindo sua característica emocional, eram classificadas em comédias e tragédias as peças destinadas a agir diretamente sobre um público amplo. Provocar uma emoção é o melhor jeito de cativar a atenção.

Não basta o tom frio do relator que constata as etapas do movimento revolucionário. É preciso simpatizar, indignar-se, alegrar-se, revoltar-se. Assim, a obra torna-se atual no sentido preciso do termo, porque age sobre o leitor, evocando nele emoções que dirigem a sua vontade. A maioria das obras poéticas é construída a partir da simpatia ou da antipatia sentida pelo autor, a partir de um juízo de valor acerca do material proposto à nossa atenção. O herói virtuoso (positivo) e o malvado (negativo) representam uma expressão direta desse elemento de avaliação da obra literária. O leitor deve ser orientado em sua simpatia, em suas emoções.

Eis por que o tema da obra literária é habitualmente colorido pela emoção, evoca, pois, um sentimento de indignação ou de simpatia e sempre evocará um juízo de valor.

Além disso, não se deve esquecer que o elemento emocional se encontra na obra, não é introduzido pelo leitor. Não se pode discutir o caráter positivo ou negativo de um personagem (por exemplo, Petchorin, de Lérmontov). É preciso descobrir a relação emocional contida na obra (mesmo que não seja a opinião pessoal do autor). Esse matiz emocional que permanece evidente nos gêneros literários primitivos (por exemplo, no romance de aventuras, em que a virtude é recompensada e o vício, punido) pode ser muito tênue e complexo nas obras mais elaboradas e, às vezes, é tão emaranhado que não é possível exprimi-lo numa simples fórmula. No entanto, é, grosso modo, o momento de simpatia que guia o interesse e chama a atenção, convidando o leitor a participar do desenvolvimento do tema.

Fábula e enredo

O tema apresenta certa unidade. É constituído por pequenos elementos temáticos dispostos em certa ordem.

A disposição desses elementos temáticos faz-se segundo dois tipos principais: ou obedecem ao princípio de causalidade, inscrevendo-se em certa cronologia; ou são expostos sem consideração temporal, ou seja, numa sucessão que não leva em conta nenhuma causalidade interna. No primeiro caso, estamos diante de obras "com enredo" (novela, romance, poema épico); no segundo, de obras sem enredo, descritivas (poesia descritiva e didática, lírica, narrativas de viagem: *Cartas de um viajante russo*, de Karamzin, *A fragata Pallas*, de Gontcharóv etc.).

Convém sublinhar que a fábula exige não só um índice temporal, mas também o índice de causalidade.

A viagem pode ser relatada como uma sucessão cronológica, mas se nos limitarmos a um apanhado das impressões do viajante, em vez de apresentarmos as suas aventuras pessoais, não se trata, então, senão de uma narração sem enredo.

Quanto menos forte for esse vínculo causal, maior importância ganha o vínculo temporal. Enfraquecer a intriga transforma o romance de enredo numa crônica, numa descrição no tempo (*Os anos de infância de Bagrov Neto*, de Aksakov).

Detenhamo-nos na noção de fábula. Chamamos de fábula o conjunto dos eventos ligados entre si que nos são comunicados ao longo da obra. A fábula poderia ser exposta de maneira pragmática, seguindo a ordem natural, a saber, a ordem cronológica e causal dos eventos, independentemente da maneira como estes são dispostos e introduzidos na obra.

Opõe-se a fábula ao enredo, que é também constituído pelos mesmos eventos, mas respeitando sua ordem de aparecimento na obra e a sequência das informações que no-los designam.[2]

A noção de tema é uma noção sumária que une o material verbal da obra. A obra inteira pode ter seu tema e, ao mesmo tempo, cada parte da obra possuir seu tema. A decomposição da obra consiste em isolar as partes caracterizadas por uma unidade temática específica. Assim, a novela de Púchkin *O tiro de pistola* pode ser decomposta em duas narrativas: a dos encontros do narrador com Silvio e com o conde e a do conflito entre eles. Por sua vez, a primeira se decompõe em história da vida no regimento e história da vida no campo; e, na segunda, separaremos o primeiro duelo de Silvio e do conde do segundo encontro entre eles.

Mediante essa decomposição da obra em unidades temáticas, chegamos finalmente às partes indecomponíveis, até as menores partículas do material temático: "A noite caiu", "Raskólnikov matou a velha", "O herói morreu", "Chegou uma carta" etc. O tema dessa parte indecomponível da obra chama-se motivo. No fundo, cada proposição possui seu próprio motivo.

Devemos apresentar certas reservas no que se refere ao termo "motivo": na poética histórica, no estudo comparativo dos enredos itinerantes, seu emprego difere claramente daquele do termo aqui introduzido, embora os dois sejam normal-

2 Em suma, a fábula é o que efetivamente se passou; o enredo é a maneira como o leitor toma consciência dela. (N. A.)

mente definidos da mesma maneira. No estudo comparativo, chama-se motivo a unidade temática que encontramos em diferentes obras (por exemplo, o rapto da noiva, os animais que ajudam o herói a cumprir suas tarefas etc.). Esses motivos são inteiramente transmitidos de um esquema narrativo para outro. Pouco importa para a poética comparativa que eles possam ser decompostos em motivos menores. O que importa é que, no âmbito do gênero estudado, encontramos sempre inalterados esses motivos. Podemos evitar, portanto, no estudo comparativo, a palavra "indecomponível" e podemos falar de elementos que permaneceram não decompostos durante a história literária e conservam sua unidade ao longo de suas peregrinações de obra em obra. Na realidade, muitos motivos pertencentes à esfera da poética comparativa continuam sendo igualmente motivos do ponto de vista da poética teórica.

Os motivos combinados entre si constituem a sustentação temática da obra. Nesta perspectiva, a fábula aparece como o conjunto dos motivos em sua sucessão cronológica e de causa e efeito; o enredo aparece como o conjunto desses mesmos motivos, mas segundo a sucessão que respeitam na obra. No que se refere à fábula, pouco importa que o leitor tome conhecimento de um evento em tal parte da obra e que esse evento lhe seja comunicado ou diretamente pelo próprio autor, ou pela narrativa de um personagem, ou ainda mediante alusões marginais. Inversamente, só a apresentação dos motivos desempenha um papel no enredo. Uma notícia de variedades não inventada pelo autor pode servir-lhe de fábula. O enredo é uma construção inteiramente artística.

São heterogêneos os motivos da obra. Uma mera exposição da fábula revela-nos que certos motivos podem ser omitidos, sem com isso destruir a sucessão da narração, enquanto outros não podem sê-lo sem que seja alterado o vínculo de causalidade que une os eventos. Os motivos que não podemos excluir são chamados motivos associados; são motivos livres os que podemos deixar de lado sem derrogar a sucessão cronológica e causal dos acontecimentos.

Só os motivos associados importam na fábula. Mas no enredo são sobretudo os motivos livres que desempenham o papel dominante e determinam a construção da obra. Esses motivos marginais (os pormenores etc.) são introduzidos em razão da construção artística da obra e desempenham diversas funções, de que voltaremos a tratar mais tarde. A introdução de tais motivos é determinada, em boa medida, pela tradição literária, e cada escola se caracteriza por um repertório de motivos livres, enquanto os motivos associados, geralmente mais vivos, aparecem sob a mesma forma nas obras das diferentes escolas. Naturalmente, as tradições literárias podem desempenhar seu papel igualmente considerável no desenvolvimento da fábula (por exemplo, a novela dos anos 1840 caracteriza-se por uma fábula que trata das desgraças de um pequeno funcionário: *O capote*, de Gógol, *Gente pobre*, de Dostoiévski; a década de 1820, pela conhecida fábula do amor infeliz de um europeu por uma estrangeira: *O prisioneiro do Cáucaso* e *As ciganas*, de Púchkin). Púchkin fala, em sua novela *O comerciante de caixões,* da tradição literária na introdução dos motivos livres:

> No dia seguinte, meio-dia em ponto, o fabricante e suas filhas saíram pelo portão da casa recém-adquirida e se dirigiram à casa do vizinho. Não descreverei nem o *kaftan* russo de Adrien Prokhorovitch, nem os trajes à europeia de Akulina e de Daria,

> afastando-me, assim, do costume dos romancistas de hoje. Não creio, porém, supérfluo indicar que as duas moças usavam chapeuzinhos amarelos e sapatos vermelhos, o que só acontecia em circunstâncias solenes.[3]

Aqui, a descrição da roupa é assinalada como um motivo livre tradicional para aquela época (1830).

Entre esses motivos livres, podemos distinguir uma classe especial de motivos de introdução que exigem a contribuição de motivos suplementares. Assim, a situação que consiste em atribuir uma tarefa ao herói é característica do gênero "conto". Por exemplo, o rei quer casar com a própria filha. Para evitar o casamento, a filha encarrega-o de tarefas impossíveis. Ou o herói quer casar com a filha do rei. Para evitar essa odiosa união, a filha do rei encarrega-o de missões à primeira vista irrealizáveis (cf. em Púchkin, *O conto de Balda*). Para livrar-se do criado, o pope pede-lhe que junte os rendimentos do diabo. Esse motivo das missões exige a sustentação da narrativa concreta das missões mesmas e serve de introdução à narrativa referente ao herói, que é o agente dessas missões. É este também o caso do motivo que serve para tornar mais lenta a ação. Em *As mil e uma noites*, Sherazade retarda a execução que a ameaça, contando contos. O motivo de narração é um procedimento que serve para introduzir novos contos. São assim os motivos da perseguição nos romances de aventura etc. Normalmente, a introdução de motivos livres na novela é apresentada como a

---

3 Púchkin, Le Fabricant de cercueils [O fabricante de caixões], *Oeuvres complètes. Drames, romans, nouvelles.* Paris: André Bonné éditeur, 1953, trad. francesa de A. Meynieux.

sustentação do motivo de introdução; este último, sendo um motivo associado, é inseparável da fábula.

É preciso, por outro lado, classificar os motivos segundo a ação objetiva que descrevem.

O desenvolvimento da fábula é normalmente conduzido graças à presença de alguns personagens ou heróis ligados por interesses comuns ou por outros laços (por exemplo, de parentesco). As relações recíprocas entre os personagens num dado momento constituem uma situação. Por exemplo, o herói ama a heroína, mas a heroína ama seu rival. Os laços são: o amor do herói pela heroína e o amor da heroína pelo rival. A situação típica é uma situação que contém vínculos contraditórios: os diferentes personagens querem modificar essa situação de maneiras diferentes. Por exemplo, o herói ama a heroína e é amado, mas os pais impedem o casamento. O herói e a heroína aspiram ao casamento, os pais querem a separação do herói. A fábula representa a passagem de uma situação a outra. Tal passagem pode acontecer graças à introdução de novos personagens (complicação da situação), ou graças à expulsão de antigos personagens (a morte do rival), ou graças a uma mudança no vínculo.

Os motivos que mudam a situação chamam-se motivos dinâmicos; os que não a mudam, motivos estáticos. Tomemos, por exemplo, a situação anterior ao fim da novela de Púchkin, *A donzela camponesa*: Alexis Berestov ama Akulina. O pai de Alexis obriga-o a desposar Lise Muromskaia. Não sabendo que Akulina e Lise são o mesmo personagem, Alexis resiste ao casamento imposto pelo pai. Parte para explicar-se com Muromskaia e reconhece Akulina em Lise. A situação muda: as prevenções de Alexis contra esse casamento desaparecem. O motivo do reconhecimento de Akulina em Lise é um motivo dinâmico.

Os motivos livres costumam ser estáticos, mas nem todos os motivos estáticos são motivos livres. Suponhamos que o herói precise de um revólver para executar um assassinato necessário à fábula. O motivo do revólver, sua introdução no campo visual do leitor, é um motivo estático, mas ao mesmo tempo associado, pois não se poderia cometer tal assassinato sem o revólver. Ver este exemplo em *A moça sem dote*, de Ostrovski.

As descrições da natureza, do lugar, da situação, dos personagens e de seu caráter etc. são motivos tipicamente estáticos; os fatos e gestos do herói são motivos tipicamente dinâmicos.

Os motivos dinâmicos são os motivos centrais ou motores da fábula. Inversamente, acentuam-se às vezes no enredo os motivos estáticos.

Podemos facilmente distribuir os motivos segundo a importância para a fábula. Os motivos dinâmicos assumem o primeiro lugar, em seguida vêm os motivos preparatórios, os motivos que determinam a situação etc. A comparação entre uma exposição condensada e uma exposição mais frouxa da narrativa demonstra-nos a importância assumida por um motivo na fábula.

Podemos caracterizar o desenvolvimento da fábula como a passagem de uma situação a outra,[4] sendo cada situação caracterizada pelo conflito dos interesses, pela luta entre os

---

4 O mesmo vale para a novela psicológica, em que a série dos personagens e suas relações são substituídas pela história interior de um único personagem. Os motivos psicológicos de suas ações, os diferentes aspectos de sua vida espiritual, seus instintos, paixões etc. desempenham o papel dos personagens habituais. Podemos generalizar, neste sentido, tudo o que foi dito e tudo o que será dito. (N. A.)

personagens. O desenvolvimento dialético da fábula é análogo ao desenvolvimento do processo social e histórico, que apresenta cada nova etapa histórica como o resultado do conflito das classes sociais na etapa anterior e, ao mesmo tempo, como o campo em que se chocam os interesses dos grupos sociais que constituem o regime social do momento.

Tais interesses contraditórios e a luta entre os personagens são acompanhados do reagrupamento destes últimos e da tática de cada grupo em suas ações contra outro. O desenvolvimento da ação e o conjunto dos motivos que o caracterizam chamam-se intriga (esta é própria sobretudo da forma dramática).

O desenvolvimento da intriga (ou, no caso de um agrupamento complexo dos personagens, o desenvolvimento das intrigas paralelas) leva ou ao desaparecimento do conflito, ou à criação de novos conflitos. Normalmente, o fim da fábula é representado por uma situação em que os conflitos são suprimidos e os interesses, reconciliados. A situação de conflito suscita um movimento dramático, porque uma coexistência prolongada dos dois princípios opostos não é possível, e um dos dois deverá levar a melhor. A situação de "reconciliação", ao contrário, não acarreta um novo movimento, não desperta a expectativa do leitor; é por isso que tal situação aparece no fim e se chama desfecho. Assim, os antigos romances moralistas começam com uma situação em que a virtude é oprimida e o vício triunfa (conflito de ordem moral), ao passo que no desfecho a virtude é recompensada e o vício, punido. Observamos, às vezes, uma situação equilibrada no começo da fábula (do tipo "Os heróis viviam tranquilamente. De repente, aconteceu etc."). Para dar a partida na fábula, são introduzidos motivos dinâmicos, que destroem o equilíbrio da situação inicial. O conjunto dos motivos que violam a imobilidade da situação inicial e iniciam a ação chama-se nó. Habitualmente, o nó determina todo o desenrolar da fábula, e a intriga se reduz às variações dos motivos principais introduzidos pelo nó. Tais variações se chamam peripécias (a passagem de uma situação a outra).

Quanto mais complexos são os conflitos que caracterizam a situação e quanto mais opostos os interesses dos personagens, mais tensa é a situação. A tensão dramática cresce à medida que a inversão da situação se aproxima. Essa tensão é obtida normalmente pela preparação dessa inversão. Assim, no romance de aventuras estereotipado, os adversários que querem a morte do herói sempre levam a melhor. Mas no último minuto, quando essa morte se torna iminente, o herói é subitamente libertado e as maquinações dão com os burros n'água. A tensão aumenta graças a essa preparação.

A tensão chega ao ponto culminante com o desfecho. Tal ponto culminante é habitualmente designado pela palavra alemã *Spannung*. Na construção dialética da fábula mais simples, a *Spannung* aparece como a antítese (sendo o nó a tese e o desfecho, a síntese).

Os materiais da fábula formam o enredo, passando por diversas etapas. A situação inicial exige uma introdução narrativa. A narrativa das circunstâncias que determinam o estado inicial dos personagens e de suas relações chama-se exposição. A narração não começa necessariamente pela exposição.[5]

---

5 Do ponto de vista da disposição do material narrativo, o começo da narração chama-se *início*, e o fim, *final*. O início pode não conter nem a exposição nem o nó. Do mesmo modo, o final pode não coincidir com o desfecho. (N. A.)

No caso mais simples, quando o autor nos faz inicialmente conhecer os personagens que participam da fábula, estamos diante de uma exposição direta. Mas o início assume também, muitas vezes, outra forma, que conviria chamar de início *ex abrupto*: a narrativa começa pela ação em curso de desenvolvimento e só mais tarde o autor nos faz conhecer a situação inicial dos heróis. Neste caso, estamos diante de uma exposição postergada. Tal atraso da exposição dura, às vezes, muito tempo: a introdução dos motivos que constituem a exposição varia visivelmente. Às vezes, conhecemos a situação graças a alusões marginais. É a adição dessas observações incidentes que nos dá a imagem definitiva. Neste caso, não estamos diante de uma exposição no sentido próprio da palavra: não existe um trecho narrativo ininterrupto onde estariam reunidos os motivos da exposição.

Mas às vezes, depois de ter descrito um acontecimento que não sabemos situar no esquema geral, o autor o explica (quer na forma de uma intervenção direta, quer no discurso de um personagem) por uma exposição, isto é, uma narrativa sobre o que já foi contado. Essa transposição da exposição representa um caso particular de deformação temporal no desenvolvimento da fábula.

Esse atraso na exposição pode prolongar-se até o fim da exposição: ao longo de toda a narrativa, o leitor é mantido na ignorância de certos detalhes, necessários à compreensão da ação. Normalmente, essa ignorância do leitor corresponde, na narrativa, ao desconhecimento que tem dessas circunstâncias o grupo principal dos personagens, ou seja, o leitor só é informado do que é conhecido por determinado personagem. Essa circunstância ignorada nos é comunicada no desfecho. Chama-

-se regressivo o desfecho que inclui elementos da exposição e é como o esclarecimento retrospectivo de todas as peripécias conhecidas desde a exposição precedente. Suponhamos que o leitor de *A donzela camponesa*, assim como Alexis Berestov, não conheça a identidade de Akulina e de Lise Muromskaia. Neste caso, a informação que o desfecho nos daria sobre essa identidade teria uma força regressiva, ou seja, teria proporcionado uma compreensão nova e verdadeira de todas as situações precedentes. Esta é a construção de "A tempestade", novela tirada da coletânea *Narrativas do falecido Ivan Petrovitch Bielkin*, de Púchkin.

Tal atraso na exposição é habitualmente introduzido como um complexo conjunto de segredos. São possíveis as seguintes combinações: o leitor sabe, os personagens não sabem; uma parte dos personagens sabem, outra não sabe; o leitor e parte dos personagens não sabem; o personagem não sabe, a verdade é descoberta por acaso; os personagens sabem, o leitor não sabe.

Esses segredos podem dominar a narração inteira ou só abranger certos motivos. Neste caso, o mesmo motivo pode aparecer várias vezes na construção do enredo. Vejamos o seguinte procedimento, próprio do romance: o filho de um dos personagens foi raptado muito antes do início da ação (primeiro motivo). Aparece um novo personagem e somos informados de que ele foi criado numa família que não era a sua e não conheceu os pais (segundo motivo). Mais tarde, ficamos sabendo, graças um confronto de datas e de circunstâncias, ou mediante o motivo "marca" – amuleto, pinta etc. –, que a criança criada é a mesma pessoa que o novo herói. Estabelece--se, assim, a identidade do primeiro e do segundo motivo. Essa repetição do motivo sob uma forma modificada caracteriza esse modo de construção do enredo, no qual os elementos da fábula não são introduzidos na ordem cronológica natural. O motivo repetido é habitualmente o índice desse vínculo estabelecido pela fábula entre as partes do esquema composicional. Assim, se o amuleto é a marca de reconhecimento no exemplo típico citado acima, "o reconhecimento da criança perdida", então o motivo desse amuleto acompanha tanto a narrativa do desaparecimento da criança quanto a biografia do novo personagem (vide *Os inocentes culpados*, de Ostrovski).

São possíveis as inversões temporais na narração, graças à ligação que os motivos estabelecem entre as partes.[6] Não é só a exposição, mas uma parte qualquer da fábula, que pode ser conhecida do leitor depois que este último tiver sido informado do que se passa em seguida.

A exposição sucessiva de grande parte dos acontecimentos que precederam aqueles ao longo dos quais essa exposição é introduzida chama-se *Vorgeschichte*. A exposição retardada é uma forma comum da *Vorgeschichte*, assim como a biografia de um novo personagem introduzido numa nova situação. Podemos encontrar muitos exemplos disso nos romances de Turguêniev.

Um caso mais raro é o de *Nachgeschichte*, a narrativa do que se passa ulteriormente e que é inserida na narração antes que ocorram os acontecimentos que preparam esse futuro. A *Nachgeschichte* assume às vezes a forma de um sonho fatídico, de uma predição, de suposições mais ou menos justas acerca do futuro.

---

6 Quando esse motivo se repete com maior ou menor frequência e, principalmente, quando ele é livre, isto é, exterior à fábula, fala-se de um *leitmotiv*. Assim, certos personagens que aparecem com nomes diferentes ao longo da narração (disfarce) são acompanhados de um motivo constante, para que o leitor possa reconhecê-los. (N. A.)

O narrador desempenha um papel importante no caso do desenvolvimento indireto da fábula, pois a introdução das diferentes partes do enredo decorre do caráter da narração.

O narrador pode diferir conforme as obras: a narração é apresentada quer objetivamente, em nome do autor, como mera informação, sem que nos expliquem como tomamos conhecimento desses eventos (narrativa objetiva), quer em nome do narrador, de certa pessoa bem definida. Às vezes, esse narrador é introduzido como um terceiro que é posto a par da narrativa por outros personagens (o narrador das novelas de Púchkin *O tiro de pistola, O chefe de correios*) ou então como uma testemunha ou como um dos participantes da ação (o herói em *A filha do capitão*, de Púchkin). Às vezes, essa testemunha ou esse ouvinte pode não ser um narrador, e a narrativa objetiva nos comunicará aquilo de que esse ouvinte foi informado e aquilo que ouviu, embora não desempenhe nenhum papel na narrativa (*Melmothe, o homem errante*, de Mathurin). Às vezes se usa de métodos complexos de narração (por exemplo, em *Os irmãos Karamázov*, o narrador é introduzido como uma testemunha, porém não está presente no romance e a narração é conduzida como uma narrativa objetiva).

Existem, portanto, dois tipos principais de narração: a narrativa objetiva e a narrativa subjetiva. No sistema da narrativa objetiva, o autor sabe tudo, até os pensamentos secretos dos heróis. Na narrativa subjetiva, seguimos a narração pelos olhos do narrador (ou de um terceiro ouvinte), e para cada informação dispomos de uma explicação: como e quando o narrador (o ouvinte) tomou ele mesmo conhecimento dela.

São também possíveis sistemas mistos. Na narrativa objetiva, o narrador costuma seguir o destino de um personagem em particular, e somos sucessivamente informados do que fez ou aprendeu tal personagem. Em seguida, abandonamos esse personagem, nossa atenção passa a outro, e de novo somos sucessivamente informados do que esse novo personagem fez ou aprendeu. Assim, o herói é o fio condutor da narrativa, isto é, é também seu narrador; o autor, falando em seu nome, tem ao mesmo tempo o cuidado de não comunicar mais coisas do que poderia fazer o herói. Às vezes, o fato de o herói ser o fio condutor da narrativa basta para determinar a construção inteira da obra. Permanecendo o mesmo o material da fábula, o herói poderia sofrer algumas mudanças se o autor seguisse outro personagem.

Analisaremos como exemplo o conto de W. Hauff, "O califa cegonha":

Um belo dia, o califa Kasside e seu vizir compram de um vendedor ambulante uma tabaqueira cheia de um pó misterioso, com uma nota escrita em latim. O erudito Selim lê a tal nota, onde se diz que aquele que cheirar esse pó e pronunciar a palavra *mutabor*[7] setransformará num animal de sua escolha. Mas não se deve rir depois da transformação, pois senão a palavra será esquecida e será impossível voltar a ser homem. O califa e o vizir transformam-se em cegonhas; seu primeiro encontro com outras cegonhas provoca-lhes o riso. A palavra é esquecida. As duas cegonhas, o califa e o vizir são condenados a permanecer para sempre como aves. Voando sobre Bagdá, veem uma agitação nas ruas e ouvem gritos que anunciam que um tal de Mizra tomou o poder. Este último é o filho do mago Kachnur, o pior inimigo de Kasside. As cegonhas voam até o túmulo do profeta para lá se livrarem do encantamento. No

---

7 "Serei mudado", em latim. (N. T. B.)

caminho, param numas ruínas para passarem a noite. Ali encontram uma coruja que fala a língua dos homens e lhes conta sua história. Era a filha única do rei das Índias. O mago Kachnur, que a pedira inutilmente em casamento para seu filho Mizra, depois de ter-se introduzido no palácio disfarçado de negro, deu à princesa uma poção mágica que a transformou em coruja e, em seguida, a transportou até aquelas ruínas, dizendo-lhe que continuaria sendo coruja até que alguém aceitasse casar com ela. Por outro lado, ela havia ouvido quando criança uma predição segundo a qual a felicidade lhe seria trazida pelas cegonhas. Ela propõe ao califa indicar o meio de se livrar do encantamento, com a condição de que ele prometa casar com ela. Depois de alguma hesitação, o califa consente, e a coruja o leva ao aposento onde os magos se reúnem. Lá o califa surpreende a narrativa de Kachnur, em que reconhece o vendedor ambulante: este conta como conseguira enganar o califa. Essa conversa devolve ao califa a palavra esquecida: "*mutabor*". Ele e o vizir tornam-se homens de novo, a coruja também, e todos voltam a Bagdá, onde se vingam de Mizra e de Kachnur.

O conto chama-se "O califa cegonha", ou seja, o herói é o califa Kasside, pois é o seu destino que é acompanhado pelo autor na narração. A história da princesa coruja é introduzida pela narrativa que dela faz ao califa durante o encontro nas ruínas.

Basta mudar ligeiramente a disposição do material para transformar a princesa coruja em heroína; é preciso contar primeiro a sua história e introduzir a do califa por uma narrativa que aconteça antes da libertação do sortilégio.

A fábula teria continuado a mesma, mas o enredo teria mudado visivelmente, pois o fio condutor da narração não seria mais o mesmo.

Assinalo aqui a transposição dos motivos: o motivo do vendedor ambulante e o motivo de Kachnur, pai de Mizra, revelam-se o mesmo no momento em que o califa cegonha surpreende o mago. O fato de a transformação do califa ser resultado das maquinações de seu inimigo Kachnur é-nos comunicado no fim do conto, e não no início, como deveria ser numa exposição pragmática.

Quanto à fábula, ela é dupla:

1. A história do califa enfeitiçado por Kachnur graças a uma fraude.
2. A história da princesa enfeitiçada pelo mesmo Kachnur.

Estes dois caminhos paralelos da fábula cruzam-se no momento do encontro e das promessas recíprocas do califa e da princesa. Em seguida, a fábula segue um traçado único: a libertação deles e a punição do mago.

O esquema do enredo segue o destino do califa. Numa forma oculta, ele é aqui o narrador, ou seja, a narrativa aparentemente objetiva relata-nos o que é conhecido do califa e na ordem segundo a qual ele toma conhecimento das coisas. Isto determina toda a construção do enredo. Este caso é muito frequente e o herói é normalmente um narrador disfarçado (potencial). Eis por que a novela se vale muitas vezes da construção própria das memórias, isto é, obriga o herói a contar sua história. Assim, o procedimento de observação do herói é revelado e os motivos expostos e a ordem por eles respeitada encontram sua motivação.

Na análise da composição de obras concretas, é preciso prestar uma atenção especial aos papéis desempenhados pelo tempo e pelo lugar da narração.

Cumpre distinguir na obra literária o tempo da fábula e o da narração. O tempo da fábula é aquele em que os acontecimentos expostos supostamente se desenrolam; o tempo da narração é o tempo necessário à leitura da obra (a duração do espetáculo). Este último tempo corresponde à noção que temos da dimensão da obra.

O tempo da fábula nos é dado:

1. Pela data da ação dramática, de maneira ou absoluta (quando os acontecimentos são situados no tempo, por exemplo, "às duas da tarde do dia 8 de janeiro de 18..." ou "no inverno"), ou relativa (pela indicação da simultaneidade dos acontecimentos ou de sua relação temporal: "dois anos mais tarde" etc.).
2. Pela indicação do lapso de tempo ocupado pelos acontecimentos ("a conversa durou meia hora", "a viagem durou três meses", ou indiretamente: "chegaram ao destino no quinto dia").
3. Criando a impressão dessa duração: conforme a extensão do discurso ou a duração normal de uma ação, ou segundo outros índices secundários, medimos aproximadamente o tempo levado pelos eventos expostos. Convém notar que o escritor se vale desta terceira forma bastante livremente, intercalando discursos prolongados em lapsos de tempo muito curtos e, inversamente, esticando falas breves e ações rápidas por longos períodos.

Quanto à escolha do lugar da ação, existem dois casos característicos: o caso estático, quando todos os heróis se reúnem num mesmo lugar (por isso são muito frequentes os hotéis e outros equivalentes, que oferecem a possibilidade de encontros inesperados) e o caso cinético, quando os heróis mudam de lugar para chegar a encontros necessários (narração do tipo narrativa de viagem).

Motivação

O sistema de motivos que constituem a temática de uma obra deve apresentar uma unidade estética. Se os motivos ou o complexo de motivos não estiverem suficientemente coordenados na obra, se o leitor permanecer insatisfeito com o vínculo entre esse complexo e a obra como um todo, dizemos que esse complexo não se integra à obra. Se todas as partes da obra estiverem mal coordenadas, a obra dissolve-se.

Eis por que a introdução de todo motivo particular ou de cada conjunto de motivos deve ser justificada (motivada). Chama-se motivação o sistema de procedimentos que justifica a introdução de motivos particulares e de seus conjuntos.

Os procedimentos de motivação são muito diferentes por natureza e caráter. É por isso que é preciso classificar as motivações.

1. *Motivação composicional.* Seu princípio consiste na economia e na utilidade dos motivos. Os motivos particulares podem caracterizar os objetos colocados no campo visual do leitor (os acessórios) ou então as ações dos personagens (os episódios). Nenhum acessório deve permanecer sem uso na fábula. Tchekhov pensou na motivação composicional dizendo que se no início da novela se diz que há um prego na parede, no fim, é com esse prego que o herói deve enforcar-se.

Observamos uma utilização semelhante dos acessórios em *A moça sem dote*, de Ostrovski, no que diz respeito à arma. As indicações de encenação do terceiro ato contêm: "Sobre o divã, uma tapeçaria sobre a qual estão penduradas armas." No início, esta anotação não passa de um pormenor da cenografia, como indicação sobre os hábitos de Karandichev. No sexto quadro, chama-se a atenção para este detalhe com as seguintes réplicas:

Robinson (*olhando a tapeçaria*) – O que você tem ali?
Karandichev – Charutos.
Robinson – Não, o que está pendurado. Réplicas? Imitações?
Karandichev – Que réplicas? Que imitações? São armas turcas.

O diálogo prossegue e aquelas armas são ridicularizadas. Então se precisa o motivo das armas; a declaração do mau estado dessas armas é seguida da réplica:

Karandichev – E por que estariam em mau estado? Esta pistola, por exemplo... (*Retira a pistola da parede.*)
Paratov (*pegando a pistola*) – Esta pistola?
Karandichev – Ei! Cuidado, está carregada!
Paratov – Não tenha medo. Carregada ou não, o perigo é o mesmo. De qualquer jeito, não vai disparar. Atire em mim à distância de cinco passos, eu deixo.
Karandichev – Ah, não! Esta pistola ainda funciona.

Paratov – É, para pregar pregos na parede. (*Joga a pistola sobre a mesa.*)

No fim do ato, Karandichev, ao fugir, pega a pistola que está sobre a mesa. No quarto ato, atira em Larissa com aquela pistola.

A introdução do motivo da arma tem aqui uma motivação composicional. A arma é necessária para o desfecho.

Este é o primeiro caso de motivação composicional. O segundo é a introdução de motivos como procedimentos de caracterização. Os motivos devem estar em harmonia com a dinâmica da fábula. Ainda em *A moça sem dote*, o motivo do vinho de Borgonha fabricado por um comerciante de vinhos falsário que o vende barato caracteriza a existência miserável de Karandichev e prepara a partida de Larissa.

Estes pormenores característicos podem estar em harmonia com a ação:

1. Segundo uma analogia psicológica (a paisagem romântica: luar para uma cena de amor, tempestade para cenas de morte ou crime).
2. Por contraste (o motivo da natureza indiferente etc.). Ainda em *A moça sem dote*, no momento em que Larissa morre, ouvimos pela porta do restaurante o canto de um coro cigano.

É preciso levar em conta também uma possível falsa motivação. Podem ser introduzidos acessórios e episódios para desviar a atenção do leitor da verdadeira intriga. Este procedimento aparece com muita frequência nos romances policiais, em que é dado certo número de pormenores para conduzir o leitor (e parte dos personagens, por exemplo, em Conan Doyle com Watson ou a polícia) a uma pista equivocada. O autor deixa-nos supor um falso desfecho. Os procedimentos de falsa motivação são frequentes, sobretudo em obras fundamentadas numa grande tradição literária. O leitor está habituado a interpretar cada pormenor da obra de maneira tradicional. O subterfúgio é revelado ao final, e o leitor compreende que todos aqueles detalhes só foram introduzidos para preparar um desfecho inesperado.

A falsa motivação é um elemento do pastiche literário, isto é, uma brincadeira com situações literárias conhecidas, pertencentes a uma sólida tradição e utilizadas pelos escritores com uma função não tradicional.

2. *Motivação realista.* Exigimos de cada obra uma ilusão elementar: por mais convencional e artificial que seja a obra, devemos perceber a ação como verossímil. Esta sensação de verossimilhança é extremamente forte no leitor ingênuo, e tal leitor pode acreditar na autenticidade da narrativa, pode ser convencido de que os personagens existem realmente. Assim, Púchkin, mal concluiu a *História da revolta de Pugachev*, publicou *A filha do capitão* sob a forma de memórias de Griniov, com o seguinte posfácio: "O manuscrito de Piotr Andreevitch Griniov foi oferecido por um de seus netos, que soubera que estávamos compondo um trabalho acerca da época descrita pelo avô. Decidimos, com a permissão dos parentes, publicar o próprio manuscrito." É-nos dada a ilusão de que Griniov e suas memórias são autênticos, ilusão confirmada principalmente por certos traços da vida pessoal de Púchkin conhecidos do público (suas pesquisas sobre a história de Pugachev), bem como pelo fato de

as opiniões e convicções ostentadas por Griniov nem sempre coincidirem com as opiniões exprimidas pelo próprio Púchkin.

Para o leitor mais consciente, a ilusão realista assume a forma de uma exigência de verossimilhança. Ciente do caráter inventado da obra, o leitor exige, porém, certa correspondência com a realidade e vê o valor da obra nessa correspondência. Até os leitores a par das leis da composição artística não conseguem livrar-se psicologicamente dessa ilusão.

Neste sentido, cada motivo deve ser introduzido como um motivo provável para a situação dada.

Mas já que as leis de composição do enredo nada têm em comum com a probabilidade, cada introdução de motivos é um compromisso entre essa probabilidade objetiva e a tradição literária. Graças a seu caráter tradicional, não percebemos o absurdo realista da introdução tradicional de motivos. Para mostrar que tais motivos são irreconciliáveis com a motivação realista, é preciso fazer um pastiche deles. Lembremo-nos do pastiche da encenação da ópera *Vampuka*, que ainda passa no teatro "Espelho deformante"[8] e apresenta o espetáculo de um repertório de situações tradicionais de ópera reunidas com espírito cômico.

Por estarmos habituados à técnica do romance de aventuras, não notamos o absurdo do fato de o herói ser sempre salvo cinco minutos antes da morte iminente; os espectadores da comédia antiga ou da comédia de Molière não percebiam o absurdo do fato de, no último ato, todos os personagens descobrirem ser parentes próximos (o motivo do parentesco reconhecido, cf. o desfecho de *O avaro*, de Molière. O mesmo

8 Teatro satírico em Leningrado. (N. T.)

procedimento figura na comédia de Beaumarchais, *As bodas de Fígaro*, mas já sob a forma de pastiche, pois já estava morrendo na época. A peça de Ostrovski, *Os inocentes culpados*, cuja heroína reconhece, por fim, seu filho perdido no herói, mostra, no entanto, que tal motivo continua vivo para o drama). Este motivo do parentesco reconhecido facilitava muito o desfecho (o parentesco conciliava os interesses, mudando radicalmente a situação), eis por que entrou firmemente na tradição. A explicação segundo a qual o reencontro do filho e da mãe perdida era moeda corrente na Antiguidade erra completamente o alvo. Era moeda corrente só no palco, graças à força da tradição literária.

Quando uma escola poética dá lugar a outra, a nova destrói a tradição e conserva, por conseguinte, a motivação realista de introdução de motivos. Eis por que toda escola literária que se oponha à maneira precedente sempre inclui em seus manifestos, sob qualquer forma que seja, uma declaração de fidelidade para com a vida, para com a realidade. Assim escrevia Boileau, tomando no século XVII a defesa do jovem Classicismo contra as tradições da velha literatura francesa; assim, no século XVIII, defendiam os enciclopedistas os gêneros burgueses (o romance de família, o drama) contra os velhos cânones; assim, no século XIX, os românticos insurgiam-se contra os cânones do Classicismo tardio, em nome da vitalidade e da fidelidade à natureza sem maquiagem. A escola que os substituiu adotou até o nome de naturalismo. Em geral, no século XIX pululam escolas cujo nome faz referência à motivação realista dos procedimentos: realismo, naturalismo, naturismo, romance de costumes, literatura populista etc. Em nossa época, os simbolistas substituíram os realistas em nome de um natural sobrenatural (*de realibus ad realiora*, do real ao mais real), o que não impediu o aparecimento do Acmeísmo, que exige da poesia um caráter mais substancial e mais concreto, nem o do futurismo, que em seus primórdios rejeitou o esteticismo e quis reproduzir o "verdadeiro" processo criador e, mais tarde, trabalhou deliberadamente com motivos "vulgares", ou seja, realistas.

De escola em escola, ressoa a exortação ao natural. Por que não se criou a "verdadeira" escola natural, que não deixaria lugar para nenhuma outra escola natural? Por que se pode aplicar o qualificativo de realista a cada uma das escolas (e, ao mesmo tempo, a nenhuma delas)? (Os ingênuos historiadores da literatura servem-se deste termo como um elogio superior para um escritor: "Púchkin era realista" é um clichê típico da história literária, que não leva em conta o fato de que na época de Púchkin não se usava essa palavra com o sentido que hoje lhe damos.) Este fenômeno sempre se explica pela oposição da nova escola à velha, ou seja, pela substituição das convenções antigas, perceptíveis como tais, por outras que ainda não são perceptíveis como cânones literários. Por outro lado, o material realista não representa em si uma construção artística e, para que se torne tal, é preciso aplicar leis específicas de construção artística que, do ponto de vista da realidade, sempre serão convenções.

Portanto, a motivação realista tem como origem quer a confiança ingênua, quer a exigência de ilusão. Isso não impede o desenvolvimento da literatura fantástica. Se os contos populares aparecem habitualmente num meio popular que admite a existência real de feiticeiras e de gênios familiares, sua existência ulterior deve-se a uma ilusão consciente, em que o sistema mitológico, ou a concepção fantástica do mundo, ou a aceitação de possibilidades que não são realmente justificáveis, não são senão uma hipótese voluntária.

É sobre hipóteses desse tipo que se constroem os romances fantásticos de Wells; esse autor satisfaz-se normalmente não com um sistema mitológico completo, mas com uma admissão isolada, irreconciliável com as leis da natureza (deparamo-nos com uma crítica dos romances fantásticos do ponto de vista da irrealidade de suas premissas no interessante livro de Perelman, *Viagens nos planetas*).

É interessante observar que, num ambiente literário evoluído, as narrativas fantásticas oferecem a possibilidade de uma dupla interpretação da fábula, em virtude das exigências da motivação realista: podemos entendê-las ao mesmo tempo como acontecimentos reais e como acontecimentos fantásticos. Em seu prefácio ao romance de Alexis Tolstoi, *O vampiro*, um bom exemplo de construção fantástica, escrevia Vladimir Soloviov:

> O interesse essencial da significação do fantástico na poesia consiste na certeza de que tudo o que acontece no mundo, e principalmente na vida humana, depende, além de suas causas presentes e evidentes, de outra causalidade mais profunda e universal, mas menos clara. Eis o traço distintivo do verdadeiro fantástico: jamais aparece sob uma forma manifesta. Seus acontecimentos não devem jamais obrigar a crer no sentido místico dos acontecimentos da vida, mas antes sugeri-lo, aludi-lo. No verdadeiro fantástico, conserva-se sempre a possibilidade exterior e formal de uma explicação simples dos fenômenos, mas ao mesmo tempo tal explicação é completamente carente de probabilidade interna. Todos os detalhes particulares devem ter um caráter cotidiano, mas, considerados em seu conjunto, devem indicar uma causalidade diferente.

Se retirarmos dessas palavras o verniz idealista da filosofia de Soloviov, nelas encontramos uma formulação bem precisa da técnica de narração fantástica do ponto de vista das normas da motivação realista. É essa a técnica das novelas de Hoffmann, dos romances de Radcliff etc. Os motivos habituais que oferecem a possibilidade de uma dupla interpretação são o sonho, o delírio, a ilusão, visual ou de outro tipo etc. (Cf. deste ponto de vista a coletânea de novelas de Briusov, *O eixo da Terra*.)

A introdução na obra literária de material extraliterário, isto é, de temas que não têm significação real fora do projeto artístico, é fácil de compreender sob o ângulo da motivação realista da construção da obra.

Assim, nos romances históricos, são introduzidos personagens históricos, esta ou aquela interpretação dos acontecimentos. Ver em *Guerra e paz*, de L. Tolstói, todo um relatório de estratégia militar sobre a batalha de Borodino e o incêndio de Moscou, que provocou polêmica na literatura especializada. As obras contemporâneas retratam costumes familiares ao leitor, levantam problemas de ordem moral, social, política etc., ou seja, introduzem temas que têm vida própria fora da literatura. Até mesmo num pastiche convencional, em que observamos uma demonstração dos procedimentos, trata-se, afinal, de um caso particular, da discussão dos problemas próprios da poética. O desvelamento do procedimento, isto é, a sua utilização fora de sua motivação tradicional, é uma demonstração do caráter literário da obra, no gênero de uma "cena sobre a cena" (por exemplo, a representação teatral no *Hamlet*, de Shakespeare, ou o fim de *Kean*, de Alexandre Dumas).

3. *Motivação estética.* Como disse, a introdução dos motivos decorre do compromisso entre a ilusão realista e as exigências da construção estética. Nem tudo o que é tomado da realidade

necessariamente convém à obra literária. É nisso que insiste Lérmontov quando escreve acerca da prosa jornalística contemporânea (1840):

> De quem pintam os retratos?
> De onde tiraram essas conversas?
> E mesmo que as tenham ouvido,
> Não queremos ouvi-las.

Boileau já havia falado desse problema, jogando com as palavras: "O verdadeiro pode não ser verossímil", designando por "verdadeiro" o que tem uma motivação realista e por "verossímil" o que tem motivação estética.

A negação do caráter literário da obra na própria obra é uma expressão da motivação realista que encontramos com frequência. É famosa a fórmula: "Se fosse num romance, meu herói teria agido assim, mas como estamos na realidade, eis aqui o que aconteceu etc." Mas o fato mesmo de se dirigir à forma literária já confirma as leis de construção estética.

Cada motivo real deve ser introduzido de certa maneira na construção da narrativa e deve receber uma luz particular. A escolha mesma dos temas realistas deve ser justificada esteticamente.

As discussões entre as novas e velhas escolas surgem acerca da motivação estética. A corrente antiga, tradicional, nega a existência do caráter estético das formas literárias novas. Isto se manifesta, por exemplo, no léxico poético, que deve estar em harmonia com tradições literárias sólidas (fonte de prosaísmos, palavras proibidas na poesia).

Deter-me-ei no processo de *singularização* como caso particular da motivação estética. A introdução do material extraliterário numa obra deve justificar-se pela novidade e pela individualidade, para que não destoe dos outros constituintes da obra literária. É preciso falar do velho e do habitual como do novo e do inabitual. O comum deve ser tratado como insólito.

Esses procedimentos que tornam singulares os objetos comuns são habitualmente eles mesmos motivados pela refração desses problemas na psique do herói, de quem são desconhecidos. É notório o procedimento de singularização em L. Tolstói, que, para descrever o conselho de guerra na aldeia das Moças (*Guerra e paz*), introduz o personagem de uma camponesinha que observa e interpreta à sua maneira infantil tudo o que fazem e dizem os participantes, sem compreender o essencial daquilo. Do mesmo modo, ainda em Tolstói, em sua novela *Kholstomér*, as relações humanas são-nos dadas por meio da psique hipotética de um cavalo (cf. a novela de Tchekhov, *Kachtanka*, onde somos postos em presença da psique igualmente hipotética de uma cadelinha, procedimento que só serve para singularizar a exposição. Pertence ao mesmo tipo a novela de Korolenko, *O músico cego*, em que a vida daqueles podem ver passa através do entendimento de um cego).

Swift usou generosamente esse procedimento de singularização em *As viagens de Gulliver*, para pintar o quadro satírico dos regimes sociais e políticos da Europa. Gulliver, tendo caído no país dos Houyhnhnms (cavalos dotados de razão), descreve a seu anfitrião cavalo os costumes em vigor na sociedade humana. Obrigado a ser extremamente concreto em sua narrativa, ele tira o invólucro de belas frases e justificativas tradicionais de fenômenos como a guerra, os conflitos de classes, a politicagem parlamentar profissional etc. Sem seu invólucro verbal de costume, esses temas tornam-se singulares e revelam todo seu lado repugnante. Assim, a crítica do regime político, um material extraliterário, obtém sua motivação e se integra intimamente à obra.

A interpretação do tema do duelo em *A filha do capitão* oferece igual exemplo de singularização.

Em 1830, lemos no *Diário literário* esta observação de Púchkin: "As pessoas da alta sociedade têm sua maneira própria de pensar, seus preconceitos incompreensíveis a outra casta. Como explicar o duelo de dois oficiais franceses a um pacífico habitante das ilhas Aleutas? A suscetibilidade deles parecer-lhe-á totalmente esquisita, e ele terá sua razão." Púchkin usou esta observação em *A filha do capitão*. No terceiro capítulo, é pela narrativa da mulher do capitão Mironov que Griniov é informado de como Chvabrin foi transferido da Guarda para uma guarnição de fronteira:

> Chvabrin Alexis Ivanytch, já faz cinco anos que ele foi transferido para nossa guarnição depois de um assassinato. Só Deus sabe que demônio tomou conta dele. Ele saiu da cidade, veja só, com um tenente. Pegaram as espadas e começaram a dar cutucadas e Alexis perfurou o tenente, diante de testemunhas!

Mais tarde, no quarto capítulo, quando Chvabrin desafia Griniov para um duelo, este se dirige ao tenente da guarnição para oferecer-se como sua testemunha.

> – Você falou sério – respondeu ele – ao dizer que tinha a intenção de partir ao meio Alexis Ivanytch? E quer me ver assistindo a isso como testemunha? É isso mesmo, que mal lhe pergunte?
>
> – Exatamente.

– Vejam só! Pierre Andreitch, que vai fazer lá? Discutiu com Alexis Ivanytch? Desgraça! Uma injúria não é coisa que se carregue na cara. Insultou você? Então xingue. Deu um soco nas suas fuças? Bata na orelha dele, depois na outra e na terceira, depois cada um para o seu lado. E nós reconciliaremos vocês dois.

Ao fim da conversa, Griniov tem de engolir uma recusa categórica:

"É como você quiser, mas se eu tiver que me meter nesse caso, vai ser só para procurar Ivan Kuzmitch e lhe comunicar, por dever de ofício, que na fortaleza estão tramando um crime contra os interesses do Estado."

No quinto capítulo, a descrição que nos faz Savelitch dos golpes de esgrima torna-os completamente estranhos:

"Não sou eu, mas o maldito Mossieu, o culpado de tudo. Foi ele que ensinou você a atacar com um espeto, a bater com os pés, como se botas e sapateados pudessem proteger alguém de algum malandro."[9]

Graças a essa iluminação cômica, a ideia do duelo é apresentada sob uma luz nova e inabitual. A singularização assume aqui uma forma cômica que o vocabulário acentua ainda mais ("bateu nas suas fuças" – o vulgarismo "fuças" caracteriza no discurso do tenente não a grosseria do rosto de Griniov, mas a brutalidade do combate; "numa orelha, na outra e na terceira" – a contagem corresponde ao número de golpes, e não ao número de orelhas: tal aproximação contraditória de palavras

9 A. S. Púchkin, *La fille du capitaine*. Paris: Aubier, 1947, trad. francesa de R. Labry.

cria um efeito cômico). Evidentemente, nem sempre a singularização provoca um efeito cômico.

O herói

A apresentação dos personagens, suportes vivos para os diversos motivos, é um procedimento comum para agrupar e encadear estes últimos. A aplicação de um motivo a certo personagem facilita a atenção do leitor. O personagem desempenha o papel de fio condutor, que permite orientar-se no amontoado de motivos, de um meio auxiliar destinado a classificar e a ordenar os motivos particulares. Por outro lado, existem procedimentos graças aos quais podemos nortear-nos em meio à multidão de personagens e à complexidade de suas relações. É preciso poder reconhecer um personagem; por outro lado, ele deve concentrar a nossa atenção, em maior ou menor medida.

Caracterizar um personagem é um procedimento que serve para reconhecê-lo. Chamamos *característica* de um personagem o sistema de motivos que lhe esteja indissoluvelmente ligado. Num sentido mais restrito, entendemos por *característica* os motivos que definem a psique do personagem, seu caráter.

A designação do herói com um nome próprio representa o elemento mais simples da característica. As formas elementares da narrativa satisfazem-se, às vezes, com a simples atribuição de um nome ao herói, sem nenhuma outra característica ("herói abstrato"), para a ele vincular as ações necessárias ao desenrolar da fábula. As construções mais complexas exigem que os atos do herói decorram de certa unidade psicológica, que eles sejam psicologicamente prováveis para esse personagem (motivação psicológica dos atos). Neste caso, atribuem-se ao herói certos traços de caráter.

A caracterização do herói pode ser direta, isto é, recebemos uma informação sobre o seu caráter, quer do autor, quer dos outros personagens, quer numa autodescrição (as confissões) do herói. Encontramos amiúde uma caracterização indireta: o caráter manifesta-se pelos atos, pelo comportamento do herói. Às vezes, esses atos são apresentados no começo da narrativa, fora do esquema da fábula, exclusivamente para caracterizá-lo; é por isso que esses atos exteriores à fábula se apresentam como parte da exposição. Assim, na novela de K. Fedin, *Anna Timofeevna*, a anedota sobre Yakovlev e a freira no primeiro capítulo só serve para caracterizar o personagem.

O procedimento de máscara, isto é, a elaboração de motivos concretos correspondentes à psique do personagem, é um caso particular da característica indireta. Assim, a descrição da aparência do personagem, de suas roupas, do lugar onde mora (por exemplo, Pluchkin em Gógol) pode ser classificada entre as máscaras. Não só a descrição dos objetos, do que se oferece à vista, mas também qualquer outra descrição, pode servir de máscara. Até o nome do herói pode ter esta função. Neste sentido, as tradições dos nomes-máscaras próprios da comédia também têm seu interesse. A começar pelos mais elementares: Pravdin, Milon, Starodun e até Iaitchnitsa, Skalozub, Gradoboev[10] etc., quase todos os nomes nas comédias designam

10 *Pravda* (russo): verdade; *milyj*: caro; *starye dumy*: ideias antigas; *jaichnica*: omelete; *skalit' zuby*: mostrar os dentes, rir com os dentes à mostra; *gradoboj*: esguio. Estes nomes aparecem nas peças dos dramaturgos russos Fonvizin, Griboiedov, Ostrovski, Gógol. (N. T.)

um traço característico do personagem. Neste sentido, basta considerar os nomes dos personagens em Ostrovski.

Convém distinguir dois casos principais nos procedimentos de caracterização dos personagens: o caráter constante, que permanece o mesmo ao longo da fábula, e o caráter mutável, que vai evoluindo à medida que a ação se desenrola. Neste último caso, os elementos característicos estão intimamente vinculados à fábula, e a ruptura do caráter (o famoso arrependimento do malvado) já é uma modificação da situação dramática.

Por outro lado, o vocabulário do herói, o estilo das suas palavras, os temas que aborda nas conversas também podem servir de máscara para ele.

Não basta, porém, diferenciar os heróis, separá-los do conjunto dos personagens por alguns traços característicos específicos: é preciso chamar a atenção do leitor, despertar interesse pelo destino dos personagens. Neste sentido, o recurso fundamental consiste em provocar a simpatia pela ação descrita. Habitualmente, os personagens carregam um matiz emocional. Nas formas mais primitivas, encontramos os bonzinhos e os malvados. Aqui, a relação emocional com o herói (simpatia-antipatia) é desenvolvida a partir de uma base moral. Os tipos positivos e negativos são um elemento necessário à construção da fábula. Atrair as simpatias do leitor para alguns deles e a repulsa por alguns outros acarreta infalivelmente a sua participação emocional nos acontecimentos expostos e seu interesse pelo destino dos heróis.

O personagem que recebe o matiz emocional mais vivo e mais acentuado chama-se herói. O herói é o personagem acompanhado pelo leitor com a maior atenção. O herói provoca compaixão, simpatia, alegria e tristeza no leitor.

Não devemos esquecer que a relação emocional com o herói já está contida na obra. O autor pode atrair a simpatia pelo personagem, cujo caráter na vida real poderia provocar no leitor um sentimento de repugnância e repulsa. A relação emocional com o herói pertence à construção estética da obra e só nas formas primitivas coincide obrigatoriamente com o código tradicional da moral e da vida social.

Este aspecto da questão era muitas vezes desdenhado pelos críticos jornalistas da década de 1860, que apreciavam o herói do ponto de vista da utilidade social de seu caráter e de sua ideologia, isolando-os da obra literária. Assim, o empresário russo Vassilkov, representado por Ostrovski (*O dinheiro louco*) como um herói positivo, opõe-se à nobreza que se arruína; os nossos críticos, os da *intelligentsia* populista, apreciaram-no como um tipo negativo de capitalista explorador em plena ascensão social, pois seus semelhantes lhes eram antipáticos na vida. Toda essa reinterpretação da obra literária, guiada pela ideologia do leitor, essa verificação do sistema emocional da obra segundo suas emoções cotidianas ou políticas podem criar um muro intransponível entre o leitor e a obra. É preciso ler de um jeito ingênuo, obedecendo às indicações do autor. Quanto maior o talento do autor, mais difícil é opor-se às suas diretrizes emocionais e mais convincente é a obra. É essa força de persuasão que, sendo um meio de ensinamento e pregação, está na origem de nossa atração pela obra.

O herói não é necessário à fábula. A fábula como sistema de motivos pode dispensar completamente o herói e seus traços característicos. O herói resulta da transformação do material em enredo e representa, por um lado, um recurso de encadeamento de motivos e, por outro lado, uma motivação personificada do elo entre os motivos. Isto fica claro nessa forma de narrativa elementar que é a anedota. A anedota representa, em geral, uma forma reduzida, vaga e flutuante de fábula e, em muitos casos, se reduz a ser apenas a intersecção de dois motivos principais (os demais motivos pertencem à motivação obrigatória; o ambiente, a introdução etc.). Em sua intersecção, os motivos criam um efeito particular de ambiguidade, de contraste, caracterizado pelas expressões francesas *bon mot* [tirada] e *pointe* [ironia maledicente] (a noção dos *concetti* italianos, das sentenças cheias de sagacidade, coincidem em parte com essa palavra).

Tomemos uma anedota construída com base na coincidência de dois motivos numa fórmula (trocadilho). Um pregador chega a uma aldeia. Os fiéis aguardam seu sermão. Ele começa assim: "Vocês sabem o que lhes vou dizer?" – "Não, não sabemos." – "Então, o que posso dizer sobre o que vocês não sabem?" E o sermão foi cancelado. Esta anedota tem um prolongamento que ressalta o uso ambíguo da palavra "saber". Na vez seguinte, os fiéis responderam à mesma pergunta: "Nós sabemos" – "Se vocês já sabem sem mim, então não vale a pena falar sobre isso..."[11]

A anedota é construída exclusivamente com base na dupla interpretação de uma palavra e subsiste seja qual for o quadro a ela atribuído. Mas, em sua realização concreta, esse diálogo é sempre centrado em um herói (normalmente, o pregador).

---

11 Em certas variantes, essa anedota tem mais um prolongamento. À pergunta do pregador, uma parte dos fiéis diz: "Nós sabemos." A outra: "Nós não sabemos." A resposta que se segue é: "Aqueles que sabem contem aos que não sabem." (N. A.)

Obtém-se uma situação de fábula: o pregador malandro e ao mesmo tempo desajeitado em cumprir sua tarefa e os fiéis enganados. O herói é necessário para que a anedota com ele se encadeie.

Aqui vai uma anedota mais elaborada, do folclore inglês. Os personagens são um inglês e um irlandês (nas anedotas populares inglesas, o irlandês é o que reage lentamente e, às vezes, de modo equivocado). Os dois homens seguem a estrada de Londres e num cruzamento leem as seguintes palavras: "Esta é a estrada de Londres. Dirijam-se os analfabetos ao ferreiro que mora atrás da curva." O inglês começa a rir, o irlandês fica calado. De noite, eles chegam a Londres e se instalam no hotel para passarem a noite. Durante a noite, o inglês é acordado pelas gargalhadas irreprimíveis do irlandês. "Que aconteceu?" – "Agora eu entendi por que você riu ao ler a placa na estrada." – "E então?" – "Talvez o ferreiro não esteja em casa." Também aqui dois motivos se entrecruzam: o cômico autêntico da placa e a singular interpretação do irlandês, que admite, com o autor da inscrição, que os analfabetos conseguirão lê-la.

Mas o desenrolar desta anedota respeita o procedimento que consiste em vincular esses motivos a certo herói escolhido por causa de seu caráter nacional (assim, na França, abundam as anedotas sobre os gascões e, em nosso país, temos também grande número de heróis regionais ou estrangeiros). Outro modo de caracterizar brevemente o herói da anedota é atribuir os motivos a um personagem histórico famoso (na França, o barão de Roquelaure; na Alemanha, Till Eulenspiegel; na Rússia, o palhaço Balakirev. Vincula-se também a esse tipo as anedotas sobre diferentes personagens históricos: sobre Napoleão, Diógenes, Púchkin etc.). Os tipos anedóticos vão sendo criados à medida que se sucedem as atribuições de motivos a um mesmo nome. A origem dos personagens da comédia italiana é a mesma (Arlequim, Pierrô, Pantalone).

Vida dos procedimentos do enredo

Embora os procedimentos de composição em todos os países e para todos os povos se caracterizem por uma considerável semelhança e possamos falar de uma lógica específica da construção do enredo, os procedimentos concretos e particulares, suas combinações, sua utilização e, em parte, suas funções mudam enormemente ao longo da história da literatura. Cada época literária, cada escola se caracteriza por um sistema de procedimentos que lhe é próprio e representa o estilo (no sentido amplo do termo) do gênero ou da corrente literária. Neste sentido, convém distinguir os procedimentos canônicos e os procedimentos livres. Chamamos procedimentos canônicos os procedimentos obrigatórios para um dado gênero e numa época dada. Por exemplo, o classicismo francês do século XVII, caracterizado pelas unidades dramáticas e pela regulamentação minuciosa de cada forma literária, oferece o sistema mais claro de procedimentos canônicos. Os traços fundamentais das obras de uma escola literária são os procedimentos canônicos adotados por essa escola. Em cada tragédia do século XVII, o lugar da ação permanece o mesmo, e o tempo é limitado a vinte e quatro horas. Todas as comédias acabam com o casamento dos amantes, e as tragédias, pela morte dos personagens principais. Cada regra canônica serve para definir um procedimento e, neste sentido, tudo na literatura, desde a escolha do material temático, dos motivos particulares, desde sua distribuição até o sistema de exposição, a linguagem, o vocabulário etc., tudo pode tornar-se um procedimento canônico. Regulamentou-se o emprego de certas palavras e a interdição de outras, a escolha de certos motivos e a remoção de outros etc. Os procedimentos canônicos existem em razão da comodidade técnica; sendo repetidos, tornam-se tradicionais e, uma vez no quadro da poética normativa, são elevados à condição de regras obrigatórias. Mas nenhum cânone pode esgotar todas as possibilidades e prever todos os procedimentos necessários à criação de uma obra inteira. Ao lado dos procedimentos canônicos, existem sempre procedimentos livres, de caráter não obrigatório, que permanecem próprios de certas obras, certos escritores, certas escolas etc.

Habitualmente, os procedimentos canônicos eliminam-se por si mesmos. O valor da literatura encontra-se na novidade e na originalidade. A aspiração a uma renovação atinge, em geral, os procedimentos canônicos, tradicionais, estereotipados, transpondo-os do grupo dos procedimentos obrigatórios para o dos procedimentos proibidos. Criam-se novas tradições e novos procedimentos. Isso não impede que os procedimentos antes proibidos renasçam duas ou três gerações literárias mais tarde. Segundo a apreciação dada pelo meio literário aos procedimentos, podemos classificar estes últimos como perceptíveis ou imperceptíveis.

Um procedimento pode ser perceptível por duas razões: sua antiguidade demasiado grande ou sua novidade demasiado grande. Os procedimentos desgastados, antigos, arcaicos são perceptíveis; são percebidos como uma sobrevivência importuna, como um fenômeno carente de sentido, que continua a existir por inércia, como um corpo morto entre os seres vivos.

Os procedimentos novos, pelo contrário, impressionam-nos pelo caráter inabitual, sobretudo quando são tirados de um repertório até então proibido, como, por exemplo, os vulgarismos na poesia elevada. Para saber se um procedimento é perceptível ou não, não se deve nunca perder de vista a perspectiva histórica. A língua de Púchkin parece-nos fluente e quase não nos damos conta de suas particularidades, mas impressionava os contemporâneos pela mistura singular dos eslavonismos e de expressões populares; ela lhes parecia desigual, variegada. Só o contemporâneo pode apreciar a perceptibilidade deste ou daquele procedimento. As construções inesperadas das obras dos simbolistas, que chocavam os conservadores literários até 1908, não são percebidas por nós como tais, e até descobrimos formas estereotipadas e banais nos primeiros versos de Balmont e de Briusov.

Existem duas atitudes literárias diferentes, no que diz respeito à perceptibilidade dos procedimentos utilizados. A primeira, que caracteriza os escritores do século XIX, procura dissimular o procedimento. Todo o sistema de motivação empenha-se em tornar invisíveis os procedimentos literários, em desenvolver o material literário da maneira mais natural, isto é, imperceptível. Mas esta é uma atitude, não uma lei estética geral. Outra atitude se opõe a esta; ela não tenta dissimular o procedimento e tende, até, a torná-lo evidente. Se o escritor, que, na página anterior, nos comunicava os pensamentos secretos do herói, interrompe o discurso, ele o justifica alegando que não escutou o fim; não é uma motivação realista, mas uma demonstração do procedimento, ou melhor, o desnudamento do procedimento. Escreve Púchkin no quarto capítulo de *Eugênio Oneguin:*

> E eis que já cai um gelo de *rachar*
> E se prateiam os campos ao redor
> (O leitor já espera a rima *rosas*[12]
> Aí vai, pegue depressa).

Estamos diante, aqui, de um desnudamento evidente e consciente do procedimento "rima".

O futurismo, em seus primórdios (Khlébnikov), e a literatura contemporânea tornaram tradicional o desnudamento do procedimento (cf. exemplos múltiplos para o desnudamento da construção do enredo na novelas de Kaverin).

Entre as obras que desnudam seus procedimentos, convém isolar aquelas que revelam um procedimento estrangeiro à obra, quer tradicional, quer próprio de outro escritor. Caso se produza um efeito cômico pelo desnudamento de um procedimento literário, estamos diante de um pastiche. As funções do pastiche são múltiplas. Procura-se normalmente ridicularizar a escola literária oposta, destruir seu sistema criador, "desvelá-lo".

A literatura paródica é muito ampla. Foi tradicional no gênero dramático, em que cada obra mais ou menos marcante provocou de imediato uma abundância de pastiches. No fundo de todo pastiche há outra obra literária (ou todo um grupo de obras), sobre cujo fundo ele se destaca. Entre as novelas de Tchekhov temos muitos pastiches literários. Às vezes, o pastiche não tem objetivos satíricos e se desenvolve como uma arte livre do procedimento desnudado. Assim, os imitadores de Sterne do começo do século XIX representam uma escola

---

12 Em russo: *morozy* e *rozy*. (N. T.)

que cultiva o pastiche como gênero autônomo. Na literatura contemporânea, os procedimentos de Sterne voltam a aparecer e gozam de grande sucesso (inversões dos capítulos, enormes digressões ao menor pretexto, desaceleração da ação etc.).

Por que existe o desnudamento do procedimento? O procedimento perceptível só se justifica esteticamente quando se torna voluntariamente perceptível. Um procedimento perceptível, disfarçado pelo autor, produz uma impressão cômica (em detrimento da obra). Prevenindo essa impressão, o autor revela o procedimento.

Assim nascem, vivem, envelhecem e morrem os procedimentos. À medida que vão sendo aplicados, tornam-se mecânicos, perdem sua função, cessam de ser ativos. Para combater a mecanização do procedimento, ele é renovado mediante uma nova função ou um sentido novo. A renovação do procedimento é análoga ao emprego de uma citação de um autor antigo num contexto novo e com nova significação.

Os gêneros literários

Observamos na literatura viva um agrupamento constante de procedimentos; tais procedimentos se combinam em certos sistemas que vivem simultaneamente, mas se aplicam em obras diferentes. Estabelece-se uma diferenciação mais ou menos clara das obras, conforme os procedimentos que nela são usados. Essa diferenciação dos procedimentos pode ter diversas origens: falamos de diferenciação natural, quando provém de certa afinidade interna dos procedimentos particulares entre si, que lhes permite combinar-se com facilidade; de diferenciação literária e social, quando ela decorre dos objetivos propostos às obras particulares, das circunstâncias de sua criação, de seu uso, da acolhida reservada à obra; e falamos de diferenciação histórica quando ela procede da imitação de obras antigas e das tradições literárias. Os procedimentos de construção agrupam-se ao redor de alguns procedimentos perceptíveis. Assim se criam classes especiais de obras (os gêneros), que se caracterizam por um agrupamento de procedimentos ao redor dos procedimentos perceptíveis, que chamamos de traços do gênero.

Esses traços podem ser muito diferentes e podem relacionar-se a qualquer aspecto da obra literária. Basta que apareça uma novela que faça certo sucesso (por exemplo, policial) e logo aparecem imitações; cria-se um gênero de novelas para o qual o traço fundamental é a descoberta do crime pelo detetive, isto é, certo tema. Esses gêneros temáticos são abundantes na literatura de intriga. Por outro lado, na poesia lírica, encontramos gêneros cujo tema é motivado por uma comunicação escrita (epistolar): é o gênero de epístola, cujo traço distintivo não é o tema, mas a motivação dessa comunicação. Enfim, o uso diferenciado da linguagem prosaica ou poética cria os gêneros poéticos ou prosaicos; conforme a obra se destine a ser lida ou a ser representada no palco, distinguem-se gêneros dramáticos ou narrativos etc.

Os traços do gênero, ou seja, os procedimentos que organizam a composição da obra, são procedimentos dominantes, isto é, todos os outros procedimentos necessários à criação do conjunto artístico lhe estão submetidos. O procedimento dominante é chamado *a dominante*. O conjunto das dominantes representa o elemento que autoriza a formação de um gênero.

Esses traços são polivalentes, entrecruzam-se e não permitem uma classificação lógica dos gêneros segundo um critério único.

Os gêneros vivem e se desenvolvem. Uma causa primordial obrigou uma série de obras a se constituírem num gênero particular. Nas obras que aparecem mais tarde, observamos uma tendência a assemelharem-se às obras do gênero dado, ou, ao contrário, delas diferirem. O gênero enriquece-se de obras novas que se vinculam às obras já existentes do gênero dado. A causa que promoveu um gênero pode não mais agir; os traços fundamentais do gênero podem mudar lentamente, mas o gênero continua a viver enquanto espécie, isto é, pela ligação habitual das obras novas com os gêneros já existentes. O gênero sofre uma evolução e, às vezes, uma brusca revolução. No entanto, graças à ligação habitual da obra com os gêneros já definidos, sua denominação conserva-se, embora tenha ocorrido uma mudança radical na construção das obras que lhe pertencem. O romance de cavalaria da Idade Média e o romance contemporâneo de Andrei Biéli ou de Pilniak podem não ter nenhum traço em comum e, no entanto, o romance contemporâneo aparece como o resultado de uma lenta evolução secular do romance primitivo. A balada de Jukovski e a balada de Tikhonov são duas coisas completamente diferentes, mas existe entre elas um laço genético, e podemos uni-las pelos elos intermediários, que são testemunhas da passagem progressiva de uma forma a outra.

Às vezes, o gênero se desagrega. Assim, na literatura dramática do século XVIII, a comédia divide-se em comédia pura e tragicomédia, a qual dá origem ao drama contemporâneo. Por outro lado, assistimos sem cessar ao nascimento de gêneros novos a partir dos antigos, que se desagregam. Assim, da ruína do poema épico e descritivo do século XVIII surgiu, no começo do século XIX, o gênero novo do poema lírico ou romântico (byroniano). Os procedimentos autônomos que não constituem um sistema podem encontrar um mesmo "centro", um novo procedimento que os une, que os reúne num sistema, e esse procedimento unificante pode tornar-se o traço perceptível que organiza ao seu redor o gênero novo.

Convém notar aqui um fenômeno curioso na sucessão dos gêneros: em geral, classificamos os gêneros segundo o grau de elevação, segundo a importância literária e cultural. No século XVIII, a ode solene que celebrava os grandes eventos políticos pertencia ao gênero elevado, ao passo que o conto divertido, sem pretensões e às vezes um pouco grosseiro, pertencia ao gênero vulgar.

A substituição constante dos gêneros elevados por gêneros vulgares pertence ao processo de sucessão dos gêneros. Podemos igualmente fazer um paralelo com a evolução social, ao longo da qual as classes altas, dominantes, são progressivamente substituídas por estratos democráticos, por exemplo, a casta feudal pela pequena nobreza de funcionários, a aristocracia inteira pela burguesia etc. Essa substituição dos gêneros elevados por gêneros vulgares assume duas formas:

1. O desaparecimento completo do gênero elevado. Assim, no século XIX morreu a ode e, no século XVIII, a epopeia.

2. A outra forma é a penetração dos procedimentos do gênero vulgar no gênero elevado. Desse modo, elementos dos poemas paródicos e satíricos penetraram no poema épico do século XVIII, para criar formas como *Ruslan e Ludmilla*, de Púchkin. Assim, na França, na década de 1820, penetraram procedimentos cômicos na tragédia clássica elevada, para criar o drama romântico; no futurismo contemporâneo, os procedimentos da poesia lírica vulgar (humorística) penetram na poesia lírica ele-

vada, fenômeno que dá a possibilidade de ressuscitar as formas elevadas da ode e da epopeia (em Maiakóvski). Podemos observar a mesma coisa na prosa de Tchekhov, que se desenvolveu nos jornais humorísticos. Um traço característico dos gêneros vulgares é a função cômica dos procedimentos. A penetração dos procedimentos próprios aos gêneros vulgares nos gêneros elevados é assinalada pelo fato de que os procedimentos utilizados até então para fins cômicos ganham uma nova função que não está vinculada ao cômico. Nisso reside a essência da renovação dos procedimentos.

Assim, a rima dactílica, segundo o testemunho de Vostokov em 1817, era respeitada pelos contemporâneos "só nas obras divertidas, que podem ocasionalmente fazer-nos rir", ao passo que, cerca de vinte anos mais tarde, é publicado o poema de Lérmontov "Num momento difícil da vida", em que ninguém notou o menor gracejo ou divertimento. A rima própria ao trocadilho, que teve em Minaev uma função cômica, perde sua comicidade em Maiakóvski.

O mesmo acontece com certos procedimentos. Se em Sterne o desnudamento da composição ainda é um procedimento cômico ou pelo menos um procedimento cuja origem cômica é percebida, isso já não existe nos epígonos de Sterne, e o desnudamento do procedimento é um modo totalmente legítimo de construção do enredo.

O processo de canonização dos gêneros vulgares não constitui uma lei universal, mas é tão frequente que o historiador da literatura, em sua pesquisa das fontes deste ou daquele fenômeno literário importante, é obrigado a se dirigir não aos grandes fenômenos literários anteriores, mas aos fenômenos insignificantes. Os grandes escritores apoderam-se desses fenômenos próprios aos gêneros vulgares e os elevam à condição de cânone dos gêneros elevados, em que são a origem de efeitos estéticos inesperados e profundamente originais. O período de florescimento criador da literatura é precedido por um lento acúmulo nos estratos literários inferiores de recursos ainda não canonizados, que serão destinados a renovar a literatura inteira. O aparecimento de um gênio equivale sempre a uma revolução literária, que destrona o cânone dominante e entrega o poder aos procedimentos até então subordinados. Ao contrário, os herdeiros das correntes literárias elevadas, que repetem conscienciosamente os procedimentos de seus grandes mestres, representam em geral um conjunto de epígonos bastante carente de atrativos. Os epígonos repetem uma combinação surrada de procedimentos e, de original e revolucionária que era, tal combinação se torna estereotipada e tradicional. Assim, os epígonos matam, às vezes por muito tempo, a aptidão dos contemporâneos para sentir a força estética dos exemplos que imitam: eles lançam seus mestres ao descrédito. Por exemplo, os ataques sobre a dramaturgia de Racine que encontramos no século XIX só se explicam pelo fato de que os procedimentos racinianos empanturraram e causaram repulsa a todos os seus leitores, pelas reproduções servis que deles fez a literatura epígona dos clássicos tardios carentes de talento.

Voltando ao conjunto historicamente isolado das obras literárias reunido por um sistema comum de procedimentos, de que alguns dominam e unificam os demais, vemos que não se pode estabelecer nenhuma classificação lógica e sólida dos gêneros. Sua distinção é sempre histórica, ou seja, justificada unicamente para um tempo dado; além disso, essa distinção é formulada simultaneamente em diferentes traços, e os traços de um gênero podem ser de natureza completamente diferente da natureza dos de outro gênero. Ao mesmo tempo, eles permanecem logicamente compatíveis entre si, porque sua distribuição só obedece às leis internas da composição estética.

É preciso efetuar uma abordagem descritiva no estudo dos gêneros e substituir a classificação lógica por uma classificação pragmática e utilitária, que leve unicamente em conta a distribuição do material nos quadros definidos.

Cumpre também observar que é complexa a classificação dos gêneros. Distribuem-se as obras em classes amplas, que, por sua vez, se diferenciam em tipos e espécies. Neste sentido, descendo a escada dos gêneros, chegaremos das classes abstratas às distinções históricas concretas (o poema de Byron, a novela de Tchekhov, o romance de Balzac, a ode espiritual, a poesia proletária) e até mesmo às obras particulares.

1925

Referências bibliográficas

Os artigos aqui reunidos foram tirados das seguintes obras:

BRIK, O. Ritmo e sintaxe. Trechos do artigo de mesmo título, *Novyj Lef*, n.3-6 (1927). Reeditado em BRIK, O. *Two Essays on Poetic Language* [Dois ensaios sobre a linguagem poética]. Michigan Slavic Materials, n.5, Ann Arbor, 1964.

CHKLÓVSKI (SHKLOVSKIJ), V. A arte como procedimento. *O teorii prozy*. Moscou, 1929 (1.ed. 1925). p.7-23.

______. A construção da novela e do romance. *O teorii prozy*. Moscou, 1929. p.68-90.

EICHENBAUM (EJXENBAUM), B. M. A teoria do método formal. *Literatura:* Teorija, kritika, polemika. Leningrado, 1927. p.116-48.

______. Teoria da prosa. Trechos do livro *Literatura:* Teorija, kritika, polemika. Leningrado, 1927. O primeiro corresponde ao cap.I do artigo "Leskov e a prosa contemporânea" (p.210-4) e o segundo ao cap.II do artigo "O. Henry e a teoria da novela" (p.171-7).

______. Como foi feito *O capote*, de Gógol. *Literatura:* Teorija, kritika, polemika. Leningrado, 1927. p.149-65.

JAKOBSON, R. Do realismo na arte. Publicado pela primeira vez em uma tradução tcheca em *Cerven*, IV (1921), p.300-4. Tomamos o

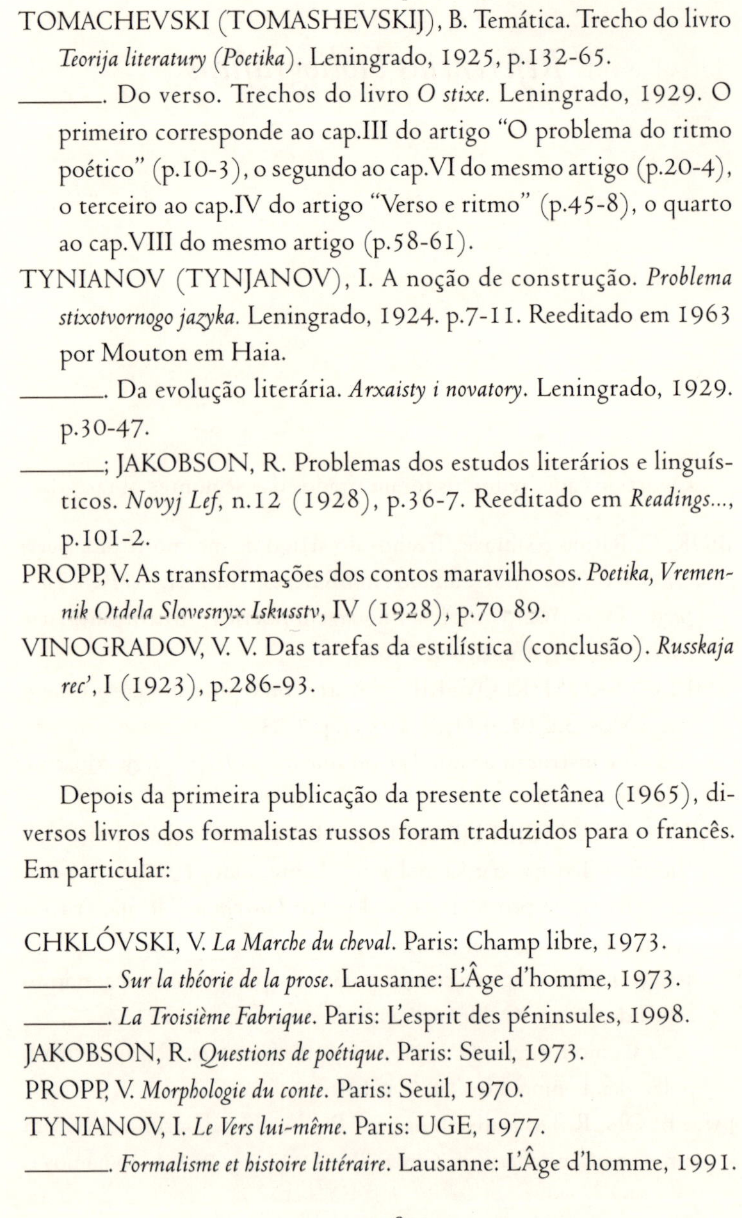

nosso texto emprestado de *Readings in Russian Poetics*, Michigan Slavic Materials, n.2, Ann Arbor, 1962, p.30-6 (em russo).

TOMACHEVSKI (TOMASHEVSKIJ), B. Temática. Trecho do livro *Teorija literatury (Poetika)*. Leningrado, 1925, p.132-65.

______. Do verso. Trechos do livro *O stixe*. Leningrado, 1929. O primeiro corresponde ao cap.III do artigo "O problema do ritmo poético" (p.10-3), o segundo ao cap.VI do mesmo artigo (p.20-4), o terceiro ao cap.IV do artigo "Verso e ritmo" (p.45-8), o quarto ao cap.VIII do mesmo artigo (p.58-61).

TYNIANOV (TYNJANOV), I. A noção de construção. *Problema stixotvornogo jazyka*. Leningrado, 1924. p.7-11. Reeditado em 1963 por Mouton em Haia.

______. Da evolução literária. *Arxaisty i novatory*. Leningrado, 1929. p.30-47.

______; JAKOBSON, R. Problemas dos estudos literários e linguísticos. *Novyj Lef*, n.12 (1928), p.36-7. Reeditado em *Readings...*, p.101-2.

PROPP, V. As transformações dos contos maravilhosos. *Poetika, Vremennik Otdela Slovesnyx Iskusstv*, IV (1928), p.70-89.

VINOGRADOV, V. V. Das tarefas da estilística (conclusão). *Russkaja rec'*, I (1923), p.286-93.

Depois da primeira publicação da presente coletânea (1965), diversos livros dos formalistas russos foram traduzidos para o francês. Em particular:

CHKLÓVSKI, V. *La Marche du cheval*. Paris: Champ libre, 1973.

______. *Sur la théorie de la prose*. Lausanne: L'Âge d'homme, 1973.

______. *La Troisième Fabrique*. Paris: L'esprit des péninsules, 1998.

JAKOBSON, R. *Questions de poétique*. Paris: Seuil, 1973.

PROPP, V. *Morphologie du conte*. Paris: Seuil, 1970.

TYNIANOV, I. *Le Vers lui-même*. Paris: UGE, 1977.

______. *Formalisme et histoire littéraire*. Lausanne: L'Âge d'homme, 1991.

Sobre o movimento formalista, pode-se consultar:

AUCOUTURIER, M. *Le Formalisme russe*. Paris: PUF, 1994. (Que sais-je?)

ERLICH, V. *Russian Formalism*. History-Doctrine. 3.ed. Paris/La Haye: Mouton, 1969.

HANSEN-LÖWE, A. *Der Russische Formalismus*. Viena: Österreichische Akademie der Wissenschaften, 1978.

Sobre os autores

Boris M. Eichenbaum (1886-1959). Historiador da literatura. Lecionou história da literatura russa na Universidade de Leningrado de 1918 a 1949. Suas principais obras do período formalista são *A Melodia do verso lírico russo* (1922), *Anna Akhmatova* (1923), *Através da literatura* (1924), *Literatura* (1927) e *Meu periódico* (1929). Durante o mesmo período, leciona no Instituto de História da Arte, em Leningrado. Na década de 1930, trabalha essencialmente na edição dos clássicos russos. Deixa a universidade em 1949, em razão de perseguições políticas, e retoma suas atividades em 1956, no Instituto de Literatura Russa. Dedicou longos anos ao estudo de dois escritores russos, Lérmontov e Tolstói: *Tolstói* (I, 1928, II, 1931, III, 1960), *Lérmontov* (1924) e *Estudos sobre Lérmontov* (1960).

Boris V. Tomachevski (1890-1957). Estreia nos estudos literários com análises estatísticas da métrica em Púchkin, retomadas mais tarde em sua coletânea *Do verso* (1929). À época do formalismo também se vinculam dois outros livros: *A versificação russa* (1923) e *Teoria da literatura* (1925). Mais tarde, dedica-se à edição crítica dos clássicos russos (deixou um manual de análise do discurso, *O escritor e o livro*, 1928) e leciona primeiro estatística, depois o estudo do verso e do estilo. Interessou-se a vida inteira pela obra de Púchkin: participou da edição de suas obras e deixou vários livros sobre ele: *Púchkin* (1925), *Púchkin 1813-1824* (1956), *Púchkin 1824-1837* (1961, póstumo) e *Púchkin e a França* (1960). Morreu em um acidente e seus últimos livros foram publicados pelos alunos: *Verso e linguagem* (1958) e *Estilística e versificação* (1959).

Iuri Tynianov (1894-1943). Escritor e historiador da literatura. Leciona história da literatura russa entre 1920 e 1931 no Instituto de História da Arte de Leningrado. Seus livros da época formalista são *Dostoiévski e Gógol* (1921) e *O problema da língua do verso* (1924), traduzido em francês com o título *Le vers lui-même, archaïstes et novateurs* (1929). Nos anos 1930, escreve biografias romanceadas dos poetas contemporâneos de Púchkin e do próprio Púchkin (v.I, II, 1936; III, 1943, inacabado).

Ossip M. Brik (1888-1945). Jornalista. Ele se liga muito cedo por uma grande amizade com Maiakóvski e compartilha a sorte do poeta já na época do futurismo. Dirige (com Maiakóvski) as revistas *A Arte da Comuna* (1918), *Lef* (1923-1925) e *O Novo Lef* (1927-1928). Organizador e inspirador do movimento formalista, não deixou ele mesmo nenhum livro de teoria literária. Na década de 1930, propôs a teoria da "demanda social" em literatura. É também autor de roteiros de filmes (*Tempestade na Ásia*, de Pudovkin).

Roman Jakobson (1896-1982). Fundador do Círculo Linguístico de Moscou (1915-1920), que se funde mais tarde com a Opojaz no movimento formalista. Vive entre 1920 e 1939 na Tchecoslováquia, onde é um dos membros mais ativos do Círculo Linguístico de Praga. Seus dois primeiros livros, *A nova poesia russa* (1921) e *Do verso tcheco* (1923), fazem parte da herança dos formalistas. Durante a guerra, exila-se nos Estados Unidos; leciona linguística geral e línguas e literaturas eslavas na Universidade de Harvard e no MIT. Seus *Ensaios de linguística geral* foram publicados em francês em 1963. Nesse período, dedicou vários artigos à poética, sobretudo ao estudo da prosódia, da significação gramatical, da estrutura formal etc. Seus textos sobre a literatura foram reunidos em francês em duas coletâneas, *Questions de poétique* [Questões de poética] (Seuil, 1973) e *Russie, folie, poésie* [Rússia, loucura, poesia] (Seuil, 1986).

Victor V. Chklóvski (1893-1984). Escritor e crítico literário. Estudante de J. Baudouin de Courtenay de linguística, escreve seu primeiro livro, *A ressurreição da palavra* (1914), sob a influência deste último. Organizador da Opojaz ("Sociedade para o estudo da linguagem poética"), o núcleo do formalismo. Suas ideias estão em sua maioria expostas em coletâneas de breves ensaios polêmicos: *Rozanov* (1921), *O andar do cavalo* (1923), *Literatura e cinema* (1923), *A terceira fábrica* (1926) e *A conta de Hamburgo* (1928), bem como em alguns livros dedicados exclusivamente à literatura: *Sobre a teoria da prosa* (1925), *Materiais e estilo em* Guerra e paz, *de Tolstói* (1928) etc. Depois do fim do formalismo, dedica-se inteiramente à ficção, escrevendo romances históricos: *Marco Polo* (1936) e *Minine e*

Pojarski (1940). Na década de 1950, retorna à crítica literária: *Notas sobre a prosa dos clássicos russos* (1955), *Pró e contra: notas sobre Dostoiévski* (1957), *Da prosa literária* (1959) e *Tolstói* (1963). Foram traduzidas para o francês diversas obras suas.

Viktor V. Vinogradov (1895-1969). Seus trabalhos tratam antes de tudo do estudo do estilo e da língua russa. Sofre a influência de J. Baudouin de Courtenay e de Saussure na década de 1920 e explora o domínio do estilo com métodos novos. Entre seus livros da época, os mais importantes são *Gógol e a "escola natural"* (1925), *A evolução do naturalismo russo* (1929) e *Da prosa literária* (1930). Mais tarde, estuda a história da língua através da obra dos escritores (*A língua de Púchkin*, 1935; *O estilo de Púchkin*, 1941 etc.). Membro da Academia de Ciências desde 1946. Ao fim da vida, dedicou de novo vários livros ao estudo da língua literária: *Sobre a língua da literatura* (1959), *O problema de identificação do autor e a teoria dos estilos* (1961), *Poética, teoria da língua poética, estilística* (1963) e *Enredo e estilo* (1963).

Vladimir Propp (1895-1970). Especialista em folclore. Seu primeiro livro data de 1928, *Morfologia do conto.* Leciona etnologia na Universidade de Leningrado. Seus livros seguintes são *As raízes históricas do conto maravilhoso* (1946), *A poesia épica russa* (1955) e *As festas agrárias russas* (1963), tradução francesa editada pela Maisonneuve em 1987. Diversos estudos foram compilados depois de sua morte na coletânea *Folclore e realidade* (em russo).

Índice remissivo

SOBRE O LIVRO

Formato: 14 x 21 cm

Mancha: 23 x 44 paicas

Tipologia: Venetian 301 12,5/16

Papel: Pólen Soft 80 g/m² (miolo)

Cartão Supremo 250 g/m² (capa)

1ª edição: 2013

EQUIPE DE REALIZAÇÃO

Edição de texto

Giuliana Gramani (Copidesque)

Mauricio Santana (Preparação de original)

Johannes C. Bergmann (Revisão)

Capa

Estúdio Bogari

Editoração eletrônica

Eduardo Seiji Seki

Assistência editorial

Jennifer Rangel de França

Rua Xavier Curado, 388 • Ipiranga - SP • 04210 100
Tel.: (11) 2063 7000
rettec@rettec.com.br • www.rettec.com.br